航空服务类新形态教材

航空体育与健康

主　编　徐双玉　白文宇
副主编　樊永安　余传辛

西南交通大学出版社
·成　都·

图书在版编目（CIP）数据

航空体育与健康/ 徐双玉，白文宇主编. —成都：西南交通大学出版社，2023.8

ISBN 978-7-5643-9406-6

Ⅰ. ①航… Ⅱ. ①徐… ②白… Ⅲ. ①航空运动－体育－高等职业教育－教材②航空运动－健康教育－高等职业教育－教材 Ⅳ. ①G875②G647.9

中国国家版本馆 CIP 数据核字（2023）第 140723 号

Hangkong Tiyu yu Jiankang

航空体育与健康

主编 徐双玉 白文宇

责任编辑	郭发仔
封面设计	原谋书装
出版发行	西南交通大学出版社 （四川省成都市金牛区二环路北一段 111 号 西南交通大学创新大厦 21 楼）
邮政编码	610031
发行部电话	028-87600564 028-87600533
网址	http://www.xnjdcbs.com
印刷	四川森林印务有限责任公司
成品尺寸	185 mm × 260 mm
印　　张	14.5
字　　数	358 千
版　　次	2023 年 8 月第 1 版
印　　次	2023 年 8 月第 1 次
定　　价	39.80 元
书　　号	ISBN 978-7-5643-9406-6

课件咨询电话：028-81435775

图书如有印装质量问题 本社负责退换

前　言

当前，我国民航业快速发展，为深入实施“科教兴业”和“人才强业”战略，全面提升学生的核心素养，加强航空体育课程建设，提高教学质量，我们组织了有关人员，根据国家强化学校体育的要求和文件精神，认真分析了相关专业体育教学的现状，在遵循体育课程建设的客观规律、广泛参考众多优秀教材的基础上，以民航强国建设发展为大背景，咨询学科专业委员会的专家，拜访民航企业相关负责人，凭借多年从事航空体育一线教学工作的经验，并结合高校航空体育教学和学生的实际需要，编写了《航空体育与健康》这本教材。

本教材分别从基础篇、课程篇和实践篇进行了阐述。在编写的过程中，注重科学性、系统性、全面性、前瞻性、针对性等，紧密结合民航职业要求，遵循职业教育教学特点，贯彻以学生为中心的教学思想，理论知识以“必需”和“够用”为度。实践篇选择符合职业特点、适应时代潮流，能激发学生自主学习兴趣的内容。如以提高机体对飞行环境与条件的耐受力和适应能力以及降低职业损伤为目的的力量、抗眩晕、耐力训练等内容；为培养职业气质，练就优雅姿态，提高协调性、灵活性、节奏感的健美操、啦啦操、普拉提等内容；在工作间隙以及休闲时间为消除疲劳、预防职业损伤的传统养生内容；航空急救、安全保卫和反恐中掌握狭小空间的擒拿格斗技巧等内容。本教材融知识性和实用性于一体，图文并茂，通俗易懂，既便于教师教授，又便于学生学习。

本教材由空乘教研室徐双玉、空保教研室白文宇担任主编，由广州民航职业技术学院空保教研室樊永安、空乘教研室余传辛担任副主编。在编写过程中，除参考文献中列出的文献外，还参考了大量相关报刊、网络文章、新闻报道和不少专家的研究成果。同时，为了教学需要，引用了部分网络图片，未能一一注明出处，在此谨向所有帮助过我们的朋友表示衷心的感谢。

由于我们的水平和能力有限，本书尚存在不足之处，错漏难以避免，恳请广大读者多提宝贵意见。我们将认真听取您的意见，以便再版时对本书进行修订与完善。

编　者

2023 年 6 月

目　录

基础篇

课程篇

实践篇

基础篇

第一章

航空体育与健康的职业素养培养

第一节　相关法律法规与管理文件汇编

一、关于空勤人员工作内容等方面的相关规定

（一）关于组建维护客舱安全人员队伍的建设历程

航空安全员队伍于 1973 年开始组建，民航总局（时称，现改称民航局）不断对这支队伍进行规范管理。国办发〔1982〕70 号文件明确提出，国际航班和国内主要干线航班配备安全员。根据民航局公发〔1988〕39 号文件要求，从 1988 年开始办理航空安全员执照。民航总局在 1997 年 12 月 31 日颁布《航空安全员管理规定》（CCAR-68SB），2007 年 4 月 1 日颁布《航空安全员合格审定规则》（CCAR-69）（以下简称审定规则）。2018 年 8 月 31 日，民航局对审定规则进行了第一次修订，颁布了《航空安全员合格审定规则》（CCAR-69-R1）。

（二）关于客舱服务与客舱安全之间的关系

2012 年，“6・29”劫机案发生后，民航局在《关于加强空中安全保卫工作措施的意见》（民航发〔2012〕76 号）文件中（以下简称 76 号文件）明确指出：“防范和制止客舱非法干扰，确保空中安全，是最重要的客舱服务。要摆正安全服务的位置，处理好客舱安全服务与其他服务的关系，确保客舱安全服务常态化。”简言之，安全是最重要的客舱服务内容，所有客舱服务的目的就是确保客舱安全。76 号文件还提出“切实加强空中安全保卫队伍建设”“高度重视空中安全保卫工作的组织与实施”以及“严格落实安全责任”等三项工作要求。76 号文件对空勤人员的工作任务和工作目标做了明确的界定和要求，指出了安全服务在空勤人员各项工作中的核心地位。

二、关于安全从业人员训练方面的相关要求

（一）航空安全员训练大纲的改革与发展

1996 年颁布的《中国民用航空安全员业务训练大纲》（总局公发〔1996〕51 号）第一次

明确规定了航空安全员训练的主要内容和基本要求，对从业人员进行规范管理。

2010 年颁布的《航空安全员航空安全员训练大纲（试行）》（民航公发〔2010〕36 号）对 1996 年的训练大纲进行了修订完善，对训练类型、训练项目以及针对性别、年龄的考核标准都做了明确的规定，基本上形成了从业人员训练考核管理的雏形与基础，形成了以“双杆臂屈伸”“单杠引体向上”等十项体能训练考核项目和“格斗基本功”“抓腕反拧击头”等十项技能考核项目为主体的航空安全员训练考核体系。但 2010 年大纲仍存在一定的问题，主要表现在：体技能训练考核项目相对单一，考核标准比较简单，与客舱工作实际有一定程度的脱节，不能满足航空安全员综合体技能素质提升的需要。

2020 年颁布的《航空安全员训练大纲》（民航发〔2019〕79 号）（以下简称新大纲），正式对在民航飞行中安全保卫领域运行了近十年的行业标准进行了全面的修订与完善，结合行业指导性规章《航空安全员合格审定规则》（CCAR-69-R1）的新变化以及空防安全领域的新趋势，新的训练大纲在考核项目、考核标准、课时分配等方面做了大量改动，具体表现在以下四个方面。

1. 体能训练科学化系统化

在新大纲中，体能训练的项目和考核标准都发生了重大变化，从传统的“体能十项”改为七个科目，删除了原有的跳绳、深蹲、仰卧起坐等项目，引入 BMI 指数、杠铃硬拉、负重折返跑、平衡垫测试等项目，训练项目更加多样，训练内容更加复杂，涵盖了基础理论知识、基础力量训练、速度素质训练、灵敏素质训练、耐力素质训练、柔韧素质训练、功能性训练、恢复性训练、专项力量训练等，对体能类课程也提出了更高的要求，改变传统的训练方法，向科学化、系统化的方向进行改革。

2. 技能训练实战化动态化

在新大纲中，技能训练的项目和考核标准都发生了重大变化，更加侧重实战化、动态化，从传统的处置技术动作演练改变为四项训练内容：格斗技能、客舱处置技术动作、执勤器械使用和客舱执勤技战术，培养格斗基本技能、狭小空间内一招制敌和快速处置突发事件能力，准确掌握执勤器械使用方法和技巧，提高实战心理承受能力和技术动作的灵活运用能力，为成功处置机上非法干扰行为提供战术保障。

3. 队列训练养成化规范化

在新大纲中，强调和突出了队列训练在航空安全员初任训练中的重要性，课时总数达到了 56，更加突出养成化、规范化。因此，在日常教学和课程建设中，必须结合准军事化管理等多种途径，培养服从命令、听从指挥、令行禁止的纪律作风，养成姿态端正、仪容严整、精神振作、严肃认真的良好习惯，强化时间观念、纪律观念，推进队伍执勤作风建设和正规化建设。

4. 理论学习体系化全面化

在新大纲中，理论学习的内容更加全面和深入，不再仅仅考查对知识的记忆能力，更加注重培养法律意识、规范意识、风险意识，提升空中安保业务理论素养，增强其执行日常勤务和特殊勤务、依法依规处置扰乱行为与非法干扰行为的能力。

（二）空勤人员训练方面的规定

1. 飞行人员的有关规定

根据《中国民用航空飞行人员训练管理规定》（CCAR-62FS）附件二——机组成员的应急生存训练要求，飞行人员应该与其他机组成员完成相关应急生存方面的训练，包括：讲解应急工作的任务分派和程序；逐个讲解应急设备的所在位置、功能和使用方法；讲解紧急情况的处理；回顾和讨论以前与实际紧急情况有关的飞机事故和事件。此外，每一机组成员应当在规定的训练期限内，使用配置在其所服务的每一型别飞机上的应急设备，完成一次性应急演练和定期应急演练等。应急演练应该包括以下内容：

（1）正常和应急方式下每种类型应急出口的使用，包括放出应急撤离滑梯所要求的动作和力量。

（2）安装的每种型号手提灭火器。

（3）每种类型的应急氧气系统，包括呼吸保护装置。

（4）个人漂浮装置的穿戴、使用和充气（如适用）。

（5）水上迫降（如适用），至少包括驾驶舱的准备工作和程序、机组的协调配合、对旅客的简要说明和客舱的准备工作、救生衣的穿戴和充气、救生绳的使用、组织旅客和机组登上救生筏或滑梯/救生筏。

（6）从飞机（或训练设施）上取出每种型号的救生筏并充气（如适用）。

（7）将每种型号的滑梯/救生筏从一舱门转移到另一舱门。

（8）将每种型号的滑梯/救生筏展开、充气和从飞机（或训练设施）上脱开。

（9）应急撤离，包括滑梯的使用。

由此可见，民航局对于从业人员的身体素质要求比较高，除了完成本身职责和工作流程以外，必须具备完成相应训练的动作和力量，必须能够通过相应训练的考核。

2. 客舱乘务员的有关规定

根据《大型飞机公共航空运输承运人运行合格审定规则》（CCAR-121-R7）（1999 年 5 月 5 日公布，2021 年 3 月 15 日第七次修订）的规定，涉及客舱乘务员相关的动作、力量以及体能综合素质方面的训练要求有：

（1）N 章训练大纲第 121.419 条机组成员的应急生存训练。

该条款明确规定：机组必需成员应当针对所飞飞机的型别、布局及所实施的每种运行，完成本条规定的应急生存训练。具体训练内容同 CCAR-62FS 里的相关规定。

（2）N 章训练大纲第 121.422 条机组成员的安保训练。

该条款明确规定：安保训练大纲应当根据国家以及民航保卫部门不同时期的具体要求、国内外形势变化以及运行区域和特点等情况及时进行更新和修订。

机组成员的安保训练大纲至少包括以下内容：

（a）事件严重性的确定。

（b）机组成员之间的信息传递和协调。

（c）恰当的自我防卫。

（d）经批准供机组成员使用的非致命性保护器具的使用方法。

（e）了解恐怖分子的行为，以使机组成员有能力应对劫机者的行为和乘客的反应。

（f）针对不同威胁情况的真实场景演练。

（g）用于保护飞机的驾驶舱程序。

（h）飞机的搜查程序和最低风险爆炸区的指南。

其中，第（c）、（d）、（f）、（g）、（h）款均需要具备相应的体能、应急处突动作流程等相应的素质与能力。

（3）N 章训练大纲第 121.429 条客舱乘务员的初始和转机型地面训练。

该条款明确规定，客舱乘务员的初始和转机型地面训练的讲授内容中应该包括以下条款："（ii）旅客的管理，包括遇有精神错乱或者其他具有危及安全举动的人时所应遵循的程序。"

该条款要求客舱乘务员在进行旅客管理时，必须具备相应的体能，掌握相应的处置程序与方法。

第二节　航空体育课程的性质与功能

一、课程的性质与作用

"航空体育"是空勤专业的专业基础课程。本课程树立"健康第一"的指导思想，在结合空勤专业特点的前提下以发展学生职业体能为基础，通过科学指导和安排体育锻炼过程，培养学生的健康人格、增强体能素质、提高综合职业能力，使学生养成终身体育锻炼的习惯，形成健康的行为与生活方式，健全人格，强健体魄，具备身心健康和职业生涯发展必备的体育与健康学科核心素养，自觉践行社会主义核心价值观，成为德智体美劳全面发展的高素质劳动者和技术技能人才。

二、航空体育课程的教育目标

为贯彻中国民航局提出的《建设民航强国的战略构想》和培养民航高素质人才的精神，本课程的学习和训练，目的是使学生具备以下知识、能力、素质。

（一）运动能力

随着科技的不断发展，航空领域更需要高精尖的现代化技术人才。因此，空勤人员必须具备强壮的体力（力量、耐力、速度等），良好的飞行耐力（抗飞行疲劳能力），前庭耐力（抗晕机能力），高空耐力（抗缺氧和低气压环境适应能力），快速反应能力，时差适应力（抗生物节奏紊乱和适应夜航能力），良好的空间知觉能力，注意力分配广、转移快的能力，稳定情绪的能力，坚忍、果敢的意志力，思维的敏捷性与有效性，良好的记忆力等。通过学习本课程，学生能够运用所学的体育与健康知识、技能和方法，提高与未来职业相关的体能和运动技能水平；能够依据职业特点，独立或合作制订和实施体能锻炼计划，具有体育运动欣赏能力。

（二）健康行为

通过学习本课程，学生能够掌握提升个人健康的技能，学会自我健康管理，了解职业健康安全知识；养成良好的锻炼习惯，掌握科学的锻炼方法和预防疾病的方法。

（三）体育精神

通过学习本课程，学生能够葆有勇敢顽强、超越自我、严谨细致、健康向上的精神气质，树立公平公正的竞争意识，保持正确对待成功与失败的良好心态，培育平等融合、宽容对待、善于沟通、珍惜友谊的团队意识，拥有良好的人际关系。

三、航空体育的功能

（一）教育功能

航空体育的基本目标是育人，因此教育功能位于航空体育功能的首位。

首先，促进综合能力的提高。人体在进行体育运动时，眼睛、耳朵等多个感官均要参与工作，各感官获得的信息不断传入大脑皮质，活化、刺激脑细胞，改善大脑的供氧量，有利于促进大脑思维活动所需物质——脑啡肽的分泌，使人头脑清醒、思维敏捷。航空体育本身既是一项有针对性的专项项目，也是一项创造性的活动，蕴含着丰富的开发智力、培养创造力的内容，对全面培养空勤人员的观察能力、训练记忆能力、启迪想象力等具有重要的作用。

其次，促进优良品德的形成。航空体育是德育的重要内容和手段，对空勤人员个体的社会化过程和人格完善过程起着重要作用，具体表现为：①航空体育可以培养空勤人员的道德意识与信念，如公平、守法、遵规、守纪、尊重他人、团结合作、民主、竞争等。②航空体育能有效地营造一个特殊的德育环境——微缩的社会，使空勤人员的道德信念通过体育活动得到强化，并内化为个人具体的道德行为准则。③航空体育能有效地培养空勤人员的个性和意志品质，如勇敢、顽强、抗挫折能力等。④航空体育可以培育空勤人员的集体主义和爱国主义精神，培养其责任感和荣誉感。这一点是空勤人员的职业所需。

最后，培养审美能力。航空体育是航空航天类高校美育培养既重要又特殊的途径，体育运动的过程始终伴随着美学，航空体育不仅可以塑造身体美，还可以培养心灵美、行为美及运动美，并使四者在运动实践中得到完美结合。航空体育塑造健美身体的作用是非常直接的，即通过航空体育锻炼，空勤人员可以获得健壮的体魄、匀称的身材、优雅的姿态，做到动作矫健。这些既是健康的标志，也是人体美的表现。运动中的形体美、动作美、韵律美都将给空勤人员带来强烈的美感体验。航空体育培育学生鉴赏美、表现美和创造美的作用是独特的、具体的，有着极强的实践性。

（二）健身功能

航空体育的健身功能是航空体育原始的、本质的、独特的功能，无论在过去、现在还是将来，它都是航空体育主要的育人功能之一。经常参加体育活动，可以促进骨组织的血液循环，使骨密质增厚、骨骼变粗，使骨骼的坚固性、抗弯性、抗断性和耐压性显著提高。同时能使人体的能量消耗增加，新陈代谢旺盛，代谢产物增多，从而使机体的各个器官、系统的功能水平得到提高。实践证明，航空体育锻炼对矫正体姿、保持挺拔的姿态、有效地提高机体的功能水平、促进机体的生长发育具有重要的作用。

飞行环境是一个特定的环境，包含飞行时的物理环境和精神环境。空勤人员的机体必须随时调节各器官、系统的功能来适应环境的变化，使人体的内外环境能保持相对的平衡。经常参加航空体育锻炼可以提高空勤人员对特定环境的适应能力。

航空体育的健身功能将从增强体质的单维结构拓展为促进空勤人员的生理、心理发展，社会适应能力强，人格完善的多维结构，这既是人类自身发展的需要，也是时代赋予航空体育新的使命。

（三）针对性培养功能

航空体育的培养对象主要以空勤人员为主。空勤人员的职业要求与一般行业从业者的职业要求有区别。空勤人员的职业特点决定了其工作地点在天空而不在地面。这就要求空勤人员在高速飞行中要为乘客提供优质服务的同时，能抵抗飞行中连续颠簸、摇晃、噪声等因素引起的晕机症状。此外，还要具有对抗长时间飞行疲劳的能力等。概而言之，空勤人员必须具备的素质包括灵敏协调能力、较强的前庭耐力、长时间飞行的耐力以及对航空环境变化的适应能力。以上这些能力的获得，对于空勤人员（包括航空飞行爱好者）而言至关重要。航空体育是专门培养空勤人员所必须具备的素质的一种专项体育运动，具有很强的针对性。

（四）文化和经济功能

航空体育的文化功能是航空体育主要的社会功能，航空体育是航空院校校园文化的重要组成部分。航空体育是传播校园体育文化的重要途径。学校通过对学生进行全面的、系统的身体教育，使学生掌握航空体育专业技能，学习健康保健等方面的基础知识、运动技术及科学锻炼身体的方法。在这一教育过程中，航空体育文化也被一代代传承。航空体育对校园体育文化的创新与发展具有重要的作用。

航空体育的经济功能虽不明显，但其未来的发展势头值得关注，如业余航空飞行体验、航空模型运动、跳伞运动、滑翔运动、热气球运动等。当然，航空体育最根本的还是通过改善和提高未来空勤人员的素质，促进民航事业的发展和国民经济的增长。

第三节　航空体育与职业素养的培养

航空是国家综合交通运输体系的重要组成部分。其中，民航事业的发展事关人民安全和国家安全。党和国家领导人多次对民航工作作出重要指示和批示。习近平总书记在会见四川航空“中国民航英雄机组”时强调：“完善风险防控体系，健全监管工作机制，加强队伍作风和能力建设，切实把安全责任落实到岗位、落实到人头，确保民航安全运行平稳可控。”加强队伍作风和能力建设，就是要将作风建设贯穿于每个空勤人员的职业生涯。在空勤人员职业生涯的各个阶段，高等教育阶段对空勤人员进行职业素养培养的必要性、重要性不言而喻。在专业教育的开始阶段就进行职业素养的培养，对空勤人员的整体职业发展具有“培根固本”的作用。

一、通过航空体育课程培养职业素养的必要性

航空体育课程作为学校体育的重要组成部分，担负着以课堂为载体来提升学生身心素养和立德树人的时代任务。新时代，党和国家对教育改革与发展提出了更高的要求。鉴于航空体育课程对培养合格空勤人员具有至关重要的作用，挖掘课程蕴含的思政要素和其所承载的育人功能，是在民航强国目标下进行空勤人员职业素养培养的必然选择。

二、航空体育课程培养职业素养的内容

（一）恪尽职守的责任意识

航空体育课程对培养学生“责任担当”的核心素养具有重要作用。空勤专业学生责任意识的养成，取决于其对责任意识的认知程度、对安全程序和技能的掌握程度、对外部责任氛围的感知能力。航空课程中对于责任感的培养主要体现在安全教育和风险防控两个方面。安全教育主要采用场地安全线、警示牌、安全事件通报、案例解析、运动安全提醒等形式，营造安全氛围，以达到强化责任意识的目的。在教学中，采用“安全隐患重预防，事件发生重控制，安全伤害将损失”三条防线筑牢学生的责任长城。在日常的训练过程中，当危险出现时，学生应积极与他人协作，应对危机，并给予他人必要的陪伴、安抚和帮助，这是空勤人员这一职业本身赋予学生或从业者的职责。飞行训练、体育运动中的责任意识表现形式不同，但对航空从业人员需要具备高度责任感的要求是统一的。

（二）严格遵守规章的程序意识

程序意识是航空体育教学中的基本内容。在教学中，加强对空勤专业学生程序意识的培养，即要塑造学生遵照事物的运行规律办事的能力，要树立学生的红线意识和底线意识，要牢固树立学生坚守规则的意识。这样有助于学生更系统地掌握知识和技能，具备缜密的逻辑思维能力，在今后的飞行中保证飞行安全、有序。夯实并强化空勤人员的程序意识是其在今后的实际操作中能够安全操控飞机的保证。在初始学习阶段，学生树立牢固的程序意识会为将来的安全飞行打下坚实的基础。程序意识应贯穿于一名空勤人员的飞行生涯。

（三）精益求精的工匠精神

体育教学、比赛中优异成绩的取得，离不开练习者挥汗如雨的艰苦训练，离不开练习者长久的坚持，离不开练习者对技术动作优化的不断探索，离不开练习者对技术细节的精心打磨。由此看出，运动成绩提升的过程正是一种精益求精的理念、一种爱岗敬业的态度、一种执着追求的品质、一种淡泊名利的价值观的综合反映。同理，在航空领域，精湛的技术的习得，同样离不开工匠精神。工匠精神是人类不断地学习、创新、积累的一种具有传承性、求

实的、把工作做好的基本职业精神，是各行各业的工作者从事业内活动的标准和要求。空勤专业学生应该了解，进行飞行实操时，在狭小空间内，高空、低温、辐射、噪声等工作环境对其身体素质要求较高。这就要求学生严格进行健康管理，养成良好的健康生活习惯。这不仅是维护个人健康的需要，也是保证航空事业安全稳定发展的需要。学生应树立“坚持锻炼是职业发展的重要保障”的信念。在日常生活中，同学们唯有将职业责任内化于心，才能维持持久学习的动力；唯有不断强化“超越自我”的信念，才能适应新形势、新环境的工作要求。

（四）居安思危的忧患意识

航线飞行的风险和难度在于飞行过程中存在诸多不确定因素，很多时候并不一定能够按照既定的方向发展。即使工作人员在飞行前已经进行了完备细致的检查，在飞行过程中也可能面对各种各样的突发情况，如旅客突发疾病、天气因素导致飞行不安全等。危机处置训练是航空体育课程的教学特色，旨在培养学生敏锐的洞察力和对事物发生、发展趋势精准的研判力，提高其果断处置事件的能力。因此，应加强培养空勤专业学生居安思危的意识，让学生通过体育锻炼，提升其对危险隐患的洞察力，增强其对风险危害的研判能力，提高其在压力情况下快速、恰当地解决问题的能力。

（五）机组协同的团队精神

当今的客舱活动是多人制机组为了安全到达既定目的地而进行的协作活动，具有团队精神和协作意识是这一活动过程中相关参与人员必备的素质。航空体育项目可以较好地培养和锻炼学生的机组协同能力。在航空体育集体项目的训练过程中，与他人建立有效沟通是推动任务进行的基础。沟通能力包含清晰表述任务、耐心倾听他人意见、准确表达自己的观点等内容。人与人之间应充分地了解、沟通，以便能尽量做到通过一个眼神、一个动作就让同伴知道下一步行动。航空体育教学对提高空勤人员的团队合作能力具有十分明显的作用，是培养学生团队合作能力的重要手段。航空体育教学中的机组协同训练中有明确的规则和岗位职责，对每一位参与者的职责有明确要求，学生在实施过程中既要各司其职，又要高度配合。

课程篇

第二章

体育与健康

第一节　体育概述

一、体育的起源

“体育”一词，其英文是 physical education，指的是以身体活动为手段的教育，直译为身体的教育，简称体育。在古希腊，游戏、角力、体操等曾被列为教育内容。17—18 世纪，在西方的教育中也加进了打猎、游泳、爬山、赛跑、跳跃等活动，只是尚无统一的名称。18 世纪末，德国的 J. C. F. 古茨穆茨曾把这些活动分类、综合，统称为“体操”。进入 19 世纪，一方面，德国形成了新的体操体系，并广泛传播于欧美各国；另一方面，相继出现了多种新的运动项目。在学校也逐渐开展了超出原来体操范围的更多的运动项目，提出“体育是以身体活动为手段的教育”这一新概念。于是，在相当的一段时间里，“体操”和“体育”两个词并存，相互混用，直到 20 世纪初才逐渐在世界范围内统一称为“体育”。

体育作为一种文化现象，是随着人类社会的产生和发展而不断萌芽、演进的。人的本能的需要是体育产生的源泉，也是体育赖以发展的根本前提。任何一种社会现象，其生命力都离不开社会的需要——人的需要，否则，犹如再好的商品也会失去它的价值一样，体育就失去存在的价值。体育作为人类有目的、有意识的一种社会活动，正是为了适应社会的需要（其中包括社会生产和生活的需要）和人本身的需要（包括人的生理和心理的需要）而产生的。

体育的产生也有其社会根源。体育是在原始社会条件下萌芽和产生的，与人类的其他社会活动，如劳动、教育、军事、娱乐、医疗卫生、宗教祭祀等有着密切的关系。原始体育在生活和劳动过程中萌生，是社会教育活动的主要手段和内容。在战争中，为了提高战斗技能，体育成为人们进行军事训练和身体训练的手段。原始人的生活条件非常严酷，自然灾害频发，各个部落之间相互骚扰，人们的健康和生命都没有保障。阴康氏的“消肿舞”、《黄帝内经》中的“导引按跷”等，都是治疗由于环境、气候所造成的身体疾病而进行的身体活动。这些既是医疗手段，又是健身活动，以后逐渐发展成各种成套的保健体操。健身的目的更加明确，体育的因素也进一步得到凸显。

而最早出现的一种起源说是“模仿说”，认为儿童模仿成人打猎、捕鱼、料理家务以及作战等活动而进行的嬉戏。在此之后出现的“生理说”认为，人类社会发展了，人的精神非常旺盛，因而有了过剩的精力去从事文娱和体育活动。而最为人们所接受的是“劳动说”，认为体育起源于劳动，是在劳动与物质生产活动过程中产生了体育。很长一段时间，学者们都倾向于这种观点，此观点来源于“劳动创造了人”，自然劳动也孕育了体育。很显然，从体育起源的最初动力和主要源头来看，体育自然应该起源于劳动。但体育的形成必然有一个不算短的历史时期，在这个过程中，人的生理和心理需要、宗教巫术和战争等都成为促使体育最终形成的重要因素和动力。

恩格斯在《劳动在从猿到人的转变中的作用》一书中说：“劳动创造了人的本身。”人类正是通过劳动不断改善和创造生产工具，并改善了本身的生理机能，完成了从猿到人这一质的转变。从这个意义上说，劳动创造了人，创造了社会上的一切，当然也包括体育。恩格斯在同一书中还说：“只有劳动，人的手才能得到高度的完善，在这基础上，人手才能仿佛凭着魔力似地产生了拉斐尔的绘画、托尔瓦尔德森的雕刻，以及帕格尼尼的音乐。”体育也是社会文化的一个部分，运动需要灵巧的双手才能完成高难度的技巧性动作。

原始人类为了获取动物性食品，就要有快跑的能力；为了抵御和擒获大猛兽，就要有使用器械和投掷的力量；为了捞取水中的鱼虾作食物，就要会游泳技术；为了采摘高树上的果实充饥，就要掌握攀登的技巧。当人类在劳动中认识这些能力和技术的重要性，并有意识地去学习去锻炼时，就开始有了体育。最初的体育和劳动技术教育是一致的，很难划清两者之间的界限。只有随着社会的不断发展，劳动方式逐步改变，才能区分开劳动技术学习和身体锻炼的差别。当然，还有一部分体育项目是社会娱乐活动，如杂技技巧、舞蹈、秋千、拔河和球类游戏等，这些都是人类在生产水平有了提高、生活资料逐步丰富，在休闲时为了娱乐活动而创造出来的。这说明，体育某些项目的形成和发展，又和社会发展水平紧密相关。

二、体育的发展

（一）西方体育的发展

1. 西方体育的勃兴——古希腊的体育运动（前 1000—前 100 年）

公元前 9 世纪的古希腊，为了缓解连年战火，各城邦国以宙斯诸神的名义达成定期休战协议，每隔四年在奥林匹亚举办大型竞技会。图 2-1 是奥林匹克古竞技会会场的全景。

2. 西方体育的衰落——中世纪的体育运动（500—1300 年）

宣扬“宿命论”“禁欲主义”，反对舞蹈和其他身体运动。身体活动内容出现“贵族化”和“平民化”的现象。

3. 西方体育的复兴——文艺复兴时期的体育运动（1300—1800 年）

14 ~ 18 世纪，欧洲大陆出现了三次大规模的思想文化运动。这些思想文化运动引起了人们对古希腊体育和古奥运会的关注和向往。人文主义者认为古希腊体育符合人性，主张重视身体和精神的统一，重视身体的均衡和协调发展，重视身体的健康和健美，重视个人幸福，因而在近代体育思想和实践中，大力提倡继承古希腊文化遗产。这种思想的兴起和确立，使传统的道德观念和审美标准发生了根本的变化，为奥林匹克运动的兴起奠定了思想基础。

图 2-1　奥林匹克古竞技会会场

4. 西方体育的迅速发展

19 世纪，西欧由于资本主义发展不平衡和民族主义倾向，各国之间接连发生战争。出于强国强民的需要，各国对体育都特别重视，相继出现了一批体育著作和体育学者。

（二）中国体育的发展

1. 中国古代体育的蓬勃兴起——奴隶社会时期（前 17 世纪到 1 世纪）夏、商、周、春秋

夏商时的学校教育重视习射、御，西周的学校把射、御列为学校的必修课。学生年满 15 岁开始学射、御。商周时期，无论在宗教祭祀还是其他重大庆典活动中，都要献舞助兴，因而学校把舞蹈作为教育内容之一。从某种意义上讲，西周学校乐舞教育兼有体育和德育两种功能。

2. 中国古代体育的跌宕起伏——封建社会时期（公元 1 世纪到公元 20 世纪初）

战国时期，社会制度发生更替，诸子百家提倡讲武，医疗、养生学、民间体育有所发展，出现了古代足球运动。

汉代以训练士兵为主的军事体育有很大发展，出现了导引、养生、五禽戏等以健身为目的的医疗体育运动。

两晋、南北朝时期，唯心主义神学盛行，忽视体育运动，体育导向发生了变化。汉代那些能促进人们强身祛病的活动项目，如角抵、蹴鞠等逐渐被废弃，却提倡那些供统治者享乐的歌舞、百戏和与轻巧纤弱之风相应的投壶、弈棋等，致使体育走上歧路。

隋唐五代时期，在军事上实行兵府制，由武则天首创武举制度，提倡考武状元。这一制

度的实行，大大鼓舞了民间练武之风，对体育的发展起了促进作用。

宋朝时期，沿袭武举制，加上王安石变法，提倡富国强兵，对体育的发展起到了刺激作用。毕昇活字印刷术的发明，促进体育图书资料的出版。北宋后期，变法失败，以朱熹为代表的宋代理学家们主“静”，反对体育运动。

明清时期，沿袭武举制，政策导向促进体育发展，中国武术又出现一个新的高潮。

3. 历史的倒退——清后期至民国时期（19 世纪中叶到 20 世纪中叶）

此时期内忧外患、积弱难起，特别是鸦片战争后，大量输入的鸦片毒害了广大人民的身体。清朝政府为了维护其统治，“禁民习武”，致使民族体质日衰，体育也因此一蹶不振。新中国成立前，国人四次参加奥运会均获零分。

4. 复兴与快速发展——新中国成立至今

1949—1956 年，建立了体育组织机构，制定体育制度措施，迎来了两个高潮、一个低谷（1957—1966 年）；历经十年动乱、十年挫折（1966—1976 年），最后进入迅速恢复、阔步前进阶段（1977 至今），中国体育逐渐走向腾飞。

（1）创业与初步发展时期的体育（1949—1966 年）

加强党的领导，将原“中华全国体育协进会”改组为“中华全国体育总会”。1952 年年底，成立了国家体育运动委员会，并陆续在全国各地建立了各级运动委员会。推行了《劳卫制》《运动员等级制度》等一系列制度，体育组织机构、规章制度、教学训练、运动队伍建设与技术发展等方面全面向苏联学习。创办了 6 所体育学院，恢复了 38 所高等师范院校的体育系（科），创办了 77 所少年儿童业余体育学校。成立人民体育出版社，编辑出版了《新体育》《体育文丛》等杂志和大量的体育书籍、文献。

（2）低谷时期的体育（1967—1976 年）

此时期极大地摧残了体育事业，对新中国成立以来的体育成就全盘否定，行之有效的规章制度被废止，科研停顿，体育院校停止招生，体育设施荒废。

（3）拨乱反正与探索发展新模式时期的体育（1977 年至今）

制订与实施“两个战略”，即以青少年为重点的全民健身战略和奥运会争光战略。改革开放以来，竞技体育围绕奥运会争光战略，在管理、训练、竞赛体制上进行了一系列改革。在体育管理体制改革方面，其核心就是实现由政府办体育到政府管体育的转变。20 世纪 90 年代，国务院机构改革以后，国家体委改称国家体育总局，缩减编制，另设 21 个运动项目管理中心。从此，竞技体育冲出亚洲、走向世界，学校体育迅猛发展，群众体育蓬勃发展。

体育是一种内容极为丰富的社会活动。从它的起源和发展中，就可以看出它的特殊社会属性：不从属于政治、经济、军事、文化等任何一个部分，而和政治、经济、军事、文化有着紧密的联系。体育是适应人类生活的需要而产生、发展的，它必然受到社会生活各方面的影响。在阶级社会中，特别受到政治、经济的影响。我们只有正确认识体育，才能正确估价体育的社会作用。

三、体育的含义

“体育”一词在含义上有一个演化过程。它刚传入我国时，是指身体的教育，作为教育的一部分出现的，是一种与维持和发展身体的各种活动有关联的一种教育过程，与国际上理解的“体育”（Physical education）是一致的。随着社会的进步和体育事业的不断发展，其目的和内容都大大超出了原来“体育”的范畴。

体育有狭义和广义之分。狭义的体育即身体教育，是通过身体活动，增强体质，传授锻炼身体的知识、技能、技术，培养道德和意志品质的有目的有计划的教育过程。它是教育的组成部分，是培养全面发展的人的一个重要方面。广义的体育即社会文化活动，亦称体育运动，是指以身体练习为基本手段，以增强体质、促进人的全面发展、丰富社会文化生活和促进精神文明建设为目的的一种有意识、有组织的社会活动。它是社会总文化的一部分，其发展受一定社会的政治和经济的制约，也为社会的政治和经济服务。其是体育文化的一个组成部分，是根据人生理、心理发展规律，以专门性的身体活动为基本手段，增强体质，发展人体运动能力，提高人们生活质量的一种有目的、有价值的社会活动。

四、体育的基本形态

（一）学校体育

学校体育是指在以学校教育为主的环境中，运用身体运动、卫生保健等手段，对受教育者施加影响，促进其身心健康发展的有目的、有计划、有组织的教育活动。学校体育属于教育范畴，无论在哪种社会条件下，都受该社会的政治、经济、文化教育的影响和制约，并通过培养人才为之服务。学校体育与学校德育、智育共同组成完整的学校教育体系，是培养符合社会需要的合格人才的基本内容和基本途径。

（二）大众体育

大众体育是与学校体育、竞技体育对应的概念，是指企事业单位职工、城镇居民与农民，为达到健身、健心、健美、娱乐、医疗等目的而进行的内容丰富、形式多样的身体锻炼活动。

（三）竞技体育

竞技体育亦称竞技运动，是体育的重要组成部分，是以体育竞赛为主要特征，以创造优异运动成绩、夺取比赛优胜为主要目的的社会体育活动。

三者之间是相互依存、相互影响的关系。在三者之中，学校体育是大众体育和竞技体育发展的重要基石——学校体育教育的成功与否，直接影响到后二者的发展；同时，学校体育又是协调大众体育与竞技体育发展的重要基础。大众体育是竞技体育的重要基础之一，又是学校体育教育的延伸，因此，大众体育具有承上启下的重要作用。竞技体育的基础是学校体育和大众体育，没有学校体育和大众体育，竞技体育的发展也就失去了重要依托。而竞技体育的发展，也会推动学校体育和大众体育的发展。因此，从这个意义上来讲，竞技体育也是学校体育和大众体育发展的重要动力之一。

第二节 健康概述

一、健康的含义

健康是指一个人在身体、精神和社会等方面都处于良好的状态。健康包括两个方面的内容：一是主要脏器无疾病，身体形态发育良好，体形均匀，人体各系统具有良好的生理功能，有较强的身体活动能力和劳动能力，这是对健康最基本的要求。二是对疾病的抵抗能力较强，能够适应环境变化、各种生理刺激以及致病因素对身体的作用。传统的健康观是“无病即健康”，现代人的健康观是整体健康，世界卫生组织提出健康的标准是：“健康不仅是躯体没有疾病，还要具备心理健康、社会适应良好和有道德。”因此，现代人的健康内容包括：躯体健康、心理健康、心灵健康、社会健康、智力健康、道德健康、环境健康等。健康是人的基本权利，是人生的第一财富。

（一）全世界公认的关于健康的 13 个标志

（1）生机勃勃，富有进取心。

（2）性格开朗，充满活力。

（3）正常身高与体重。

（4）保持正常的体温、脉搏和呼吸（体温 37 ℃；脉搏 72 次/min；呼吸婴儿 45 次/min，6 岁 25 次/min，15～25 岁 18 次/min，年龄稍大会增加）。

（5）食欲旺盛。

（6）明亮的眼睛和粉红的眼膜。

（7）不易得病，对流行病有足够的耐受力。

（8）大小便正常。

（9）淡红色舌头，无厚的舌苔。

（10）健康的牙龈和口腔黏膜。

（11）光滑的皮肤柔韧而富有弹性，肤色健康。

（12）光滑带光泽的头发。

（13）指甲坚固而带微红色。

（二）健康公式

有关专家经过研究后，得出了一个健康公式：

健康=情绪稳定+运动适量+饮食合理+科学地休息

疾病=懒惰+嗜烟+嗜酒

健康体重公式为：

[体重（kg）]/[身高（m）×身高（m）]=体重指数

（1）不到 18.5，偏瘦。

（2）介于 18.5 和 20.9，苗条。

（3）介于 20.9 和 24.9，适中。

（4）超过 24.9，偏胖。

世界卫生组织的报告认为健康的构成要素和比例如下：

健康=15%遗传因素+10%社会因素+8%医疗条件+7%气候条件+60%自我保健

（三）健康标准

（1）食得快：进食时有很好的胃口，能快速吃完一餐饭而不挑剔食物，这证明内脏功能正常。

（2）便得快：一旦有便意时，能很快排泄大小便，且感觉轻松自如，在精神上有一种良好的感觉，说明胃肠功能良好。

（3）睡得快：上床能很快熟睡，且睡得深；醒后精神饱满，头脑清醒。

（4）说得快：语言表达正确，说话流利。表示头脑清醒，思维敏捷，中气充足，心、肺功能正常。

（5）走得快：行动自如、转变敏捷，证明精力充沛旺盛。

（6）良好的个性：性格温和，意志坚强，感情丰富，具有坦荡胸怀与达观心境。

（7）良好的处世能力：看问题客观现实，具有自我控制能力，适应复杂的社会环境，对事物的变迁能始终保持良好的情绪，能保持对社会外环境与机体内环境的平衡。

（8）良好的人际关系：待人接物能大度和善，不过分计较，能助人为乐、与人为善。

（9）适量运动：运动能改变血液中的化学成分，有利于防止动脉血管硬化。保护血液、维护心血管系统的健康。要经常参加以耐力性为主的运动项目，如跑步、球类、登山等。

二、亚健康及成因

中华中医药学会发布的《亚健康中医临床指南》指出，亚健康是指人体处于健康和疾病之间的一种状态。处于亚健康状态者，不能达到健康的标准，表现为一定时间内的活力降低、功能和适应能力减退的症状，但不符合现代医学有关疾病的临床或亚临床诊断标准。由于亚健康状态是介于健康状态和疾病状态之间的一种游离状态，所以对于亚健康状态很难诊断。比如疲劳、失眠，健康的人经过适当的休息与调理就可以得到纠正与克服，但长期处于疲劳、失眠状态就可视为亚健康。

（一）亚健康的主要特征及临床表现

① 身心上不适应的感觉所反映出来的种种症状，如疲劳、虚弱、情绪改变等，其状况在相当长的时期内难以明确。② 与年龄不相适应的组织结构或生理功能减退所致的各种虚弱表

现。③ 微生态失衡状态。④ 某些疾病的病前生理病理学改变。

临床表现多种多样，身体方面可表现为疲乏无力、肌肉及关节酸痛、头昏头痛、心悸胸闷、睡眠紊乱、食欲不振、脘腹不适、便溏便秘、性功能减退、怕冷怕热、易于感冒、眼部干涩等；心理方面可表现有情绪低落、心烦意乱、焦躁不安、急躁易怒、恐惧胆怯、记忆力下降、注意力不能集中、精力不足、反应迟钝等；社会交往方面可表现有不能较好地承担相应的社会角色，工作、学习困难，不能正常地处理好人际关系、家庭关系，难以进行正常的社会交往等。

（二）导致亚健康的主要原因

（1）环境因素。包括致病性微生物、细菌、病毒、真菌以及社会、经济、文化教育等因素。

（2）行为生活方式。包括营养、风俗习惯、嗜好、交通工具、体育锻炼、精神状态等。

（3）医疗卫生服务。社会的医疗卫生设施和制度及其利用。

（4）生物遗传因素。包括亲代遗传的体形特征、生理特征、代谢类型、行为本能等四个方面的影响因素。

三、常见疾病

（一）肥　胖

肥胖（obesity）是体内脂肪积聚过多而呈现的一种状态。当人体进食热量多于消耗热量时，多余热量以脂肪形式储存于体内，其量超过正常生理需要量，且达一定值时，遂演变为肥胖症。正常男性成人脂肪组织重量占体重的 15% ~ 18%，女性占 20% ~ 25%。随着年龄的增长，体脂所占比例会相应增加。

在正常情况下，能量摄入与能量消耗处于一个平衡状态，这一平衡被打破时，能量摄入超过能量消耗，造成能量过剩，就会促进脂肪累积，发生肥胖。肥胖分为单纯性肥胖和继发性肥胖。单纯性肥胖一般与遗传、不良生活习惯等有关；继发性肥胖多与某些内分泌代谢性疾病有关。

预防措施：

（1）避免油腻、含糖高的食物，多吃蔬菜、水果，戒烟戒酒。

（2）不要久坐，加强体育锻炼。

（3）合理作息，不要过于劳累。

（4）积极治疗原发病。

（二）糖尿病

糖尿病是一组以高血糖为特征的代谢性疾病，有两个主要成因：胰脏无法生产足够的胰岛素，或者细胞对胰岛素不敏感。它的特征是患者的血糖长期高于标准值。高血糖会造成俗称“三多一少”的症状：多食、多饮、频尿及体重下降。

1 型或 2 型糖尿病均存在明显的遗传异质性。糖尿病存在家族发病倾向，1/4 ~ 1/2 的患者有糖尿病家族史。进食过多、体力活动减少导致的肥胖是 2 型糖尿病最主要的环境因素，使具有 2 型糖尿病遗传易感性的个体容易发病。

目前尚无根治糖尿病的方法，但通过多种治疗手段可以控制好糖尿病。主要包括 5 个方面：糖尿病患者的教育、自我监测血糖、饮食治疗、运动治疗和药物治疗。

（三）心脑血管疾病

心脑血管疾病是心脏血管和脑血管疾病的统称，泛指高脂血症、血液黏稠、动脉粥样硬化、高血压等所导致的心脏、大脑及全身组织发生的缺血性或出血性疾病。心脑血管疾病具有高患病率、高致残率和高死亡率的特点，全世界每年死于心脑血管疾病的人数高达 1500 万人，居各种死因首位。

预防方法：

（1）防止栓塞。

（2）改变不良的生活方式。

（3）多吃富含精氨酸的食物。

（4）控制血压和血脂是关键。

（5）进补要适度。

（四）癌　症

癌症（cancer）是由于机体细胞失去正常调控，过度增殖而引起的疾病，也称恶性肿瘤。这些过度增殖的细胞会侵犯周围组织，甚至经由体内循环系统或淋巴系统转移到身体其他部分。恶性肿瘤与良性肿瘤相比，具有生长迅速、侵袭性强的特点，可以从原发部位播散到身体其他部位，会对人体产生严重的危害。常见的癌症如食管癌、胃癌、大肠癌、肝癌、乳腺癌、肺癌等。

四、影响健康的因素

人类的健康受各种因素的影响，主要有先天的遗传因素、后天的环境因素、生活方式、医疗卫生保健等。世界卫生组织指出，一个人的健康 15% 取决于遗传，10%取决于社会的稳定程度，8%取决于医疗条件，7%取决于居住的环境和气候，而最主要影响的 60%来自人们的生活方式。

（一）遗传因素

人体存在着种族血缘关系，人体的形态结构、相貌、肤色等都受遗传因素的影响。人体有氧代谢能力和最大摄氧量的值，在很大程度上取决于遗传，还有些身体素质和运动能力与遗传也有密切的联系。这些事实说明，人的体质是受遗传因素影响的。现代医学研究发现，遗传病有近三千种之多。遗传病不仅种类多，而且发病率高。避免遗传病的最主要措施就是防患于未然，如不能近亲结婚，了解家族遗传病史等。

（二）环境因素

这里所指的环境是人类赖以生存的自然环境以及人类生活的社会环境。人的健康就是靠人体内外环境的相互适应和保持平衡来维持的。长期生活在污秽的自然环境中或生活在压抑不和谐的社会环境中，肯定对身体与心理健康不利。

联合国环境规划署最新发布的《全球环境展望四》综合报告指出，从全球范围而言，污染的水源是人类致病、致死的最大单一原因。世界卫生组织的一项调查显示，全世界 80%的疾病是由饮用被污染的水造成的。全世界 50%的儿童的死亡是由于饮用水被污染。中国水安全问题也日益突出，无疑是威胁公众最大的“生命之痛”。

大气污染对健康造成的主要危害是使慢性支气管炎、哮喘、肺气肿、肺心病、肺癌等呼吸系统疾病发病率和死亡率显著增加。呼唤健康、“绿色”的生活方式，营造和谐、诚信、友善的社会环境，是提高我们生活质量的重要保障之一。

（三）生活方式因素

生活方式是指人们为满足自身（物质和精神）需要而消费生活资料（物质资料和精神财富）的各种形式，以及如何支配闲暇时间的方式。生活方式同时反映一定时期社会消费水平和消费质量，反映一定时期人们的精神风貌，包括个人、家庭、民族和社会生活活动形式的典型和总体特征，是社会整体结构及其运行状况具体而生动的反映形式。也可以这样理解：生活方式是指个人或群体在某种价值观念指导下，进行生存实践的各种生活活动的形式，包括人们的物质生活、精神生活、社会生活、政治生活。因此，人们长期受一定的社会、文化、经济、教育、民族、风俗、宗教、家庭等影响而形成的生活习惯、行为方式、生活意识，决定了人们的生活方式。从健康的角度讲，生活方式又可以表现为人们日常生活中的各种行为习惯，包括饮食、工作及生活的作息时间、娱乐、社会活动等。在不同的社会发展阶段，人们的健康水平和疾病的联系有不同的表现。1957 年，我国对全国死亡人口疾病情况进行调查，排在前三位的是呼吸系统疾病、急性传染病和肺结核。到了 2000 年，我国的疾病死亡排名有了根本性的变化，分别是恶性肿瘤、脑血管疾病和心脏病。美国 2000 年的疾病死亡前三名也是这三种，只不过排序不一样。而这三种疾病在 1957 年在我国只排在第五至第七位。在世界卫生组织近几年的调查材料中，全世界死亡人数最多的疾病也是这三种，几乎占所有死亡人数的 2/3，被称为人类“三大杀手”。引起这三大疾病的原因就是由不合理的生活方式所造成的。吸烟、酗酒、肥胖、生活没有规律、缺少必要的身体活动等不合理的生活方式均是造成这些疾病的重要原因。

（四）医疗卫生保健因素

完善的医疗卫生保障、积极有效的健康教育、改善食品供给及提高食品卫生安全等，都是确保人们健康的因素。

据 2005 年国务院发展研究中心与世界卫生组织合作的研究报告《中国医疗卫生体制》指出：“改革开放以来，中国的医疗卫生改革取得了一些进展，但暴露出的问题更为严重。从总体上讲，改革是不成功的。”“当前的一些改革思路和做法，都存在很大问题，其消极后果主要表现为，医疗服务的公平性下降和卫生投入的宏观效率低下。”报告还说：“现在医疗卫生体制出现商业化、市场化的倾向是完全错误的，违背了医疗卫生事业的基本规律。此外，城镇医疗保险制度本身存在明显缺陷，发展前景不容乐观。中国医疗卫生体制期待变革。”新一轮医疗改革后，相信广大民众看病难及药品、医疗安全等问题会得到极大改观。

五、健康的生活方式

（一）形成良好的健康意识

当今社会，人们生活快节奏、工作高效率，健康问题成为所有人关心的共同话题。谈到健康、生命时，大家常常喜欢引用一个恰当的比喻：身体健康是“1”，才智学识、功名利禄、荣华富贵……所有身外之物，都是后面的“0”。如果“1”不存在了，其他的一切都变成空。身体健康是一切的基础，是生命的最佳状态。口头上没有谁愿意忽视自己的健康，但实际上忽视甚至无视自己健康的大有人在。他们或将重视健康仅仅停留在口头上，或者由于欠缺科学的生理卫生知识和正确的健康理念，最后损害了自己的健康。要想拥有健康，关键是行动。其实，有时我们对自己的生活仅仅做出几项调整，我们的健康和生活质量将有翻天覆地的变化。实现这些变化并不太难，主要取决于人们要有一个强烈的健康意识，然后付诸实施。

（二）生活起居规律

人的一切生理活动都有一个固定的规律，就像钟表那样有节奏地运行，这就是“生物钟”。譬如，体力的变化周期为 23 天、情绪为 8 天、智力为 33 天；正常人的体温通常凌晨 2～6 点时最低，14～20 点时最高，脉搏、呼吸和血压都是清晨最慢、白天较快。如果我们的生活作息时间与体内“生物钟”的节律同步，让体内各种生理活动都能按各自的周期节律有条不紊地进行，健康自然也就容易得到保证。长期过快、过慢或紊乱的生活节奏会诱发人体多种疾病的发生。特别要提醒广大青少年朋友的是，长期睡眠不足或不符合规律的睡眠会极度伤害人的健康，对未来的生活会造成很大的负面影响。

（三）科学饮食，均衡营养

我们每天都在大量消耗能量，因此需要不断从膳食中补充营养，这样才能保证我们的身体正常运转。

1. 良好的饮食习惯

食物要多样，粗细要搭配，三餐要合理，饥饱要适中，甜食不宜多，油脂要适度，饮酒要节制，食盐要限量。

2. 不良饮食习惯

① 挑食偏食；② 暴饮暴食；③ 不吃早餐；④ 乱吃零食；⑤ 饭前不洗手；⑥ 饭前大量饮水；⑦ 吃饭不专心，边谈话或边看书，或边看电视边吃饭；⑧ 吃饭狼吞虎咽；⑨ 刚吃完饭就剧烈运动；⑩ 剧烈运动时喝冷饮。

（四）保持良好的行为习惯与健康的心理状态

养成良好的生活习惯，积极参加体育锻炼，保持强壮的体魄，有病及时就医，远离一切不良嗜好。通过培养自立、自爱、自尊、自强、自信的现代人格，保持积极向上的精神状态，进行自我调节，主动寻求心理咨询，能通过正当途径排解心中的烦恼与郁闷。

总之，我们只要能树立起良好的健康意识，形成科学、健康的生活方式，不吸烟、不酗酒，注意合理营养，平衡膳食结构，经常参加锻炼，保持乐观的心境、坦荡的胸怀，就能以健康的身心从容面对未来的生活、工作及事业的考验。

合理膳食、适量运动、戒烟限酒和心理平衡是健康生活方式的四大基石。培养并坚持健康的生活习惯与行为方式，可以有效预防和控制慢性病。2017 年 9 月 1 日是第 11 个“全面健康生活方式日”，国家行动办公室将宣传主题确定为“三减+三健，十年续新篇”，其中“三减”包括减盐、减油、减糖，“三健”包括健康口腔、健康体重、健康骨骼。健康与不健康的生活行为见表 2-1。

表 2-1　健康的生活行为和不健康的生活行为

健康的生活行为	不健康的生活行为
按时作息，每天有足够的睡眠	作息时间紊乱，经常睡眠不足
一日有规律的三餐，特别是早餐有保证	三餐无规律，经常不吃早餐，经常暴饮暴食
基本不吃零食	经常吃零食
保持正常体重	因为不良的生活方式使自己超重或者体重不足
经常进行体育锻炼	不进行或者很少进行体育锻炼
体育锻炼方式科学，而且强度、时间较为合理	锻炼方式不适合自己，强度、时间安排不适合
不吸烟	吸烟
不饮酒或者很少喝酒	经常喝酒而且常常过量
性格开朗，知足常乐，乐于助人，有自己的爱好	性格孤僻、自私、欲望要求过多或者对任何事情都无兴趣
人际关系良好、家庭生活和谐幸福	人际关系存在问题，影响家庭生活的幸福
时刻注意不做有损其他人身体健康的事情	几乎从不注意这些事情

第三节　体育锻炼与身心健康

一、体育锻炼与身体健康

（一）体育锻炼对身体形态的促进作用

1. 对骨骼的影响

坚持体育锻炼，可以促进人体血液循环和新陈代谢，确保有充足的营养物质供应给骨骼，从而促进骨细胞生长发育、骨密质增厚，骨小梁的排列根据压力和拉力不同变得更加整齐、有规律，骨表面的突起更加明显和粗糙，更有利于肌肉和韧带牢固地附着在骨骼面上。科学研究和实践都表明，坚持体育锻炼的人的骨骼要比一般人粗壮、坚固和稳定，骨的抗折、抗弯、抗压和抗扭曲性都要强，骨的承受能力和生长发育都要好。坚持体育锻炼，对青少年的身体长高还有一定的促进作用。

2. 对肌肉的影响

科学研究表明，进行体育锻炼时，肌肉内的毛细血管开放数目高达 2000 ~ 3000 条，要比平时或一般人增加 25 ~ 30 倍，而且血管口径也会扩大，所以肌细胞所得到的营养物质要比平时或一般人多 25 ~ 30 倍。有了足够的营养物质作基础，肌细胞生长发育快，肌纤维变粗（耐力锻炼使红肌纤维变粗），肌肉体表面积增大。坚持体育锻炼，促进肌肉组织中化学成分的肌糖原、肌球蛋白、肌动蛋白和肌红蛋白等含量增加，从而增强了肌肉收缩力、耐久力和弹力。实践表明，坚持体育锻炼的人的肌肉重量要比一般人的肌肉重量增加 10% ~ 15%，显得丰满、结实、有力、匀称、协调、有弹性。例如，可以使胸大肌发达，胸脯显得厚实饱满，也可以使腿部肌肉强壮起来，走路变得轻快有力，让人看到生命的节奏，留下健美的印象等。总之，瘦长的人可以多进行力量性锻炼，使肌肉丰满结实，改善体形。矮胖的人通过锻炼可以促进新陈代谢，增加能量消耗和脂肪氧化，使体重减轻，逐步使体形端正匀称。

3. 对关节、韧带的影响

坚持体育锻炼，可以增强关节周围肌肉和韧带的收缩性和弹性，同时也使关节囊增厚，所以关节显得灵活、敏捷、幅度大。

骨骼、肌肉、关节等对良好身体形态的形成起着至关重要的作用。青春期是塑造形体美的最佳时期，大学生应积极参加体育锻炼，使人体形态得到最佳塑造。

（二）体育锻炼对身体机能的促进作用

1. 提高和改善心肺功能

经常参加体育锻炼能增强氧运输系统功能，对心肺功能有很好的促进作用。

对人体的观察和研究表明，运动可使人体心脏细胞产生良好的适应性变化。心肌细胞产生运动性肥大，会使心脏重量增加、容积增大，跳动得更强有力。一般人心脏约重 300 克，而经常运动的人的心脏重量可在 300 克以上，优秀运动员甚至可达到 400 ~ 500 克；一般人心脏容积约为 750 毫升，而运动员的可达 1000 毫升以上。由于心脏的强大，常锻炼的人安静时心跳频率较慢，跳动有力。一些专家认为，坚持运动至少可使心脏推迟衰老 10 ~ 15 年。

经常进行体育锻炼对心血管疾病有良好的预防作用。锻炼可以改善人体内的物质代谢过程，减少脂肪在血管壁的沉积，保持并增进血管壁的良好弹性，对预防心血管疾病有积极的作用。

经常进行体育锻炼能增强呼吸系统功能。第一，使肺泡具有更好的弹性。肺泡是组成肺的最小单位，人的肺约含 7.5 亿个肺泡，但只有约 5%的肺泡工作，因而肺泡活动严重不足。而体育锻炼时人体需氧量增加，促使肺泡大部分参与工作，这对肺泡弹性的改善和保持十分有益，既有助于增强体质，又有预防呼吸系统疾病之效。第二，可使负责呼吸的肌肉（呼吸肌）更加强大。肺的扩张和缩小是要靠呼吸肌收缩和放松使胸廓扩大和缩小实现的，体育锻炼时呼吸加快加深，迫使呼吸肌收缩更快更用力，这对呼吸肌是一种很好的锻炼。呼吸肌的强大，可使呼吸深度加深，使肺吸入气体量更大，肺的储备功能及适应能力更强。

2. 提高和改善神经系统功能

坚持体育锻炼，可促进人体血液循环、新陈代谢，增强消化与吸收能力，特别使大脑对氧的利用率从 25%增加到 32%，这样就可以保证充足的氧气、营养物质供神经系统使用，从而促进脑细胞的生长发育，使大脑的沟回数目增加，使大脑皮质增厚，使整个大脑重量增加、体表面扩大。与此同时，还可以改善和增强大脑、间脑、中脑、脑桥、延髓和小脑等器官形态结构与生理功能。

实践表明，坚持体育锻炼的人的反应能力、理解能力、分析能力、判断能力、记忆能力都比一般人强。曾经有科研人员做过这样的调查对比，一般人对最简单和较复杂信号的反应时间（从看到信号之后，通过神经传导做出相应动作的时间）分别是 217.5 毫秒和 372.5 毫秒，而坚持体育锻炼的人的反应时间分别是 161.45 毫秒和 248.7 毫秒，分别缩短了 56.05 毫秒和 123.8 毫秒。例如，某人从事乒乓球锻炼前的反应时间为 0.09 秒，经过三个月锻炼后反应时间缩至 0.07 秒，短短三个月锻炼就缩短了 0.02 秒。这足以证明，坚持体育锻炼对提高人的反应能力有重要作用。

3. 改善与提高消化系统的功能

（1）坚持体育锻炼，可以改善与提高神经系统和心血管循环系统的形态结构和生理功能，保证在神经系统调节下有足够的血液、氧气和营养物质供消化系统使用，为促进消化与吸收能力奠定物质基础。

（2）进行体育锻炼时，人体代谢活动大大加强，促使代谢率大幅度增加，提高了人体能量消耗。据科学研究和实践表明，以每分钟走 100 米的速度进行快步走所消耗的能量相当于坐着工作的 3 倍；以每分钟 130 米速度慢跑所消耗的能量相当于平时的 5 ~ 6 倍；参加一场 40 分钟的篮球赛，每分钟能量消耗相当于平时的 20 倍；游泳运动的能量消耗要比平时更大。

（3）坚持体育锻炼促进了消化腺（消化酶）的分泌能力，大大提高了机体对食物的化学消化能力；坚持体育锻炼可以加强胃肠的蠕动，从而对食物起到“按摩”的作用，促进食物的物理消化能力，避免食物在肠胃滞留时间过长而导致胃肠疾病。

（4）坚持体育锻炼，促进体内释放出更多的脑啡肽、内啡肽和肾上腺素，使人心情快乐，大大刺激食欲和增强消化与吸收能力。实践表明，坚持体育锻炼可以增加能量消耗，减少多余能量储存，避免脂肪聚积，是健肌肉防肥胖、最有效的方法。

二、体育锻炼与心理健康

（一）心理健康的含义及标准

现在社会生活节奏加快，压力增大。大学生正处在人生中最有朝气、活力，最有理想、抱负的黄金时期，若不具备健康的心理素质，很容易产生心理障碍，影响学习和成长。随着社会的发展，大学生在社会环境和成长过程中遇到的问题更加复杂多样，这对大学生的心理素质提出了更高的要求。

1. 心理健康的含义

心理健康有时又称精神健康，是指人能够积极调节自己的心理状态，顺应环境（包括自身环境、自然环境与社会环境），有效地、富有建设性地发展和完善个人生活。人体的健康不仅是指躯体生理上的正常，而且还包括正常的心理和健康的人格。身体健康是心理健康的基础和前提，心理健康是躯体健康的保证和动力。

2. 心理健康的标准

（1）智力正常：观察力、记忆力、想象力、思考问题和行为能力处在正常水平，这是正常生活最基本的心理条件，是心理健康的重要指标。

（2）情绪良好：尽管也有消极、不良的情绪，但是乐观、开朗、愉快和满意的积极情绪状态总是占据优势，悲、忧、愁、怒等消极心理体验持续时间不长，同时能适度地表达和控制自己的情绪，不论遇到什么事，既不会得意忘形，也不会悲极轻生，情绪稳定，乐观进取。

（3）意志坚韧：能够自觉地确定行为、目的，坚韧果断又灵活机动，能控制感情冲动，有自制力，能约束自己的言行。

（4）心理特点与年龄符合：认识、情感、言行举止基本符合自己的年龄特征，20 岁左右的年轻人既不过于老气横秋，也不稚气十足，不依赖别人，也不要小孩脾气。

（5）人际关系和谐：乐于交往，态度积极，待人接物自然和谐，能够同他人正常交往，交流思想与情感，交往得当，能够处理好各种关系。

（6）适应社会生活：能够与社会保持良好的接触，处理好个人与周边环境的关系，遵守社会的行为规范，考虑问题现实、积极，能够应对家庭、学校、社会变化带来的各种问题，保持与社会协调一致。

（7）乐于学习、工作：珍惜生命、热爱生活，努力学习，融入集体。对未来充满信心，肯于接受新鲜事物，对学习生活有兴趣，不抱怨、郁闷压抑和悲观失望。

（8）人格健全：个性良好、稳定，没有明显的缺陷与偏差；积极向上，严于律己、宽以待人，知己知彼，不骄不躁，诚信豁达，乐于助人。

（二）影响大学生心理健康的因素

1. 客观因素的影响

（1）社会变化的影响。由于生活节奏日益加快，人际关系日益复杂，社会竞争日趋激烈，新事物、新观念、新的生活方式层出不穷，这对于人格和价值观尚未定型，生理、心理都在发生迅速变化的大学生无疑是严峻的挑战。大学生群体在心理上正处于从不成熟走向成熟的关键时期，容易对纷繁复杂的社会变化产生种种心理困惑和情绪困扰，出现各种心理问题。大学生由于心理准备不足、心理素质偏弱、心理承受能力有限、内心困扰很多，又缺乏调控、疏导的方法与渠道，所以非常容易出现心理问题。

（2）家庭教育的偏差。相当一部分大学生在家里受宠爱。特别是近年来大学校园中独生子女的比例在逐年增加，据统计，有的大学独生子女人数占学生人数的比例已经高达 80%以上。独生子女在家独享家庭所有成员的关爱，是家庭的中心和“宝贝”，拥有各种优越条件。

承载着家族望子成龙的期望，人际交往少，性格易于孤僻。而来自家庭的宠爱，容易使学生感情麻木，不懂得爱，不珍惜爱，有的只习惯享受爱，只希望别人爱自己，不知怎样爱别人。许多学生在家只偶尔做一点儿家务，部分同学甚至从来不干家务。由于缺乏锻炼，学生到大学后不知如何计划生活费用，不能恰当处理生活问题。不少学生在家娇生惯养、脾气大，处理不好同学关系，遇到挫折就焦躁和失落，不能适应大学的校园生活。

（3）学校教育存在缺陷。中学阶段的教育往往偏重学生智力因素的培养，忽视非智力因素（如情感、意志、性格、情趣、爱好等）的培养；注重知识的灌输，忽视能力的培养；注重思想政治教育和知识教育，忽视心理的沟通与疏导。应试教育模式下仍然存在“知识、分数、升学”单一的价值取向，存在重分数轻能力、重智育轻道德的教育弊端。这使生理上成熟但心理上尚未成熟、缺乏锻炼的学生在跨入大学后突然面对自主独立的生活、学习、人际交往时不知所措，在处理感情、择业等种种问题时，更加显得惶惶不安，心浮气躁，没有主见。

（4）环境的变迁。进入大学后，绝大多数新生都面临着高校新环境的适应问题，他们要面对学习条件和方法的变化、生活习惯的变化以及人际关系的变化。第一次远离家乡和父母、亲友，不仅要学会照顾自己，还要面对一个全新的环境，要面临思想观念和处事方式的改变。新旧环境差异越大，学生对自我调整和改变的幅度就越大，对他们的心理冲击就越激烈，处理不好就会产生心理问题。有的高校通过调查发现，来自农村的新生出现心理问题的比率明显大于来自城镇的新生。

（5）来自专业和学业的压力。在高校，每个人都想被人承认、尊重，希望在学业上拔尖。因而学习压力很大，一旦不能如愿，就可能怀疑自己、走极端，甚至荒废学业。另外，有的学生对所学专业不满意，缺乏自信心，情绪起伏大，学习兴趣不高，目标模糊，动机不强。有的学生学习方法不当，不适应大学生活节奏，上课思想不能集中，精神疲惫，记忆力下降，对自己的前途过分担忧，又不能摆脱。因此，学习压力也是诱发心理问题的重要原因之一。

（6）来自经济的压力。多数来自农村的大学生在这方面的问题较多。一些家庭经济比较困难的学生会感到自卑，存在着严重的心理矛盾：希望得到帮助，又不愿意让别人过多地知道自己的困境；愿意开展勤工助学，又不乐意干服务性工作，怕被别人讥笑看不起，出现抑郁烦恼、交往退缩现象。

2. 主观因素的影响

（1）个性缺陷。我们在大学的实际工作中发现，出现明显心理问题的学生在一定程度上存在个性缺陷，如性格孤僻、敏感多疑、自卑、虚荣心强、情绪波动、依赖性强、优柔寡断、以自我中心等。一些高校通过连续多年的调查，发现性格内向者以及情绪不稳定的学生，出现心理问题的可能性较大。

（2）自我认同危机。大学生常常把未来设计得过于完美，而现实中的各种客观条件会妨碍“理想自我”的实现。对这一客观事实认识不足，就会引起认知上的矛盾，从而严重影响大学生的心理状态。大学生由于心理相对不成熟，承受能力较差，容易产生剧烈情绪起伏的体验并受到各种消极情绪的影响，如长期或过度紧张、焦虑、抑郁、自卑等。此外，许多大学生的自我评价往往缺乏客观性，出现高估自我或低估自我的倾向，都易导致严重的心理压力，受到消极情绪的困扰，从而在学习和生活中产生心理困惑。

（3）心理素质脆弱。绝大多数大学生在中学的成长过程中都比较顺利，缺乏生活的磨炼和社会经验，在家、在班级都是佼佼者，没有经历风雨，见的世面也不多。中学时代优异的学习成绩所产生的优越感使不少学生集自主精神与依附心理于一身，自我期望值高而自我控制力却很弱，争强好胜，心理防线十分脆弱。他们承受挫折的能力和心理调控的能力都不强，适应环境的能力也较差，一旦在学习生活中遇到困难便灰心丧气，受到一些波折、打击便萎靡不振。

（4）成长中的特殊矛盾与冲突。大学生正处在心理学家称为“心理断乳期”阶段，这一阶段充满成熟与不成熟的矛盾，如理想与现实的矛盾、独立性与依赖性的矛盾、知与性的矛盾、感情与理智的矛盾、闭塞性与开放性的矛盾、冲动与压抑的矛盾等。当一个人长期处于这种矛盾状态或内心矛盾冲突强度过大时，其心理平衡就会被打破，从而产生心理问题。

（三）体育锻炼对心理健康的促进作用

学生心理健康问题一直是社会关注的焦点。学生的自我认知问题、焦虑问题、人际关系问题等都会影响学生的心理健康。除了心理咨询、正确教育引导外，体育锻炼是一种最常见的调节心理状态、缓解压力的方法。

1. 调节改善情绪

情绪是人对客观事物的一种态度。人生活在错综复杂的社会中，经常会因为工作、学习、人际关系等产生紧张、忧愁、压抑、悲欢等不良情绪反应。体育活动则是一种改善不良情绪的非常适当的方法。体育锻炼过程中由于大脑处于较强的活动状态，体温升高以及内啡肽释放等，可以转移个体不愉快的意识、情绪和行为，摆脱痛苦和烦恼，振作精神。

现代大学生面临学业考试、就业分配、专业选择等多方面竞争，很容易产生沮丧、抑郁、焦虑、紧张等不良情绪，经常参加体育锻炼可使紧张情绪得到缓解，降低焦虑反应，改善不良的情绪状态。

2. 促进智力发展

体育锻炼可促进大脑的发育和改善神经系统的工作能力，使锻炼者的注意、反应、思维、记忆和想象等能力得到提高。另外，体育锻炼所引起的一些非智力成分的良好变化，如情绪稳定、性格开朗、疲劳感消除等，均对智力的提高有重要的促进作用。

3. 有助于人格的完善

体育锻炼是一种身体活动，在这一进程中人体会碰到各种困难，如生理惰性、气候变化、动作难度、畏惧心理、疲劳以及损伤等。在克服这些困难的同时，也培养了坚忍顽强的意志品质，增强了承受挫折的能力，有助于个体形成积极进取、乐观向上的生活态度。

4. 确立良好的自我概念

自我概念是个体主观上对自己的身体、思想和感情的整体评价，是由许许多多的自我认识所组成的，如“我是什么人”“我喜欢什么”“我不喜欢什么”等。自我概念与身体表象（指头脑中形成的身体图像）和身体自尊（个体对自己运动能力及身体外貌、身体抵抗力和健康状况的评价）有关。无论男性还是女性，对身体表象的不满意会使个体自尊变低，并产生不安全感和抑郁症状。研究表明，肌肉力量与身体自尊、情绪稳定、外向性格和自信心呈正相关，并且加强力量训练会使个体的自我意识显著增强。坚持体育锻炼可使人体格强壮、精力充沛，有效地改善人的身体表象和身体自尊，有助于确立良好的自我概念。

5. 增强社会交往能力

现代社会的发展，对人的生活、学习、工作产生了很大影响。一方面，在工作中对团队精神与协同合作要求越来越高；另一方面，社会的发展、生活节奏的加快，特别是网络时代的来临，又使许多生活在大城市的人越来越缺乏直接的社会交往机会。体育活动就是一个增加人与人接触的最好形式，特别是一些集体运动项目，更需要个人与他人紧密协作和配合。这些运动可使个体忘却烦恼痛苦，消除孤独感；同时，能有效地促进与他人协作，提高心理素质，提高对现代社会发展的适应性。

（四）影响体育锻炼产生良好心理效应的因素

（1）喜爱体育锻炼并从中获得乐趣。这是体育锻炼产生良好心理效应的基础。如果对体育锻炼没兴趣，就很难从中获得乐趣，就不可能产生满足感和良好的情绪体验。

（2）体育锻炼代谢方式。体育锻炼以有氧运动为主，采用有重复性与有节律的身体活动（如慢跑、游泳、骑自行车、跳绳、健美操等），可以取得很好的效果。

（3）运动项目。有研究表明，不同的运动项目或不同的运动形式所获得的心理效应是不同的。选择以个人方式进行的项目，无论是运动时间、空间还是动作节奏等，更易于个人控制，锻炼者可更随意、自由地进行，更容易获得良好的情绪体验。

（4）运动强度与时间。要想获得好的心理体验效果，运动强度应以中等最佳，即心率控制在最高心率（最高心率=220−年龄）的 60%～80%，运动强度过大易产生紧张感和疲劳感，一次锻炼的持续时间应控制在 20～30 分钟。而每次少于 20 分钟的运动，很可能心理效应尚未出现，身体活动就停止了；时间过长又可能造成厌倦、疲劳，引起不良情绪。

（5）体育锻炼应持之以恒。有研究表明，身体练习的系统性越强，体育锻炼所产生的良好效应就越明显。这表明只有长期坚持体育锻炼，养成习惯，才可获得良好的健身效果。

在人类发展史上，体育作为一种积极的人类行为和特殊的社会现象，一直伴随着社会的发展、文明的发展而发展，并对人类的进化和社会的发展起到了巨大的促进作用。体育能调节、培养人的心理品质，塑造健全的人格，使人形成文明健康生活方式，对大学生的健康始终起着独特的作用，是维护学生身心健康最有效、最有益的方法，是学生调节情绪、历练品行、培养良好人格最有效的途径之一。

目前体育锻炼已经成为大学生用以调节精神生活、陶冶性情、改善心态的有效途径，成为拓宽生活时空、扩大信息来源与人际交往的重要渠道。通过自主地参加适合自己的体育锻炼，使学生充分体验运动的乐趣和意义，培养学生对体育运动的爱好和兴趣。同时，通过让大学生掌握从事终身体育活动所需的体育知识与技能，促进大学生提高自我锻炼的能力，形成终身体育的态度和习惯。

附：心理健康自测问卷

请你根据自己的实际情况，在选项“A、是，B、无法确定，C、不是”中，选出和自己最接近的选项，填到后面括号内。

【测试题】

1. 心情总是闷闷不乐，情绪善变。(　　)

2. 老是担心门没锁好，电源可能有问题，因而多次检查，甚至走了好远还拐回来看看。(　　)

3. 虽未曾患过恶性疾病，却一直担心会不会染上什么严重的病。(　　)

4. 容易脸红，害怕站在高处，害怕当众发言。(　　)

5. 由于关心呼吸和心脏跳动的情况而难以入睡。

6. 每天总是多次洗手，认为公用电话不洁，而不敢使用。(　　)

7. 总是担心“这样做是否顺利”，以致无法放手去做。(　　)

8. 有些奇怪的观念总是出现在脑海，明知这些念头很无聊，却又无法摆脱。(　　)

9. 离开家门时，如果不从某只脚开始走，心里总是不安。改变床附近的东西就无法入睡。(　　)

10. 尽管四周的人在欢乐地取闹，自己却觉着没有什么意思。(　　)

11. 外界的东西犹如影子一般朦胧，见到的东西无法清晰回忆出来。(　　)

12. 总觉着父母或亲友最近对自己太冷漠，或者不知为什么总是很反感或产生强烈的孤独感。(　　)

13. 心中无端地产生“这个世界正趋于灭亡，新的世界即将开始”的感觉。(　　)

14. 总觉着有人在注意、凝视自己或追赶自己。(　　)

15. 有时会产生被人左右或事不由己的感觉。(　　)

16. 常自言自语或暗自发笑。(　　)

17. 虽然没人却总觉着有声音，晚上睡觉时总觉着有人进了房间。(　　)

18. 遭遇失败或与同学不和谐时，会很敏感地觉着“我被人嘲笑”。(　　)

19. 当自己的权利受到侵害时拼死力争。(　　)

20. 当东西丢掉时，便不由自主地想到“大概是某某偷去的”；当受到老师的批评时，立即会想到“一定是某某告密的”。(　　)

【评分标准】

是：2分　　无法确定：1分　　不是：0分

结果统计：1 ~ 11题作为A类，你的总分是：________________

12 ~ 17题作为B类，你的总分是：________________

18 ~ 20题作为C类，你的总分是：________________

A类和B类的得分分析：

4分以下：心理非常健康，神经也非常正常；5 ~ 7分：你的心理健康情况一般，可算是一个很正常的人；8 ~ 10分：表明你的神经有些疲倦，你最好是设法减轻学习的压力，进行娱乐，以调节生活而放松精神。

A 类得分在 11 分以上：可能会有神经衰弱的倾向，你需要关心一下自己的健康了。
B 类得分在 11 分以上：可能有精神分裂的倾向，最好请心理辅导老师进行辅导，早些预防。
C 类得分在 4 分以上：有强烈的妄想倾向，最好尽早请老师进行辅导。

第三章

科学体育锻炼

第一节　体育锻炼的原则和方法

体育锻炼的原则是人们对长期锻炼实践经验的概括与总结，是体育运动规律的反映，同时又是进行体育锻炼的准则。

一、体育锻炼的原则

（一）主动自觉原则

主动自觉原则是指让锻炼者明确体育锻炼必须主动、自觉参加，懂得是身体需要体育锻炼的道理，树立起体育锻炼有益于学习、工作和生活的信念。适宜负荷的体育锻炼，可以使人获得一种身体与精神上的满足，感到乐趣、心情舒畅。强迫或勉强情况下进行的体育锻炼，不但不能达到强身健体的效果，反而极易使身体受到伤害。

（二）持之以恒原则

持之以恒原则是指让锻炼者明确体育锻炼必须长期坚持，懂得通过长期反复多次的锻炼才能使体格健壮、体质健康的道理，通过经常锻炼养成习惯，并使之成为健康生活的一部分。锻炼效应具有不稳定性，当锻炼的系统性和连续性遭到破坏而出现间断或停顿时，已获得的锻炼效应（机能水平、运动素质、运动技能的形成与巩固等）就会逐渐消退以致完全丧失，使体质下降。

（三）全面锻炼原则

全面锻炼原则是指锻炼者在锻炼时应全面发展身体，使身体各器官机能、素质和能力在运动中得到全面均衡的发展。不同运动项目对身体发展有独特的锻炼作用，但同时也有一定的侧重。例如，长跑运动有益于发展心血管系统和呼吸系统，加强中枢神经系统的调节；球类运动有益于发展人体力量、速度、耐力、柔韧和灵敏等机能。锻炼的内容可结合自己的兴趣爱好选择 1 ~ 2 个作为长期必练的主要项目，同时加强其他项目的锻炼，以弥补主项的不足。

（四）适量负荷原则

适量负荷原则是指锻炼者在锻炼时应根据身体状况制定适量的运动负荷。运动负荷的大小由“负荷量”和“负荷强度”组成。“负荷量”可以通过练习动作的次数、组数、时间、距离、负荷重量等特征表现出来；“负荷强度”可以通过练习动作的速度和难度、练习的密度、练习间歇时间的长短、单次负重的大小、投掷的距离、跳跃的高度和长度等表现出来。人体的生理机能都有相对的负荷极限，体育锻炼的量或强度要控制在极限范围之内。所谓“适量”是相对的，随着身体状况的变化而变化。例如，初学者、体弱者应小量，有一定技能基础者、健壮者适当加量。此外，还应根据客观条件（年龄、气候、睡眠、兴趣、情绪等）的不同而增减量。

（五）循序渐进原则

循序渐进原则是指锻炼者在实施增强局部机能的锻炼方案时，应根据人体身心发展规律和个人的实际情况逐步增加负荷。如果凭一时兴奋而盲目突然加量，轻微者将给身体带来不适，严重者将导致身体损伤。坚持循序渐进原则要做到：一是不论体质强弱，锻炼时都要注意先慢后快、先简后繁；二是控制运动量或强度，要注意先小后大、先轻后重、先少后多；三是单次锻炼遵循准备活动、剧烈运动、放松运动这一规律，长期锻炼则要结合身体状况遵循由弱到强、强弱结合、由强到弱的规律。

二、体育锻炼的方法

（一）持续锻炼法

保持有效的负荷量不间断地连续进行运动的方法叫持续锻炼法。该方法的特点是时间较长、量比较大、强度较小。其作用是促进有氧代谢、发展耐力素质。应注意控制锻炼的时间与强度。该方法主要用于健身走、健身操、慢跑、游泳、自行车等项目。

（二）重复锻炼法

每次间隙时间充分，多次重复同一内容的锻炼方法叫重复锻炼法。该方法的特点是每次锻炼强度较大，动作结构与负荷不变，间隙时间充分。其作用是通过能量消耗、超量恢复的积累来提高运动技能。应注意每次锻炼的时间、次数、负荷、强度。该方法主要用于短跑、器械健身、技术练习等。

（三）循环锻炼法

按照既定顺序和路线依次完成每个任务并循环反复的锻炼方法叫循环锻炼法。该方法的特点是内容综合、转移注意力、不易疲劳。其作用是增强心血管、呼吸、运动系统的功能。应注意控制任务数量和运动密度，关注完成质量。该方法主要用于提升运动技术与体能的综合水平。

（四）间歇锻炼法

每次锻炼结束间歇一定时间，待机体未完全恢复状态时再进行锻炼的方法，叫作间歇锻炼法。该方法的特点是严格控制间歇时间，保证机体未完全恢复状态。其作用是提高心血管系统的机能和机体运动的能力。应注意控制每次锻炼的负荷时间、强度，负荷越大间歇时间越长，间歇不是静止而是指放松手脚和呼吸等。该方法主要用于周期性项目、器械健身和球类项目。

（五）变换锻炼法

变换锻炼负荷（时间、重量、次数、速度）、内容、条件、形式、环境等，以提高效果的锻炼方法叫变换锻炼法。该方法的作用是克服疲劳和厌倦情绪，提高效果。应注意结合有氧与无氧耐力，合理安排变换时间、距离、速度、难度。该方法主要用于辅助性、诱导性、转移性练习技术性较强的项目。

第二节　运动营养与膳食

一、体育锻炼所需补充的营养物质

（一）蛋白质

蛋白质是人体一切细胞、组织的主要成分，是生命的物质基础。蛋白质的营养功能是构成机体组织、调节生理功能、供给热能。体育锻炼时，体内蛋白质代谢加强，因此每天需要额外补充。

科学家计算，参加体育锻炼的青少年，男性每天大约需要摄取 90 克，女性每天大约需要摄取 80 克。含蛋白质较多的食物有肉类、鱼类、奶类、蛋类、坚果类和豆类等。参加体育锻炼者要特别注意以上食品的摄取，因为这些食品所含的蛋白质是优质蛋白质，有人体所必需的 8 种氨基酸，营养丰富。而且，这些蛋白质与人体蛋白质相近，摄入后便于人体吸收，对跳跃类、投掷类以及仰卧起坐、引体向上等项目的成绩提高有很大的帮助。

如果体育锻炼后长时间得不到蛋白质补充，人会出现疲倦、体重下降、肌肉无力等症状。同时，对疾病的抵抗能力也会下降，严重影响生长发育和身体健康。

（二）糖

糖是人体最主要的能源。糖具有供应热能、构成机体成分、保护肝脏、维持心肌和骨骼肌正常工作等营养功用。

对于绝大多数人来说，经常参加体育锻炼比平时要消耗更多的糖，糖的需要量对青少年来说是非常大的。由于人体内糖储备很少，大约只有 300 克，因此，需要及时摄取糖类食物，以保证及时补充耗去的糖。另外，气候的不同也影响人体对糖的需求，寒冷天气比炎热天气时糖的需要量更大。为了保证人体对热量的需要，每天必须进食适量的各种糖类食物，如谷类、豆类、果类等。这些含糖食物既能及时供热又容易消化，是最理想的热量来源。

（三）脂　肪

脂肪是人体不可缺少的重要营养素。脂肪具有供给热能、构成机体成分、促进脂溶性维生素的吸收利用、保护机体、增加食物的美味和饱腹感等功用。

参加体育锻炼时，特别是进行耐力练习，脂肪就成为能源供应的重要来源。这时，消耗的脂肪就多一些，需要适当增加补充，每天可以摄取 60 克。但是，要注意的是，脂肪必须在供氧充分的条件下才能被氧化放能。脂肪氧化时耗氧多，在负有氧债时脂肪氧化受阻，不能被有效利用，并会增加体内酸性代谢产物，对人体运动不利。因此，膳食中的脂肪不宜过多。另外，膳食中脂肪过多，易使人产生饱足感，降低食欲，影响对其他营养素尤其是蛋白质的吸收。脂肪来源于两个方面：一方面是动物性食物，如猪油、牛油、奶油、鱼油、骨髓及蛋黄等；另一方面是植物性食物，如芝麻、菜籽、大豆、花生等。

（四）维生素

维生素是维持机体健康所必需的营养物质。这类物质虽然身体需要量很少，但由于大多数维生素在体内不能合成，因此必须由每天的食物供给。维生素在体内既不供给热能，也不参与构成机体组织，它的主要功用是调节生理功能，如在物质代谢中起重要作用等。

锻炼时，由于代谢旺盛，激素分泌量增加。同时，由于排汗量增加，维生素的损失较多，所以要适当增加维生素的供给量。合理增加维生素，可以提高运动成绩。进行体育锻炼的人应注意早期维生素缺乏症的出现。早期维生素缺乏症表现为运动能力下降、容易疲劳、免疫力下降等，大大影响了锻炼的效果。预防维生素缺乏的措施是平衡膳食。在日常生活中要特别注意荤素结合，粗细粮混吃，多吃含维生素多的食物，如动物肝脏、谷物、鸡蛋、奶制品以及新鲜蔬菜水果等；纠正不当节食和偏食、忌口习惯，做到饭菜多样化，还可以饮一些含维生素多的饮料。维生素不足症状与食补清单见表 3-1。

表 3-1　维生素不足症状与食补清单

维生素	不足症状	食补清单
维生素 B1	情绪压抑，严重时增加突发心脏病的风险	每天至少吃 50 克杂粮，如紫米、糙米、黑米、燕麦、荞麦、红豆、绿豆、小米等
维生素 B2	嘴唇、嘴角、眼角、舌头等黏膜部位肿胀发炎	奶制品、蛋黄、谷类、牛肉、蔬果尤其是深绿色叶菜，如菠菜、小油菜等
维生素 D	缺钙	蛋黄、全脂牛奶、动物肝脏、深海鱼等
维生素 A	皮肤干燥、干眼病	猪肝、鸡肝等动物肝脏富含胡萝卜素的胡萝卜、南瓜、木瓜、柑橘等黄色蔬果
叶酸	孕妇缺少叶酸，可能会引起婴儿畸形；中老年人缺叶酸，增加患中风、心脏病，乳腺癌和老年痴呆的风险	摄入大量的绿叶蔬菜，叶子越绿越好，比如小油菜、菜心等，多吃也没有过量风险

（五）矿物质（无机盐）

无机盐是人体内的重要成分，其作用是维持体内环境的稳定性和促进生长发育，分为常量元素（如钙、镁、磷、钠、钾、硫、氯等）和微量元素（如铁、锌、硒、碘等）。锻炼时，会有一定量的矿物质从不同的途径排出体外，如果不能得到及时的补充，会对运动者造成很大的影响，如引起抽筋、恶心、腹泻、呕吐、倦怠、肌肉无力、虚脱、运动性贫血等。因此，必须注意及时补充，如适当喝一些功能饮料，喝适量的淡盐水等。平时膳食也要注意选择含人体所需矿物质较丰富的食品，如乳制品、豆类和海产品中钙的含量丰富；动物肝脏、豆类、海带、黑木耳等食物中铁的含量丰富；谷类、豆类、核桃、青菜等含镁较多。

二、营养和运动表现

营养在运动表现和训练表现中的作用不容小视。

（一）无氧和有氧饮食

通过确定某一特定运动所需的能量，运动员可以制订适合自己的饮食方案。运动类型（或者锻炼）主要有无氧运动和有氧运动两种，每一种都需要不同的营养水平。

无氧运动意味着所进行的运动不需要长时间维持极高的心率，这些运动项目包括橄榄球、曲棍球、短跑以及健美运动等。这些运动都要求心率急剧升高，但只需要维持很短的时间。无氧运动理想的饮食营养构成中碳水化合物含量占比为 55%。有氧运动所进行的运动需要长时间维持较高的心率，这些运动项目包括长跑、游泳、竞技类自行车等。理想的饮食营养构成中碳水化合物含量占比为 65% ~ 80%。

（二）减脂增肌

在健身群体中最常见的目标就是减脂增肌。那么，怀有这样健身目标的人该如何调整自己的饮食呢？首先，需要懂得减肥的两大重要原则。

第一个原则就是身体并不想要消耗脂肪。脂肪是身体最佳的能量来源，并且身体的首要目标是存活。因此，它会将最好的能量来源储存起来以备不时之需。这意味着人一定要诱使身体消耗脂肪。在这一过程中，人体肌肉也会增加。

第二个原则是身体并不会定点减少某个部位的脂肪。如果真的想减少体脂，有两个简单的方法可以试试。其中之一就是通过力量训练来控制血糖水平（碳水化合物）。正常的血糖水平是 120 mg/dL。当血糖水平达到 80 mg/dL 时，脂肪就不会在体内堆积。如果进行力量训练，肌肉体积就会增加，血糖水平就会降至这一水平。一旦血糖水平降至 80 mg/dL，就应继续进行有氧训练。运动过程中要确保自己能够正常进行对话——这是确保人体达到目标心率、燃烧脂肪的最简单方式。另一个诱骗身体燃烧脂肪的简单方法是在早上吃早餐前做有氧运动，而不必进行力量训练。早上刚醒来时，由于整个晚上都没有吃东西，血糖水平就已经达到了 80 mg/dL 的水平，因此可以确定自己一定是在消耗脂肪。

（三）营养和健康

营养与健康紧密相关。饮食不当会引发心脏病、糖尿病和癌症；相反，恰当的饮食或专门的食物可有效预防这些疾病。在控制另外一种健康风险——肥胖时，营养也起着关键作用。对于那些饱受体重问题困扰的人来说，想要减肥并不是只要吃得少就行，而要吃得更加健康，以及学会阅读食品标签（例如，许多低脂食物往往糖分含量极高，碳水化合物就是其中一例）。只有改变饮食习惯，才能控制脂肪。

三、健康膳食金字塔

健康膳食金字塔分为七层，最顶端的一级是甜品与黄油，接下来依次为乳制品、鱼类或少量红肉、坚果与豆类、蔬菜与水果、全麦食品与植物油，最下面一层与食物无关——长期而适当的体育锻炼。

（一）第一层：黄油与甜品

这一类食物除了会增加热量与脂肪，几乎没有其他功效，更谈不上对身体健康有益处了。如果你想保持曼妙的身材，最好远离这一层食物；如果你需要从事大运动量的体育锻炼，如长跑和游泳，你可以在运动前吃一块巧克力来补充体力和热量。

（二）第二层：奶制品

摄入过多的奶制品会增加心脏的负担，导致胆固醇升高，其副作用要比肉类大。有些人强调奶制品能够增加体内钙质，实际上奶制品并不是唯一，也不是最好的获取钙质的途径。实验证明，两杯牛奶所提供的钙质仅相当于几口豆腐为身体补充的钙量。当然，也不必改变每天喝牛奶的习惯，只是尽量喝脱脂奶更加合理。

（三）第三层：鱼类或少量红肉

海鲜类的肉质被称为“白肉”，这些肉类含有丰富的蛋白质和各类氨基酸，而且不会转化为脂肪，因此可以每周适当摄入 2～4 次。其他的“红肉”类食物，过多地摄入会导致心血管病的发病率升高，特别是动物内脏，最好不要经常食用，即使是年轻人，过高的胆固醇指标也会为将来埋下祸患。

（四）第四层：坚果与豆类

许多人都认为坚果会导致脂肪堆积，实际上坚果中的油类都属于植物油，比起动物体内的油脂要更清洁，所含的维生素和其他营养物质也更多。豆制品中含有多种微量元素，特别是钙元素的含量所占比例很大，对于骨质疏松的人与老年人都很有好处。

（五）第五层：蔬菜与水果

蔬菜与水果对于人体健康的重要性无须过多地强调，在“肚子”允许的范围之内，尽可能多地摄入这两大类对身体最有益处的食物。

（六）第六层：全麦食品与植物油

植物油在烹饪过程中是不可或缺的配料。要控制大豆油、色拉油等含饱和脂肪酸的植物油摄入，主要增加含不饱和脂肪酸如小磨香油的摄入。

（七）第七层：长期而适当的体育锻炼

体育锻炼被列为金字塔的“根基”，是因为一个完美的饮食结构应该以健康的生活方式为基础。生命在于运动，只有将运动与科学的饮食相结合，才能够让身体保持在最佳的状态。健康膳食金字塔见图 3-1。

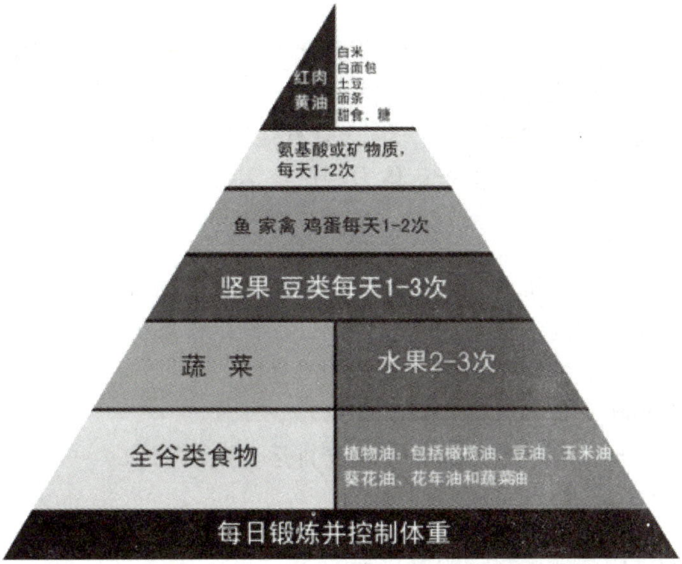

图 3-1　健康膳食金字塔

四、女性健康膳食最佳模式

人体的能量主要来源于碳水化合物，而食用过量的脂肪就等于增加过量的体重。下面介绍最有效的减肥膳食和减肥方法。

科学家研究发现，同样吃某些食物，有的女性越吃越胖，另外的人却体重适中，原因自然很多，但与食物搭配是否科学合理不无关系。他们将此规律归纳为两个公式：

甲：油脂类（牛排、奶油等）+碳水化合物（面粉、土豆）=增重

乙：油脂类（牛排、奶油等）+蔬菜+豆类=减肥

不难看出，适宜肥胖型身材的是乙种食谱，而瘦弱型身材的人不妨按甲种食谱进食。

下面推荐一种具有特色的、适合中国女性健康减肥的膳食最佳模式——“一至七”饮食模式，即每天一个水果，两盘蔬菜，四碗粗饭，五份蛋白质食物，六种调味品，七杯开水、茶水或汤水。

一个水果：每天吃含维生素丰富的新鲜水果至少1个，长年坚持会收到明显的美肤效果。

两盘蔬菜：每天应进食两盘品种多样的蔬菜，不要常吃一种蔬菜。一天中必须有一盘蔬菜是时令新鲜的、深绿颜色的。最好生食一些大葱、西红柿、凉拌芹菜、萝卜、嫩莴笋叶等，以免于加热烹调对维生素A、B1等的破坏。每人每天蔬菜的实际摄入量应保持在400克左右。

第三节　运动处方的制订

一、运动处方的定义

运动处方是指由医生或体育工作者给锻炼者按照年龄、性别、健康状况、身体锻炼经历和心肺或运动器官的机能水平等，用处方的形式，制订的系统的、个性化的健身方案。运动处方的特点是因人而异，对“症”下“药”，只有这样才可以更好地达到健身和防治疾病的目的。运动处方的制订应包括健康检查、体力测试、运动处方制订、运动处方的实施等。

1. 制订运动处方的原则

（1）根据自身的形态、机能和素质现状，确定锻炼的内容。

（2）根据运动技术掌握的水平和体育课成绩，确定锻炼的内容。

（3）根据学习和生活的规律，确定锻炼的时间。

（4）根据个人兴趣和爱好，确定锻炼的内容。

（5）根据人体生理机能活动规律，合理安排运动负荷。

2. 运动处方的内容

（1）运动目的：健身、治病或提高体能。

（2）运动种类的选择：有氧运动的耐力性运动项目（如健身走与跑、游泳、球类运动、健美操、社区健身路径等），伸展运动与保健操（如太极拳、太极剑、交谊舞等），力量性锻炼（如采用各种中等强度的力量训练）。

（3）运动强度：一般通过控制运动强度来调控运动量，而运动强度又可以通过心率换算出来。锻炼后心率的控制，应与锻炼后的主观感觉相联系。

运动心率异常可能是身体不适的信号，说明上次训练后体力未完全恢复，或处于脱水状态，或者患有未发现的疾病。

（4）运动时间：根据目的而定，每次进行20～60分钟的耐力性运动比较合适。心率达到150次/分钟并保持5分钟以上才有效。

（5）运动频度：依据锻炼目的的不同而不同。力量性练习一般每周3～4次最合适，其他最好每周6～7次。

（6）注意事项及微调整：避免禁忌的运动项目和某些曾发生过危险的动作。

注意运动中的自我观察指标和出现异常时停止运动的标准；每次运动前要做充分的准备

活动，运动后一定要做放松整理活动。

二、制订运动处方

（1）运动目的：通过有目的的锻炼达到预期的效果。由于各人的情况千差万别，运动处方的目的有健身的、娱乐的、减肥的、治疗的等多种类型。

（2）运动项目：在运动处方中，为锻炼者提供最合适的运动项目关系到锻炼的有效性和持久性。选择运动项目，要考虑运动的目的，是健身的还是治疗的；要考虑运动条件，如场地器材、余暇时间、气候等。此外，还要结合个人的兴趣爱好等。

（3）运动强度：是指运动时的剧烈程度，是衡量运动量的重要指标之一，可用每分钟的心率次数来表示大小。一般认为学生心率 120 次/min 以下为小强度，120 ~ 150 次/min 为中强度，150 ~ 180 次/min 或 180 次/min 以上为大强度。测量运动强度的简单办法是：测量运动后 10s 脉搏×6，就是 1 分钟的运动强度。

① 适宜运动强度范围，可用靶心率来控制：以本人最高心率的 70% ~ 85%的强度作为标准。靶心率=（220−年龄）×（70% ~ 85%）。如 20 岁的靶心率是 140 ~ 170（次/min）。

② 最适宜运动心率，计算公式为：

最大心率=220−年龄

心率储备=最大心率−安静心率

最适宜运动心率=心率储备×75%+安静心率

如某大学生 20 岁，安静心率 70（次/min），他的最大心率为 220−20=200（次/min），心率储备为 200−70=130（次/min），最适宜运动心率为 130×75%+70=167.5（次/min）。

（4）运动时间：指一次锻炼的持续时间，与运动强度紧密相关，强度大，时间应稍短；强度小，时间应稍长。有氧锻炼一般在 30min 左右就可以达到较好的效果。

（5）运动频度：指每周的锻炼次数。

关于运动频度，日本的池上晴夫研究表明，1 周运动 1 次，肌肉酸痛和疲劳每次发生，运动后 1 ~ 3 天身体不适，效果不蓄积；1 周运动 2 次，酸痛和疲劳减轻，效果有点蓄积，不明显；1 周运动 3 次，无酸痛和疲劳，效果蓄积明显；1 周运动 4 ~ 5 次，效果更加明显。可见，1 周运动 3 次以上，效果才明显。

三、大学生运动处方示例

姓名：A　　性别：女　　年龄：20 岁　　职业：学生

体育爱好：羽毛球

健康检查：良好，身高 1.55 m，体重 60 kg，体脂中度超重

病史：无

运动负荷测定：台阶实验，安静脉搏 79 次/min，血压 75/115 mmHg，肺活量 2800 mL

体能测定：力量——仰卧起坐 25 个/min，耐力——800 m 跑

体质评定：健康状况，良；体重过重，心肺功能稍差

运动目的：减肥和健身

运动项目：羽毛球、健身跑、健美操、篮球等

运动强度：由小逐渐加大，心率在靶心率范围，即 140 ~ 170 次/min

运动时间：12 周（减少体重 3 ~ 5 kg），每次 30 ~ 60 min

运动频度：4 ~ 5 次/周

注意事项：适当控制饮食，减少糖、油脂的摄入，可吃一定的蔬菜、水果；有病发烧，停止运动，自我监督心率。

第四章

运动损伤与航空急救

第一节 航空体育运动损伤预防与处理

一、运动损伤概述

运动损伤是指在运动过程中及运动之后受机械性和物理性方面因素所产生的，造成人体组织或器官在解剖上的破坏或生理上的紊乱。运动损伤常见于日常生活和体育运动中，不仅影响运动员的正常训练、比赛，妨碍运动成绩提高，严重的还可能引起残废甚至死亡。对体育健身者来说，会对体育健身者造成不良的心理影响，妨碍体育健身的正常开展，进而影响学习和工作。

损伤的主要原因有：

（1）训练水平不够，身体素质差，动作不正确，缺乏自我保护能力。

（2）运动前不做准备活动或准备活动不充分，缺乏适应环境的训练。

（3）教学、竞赛工作组织不当，内容组合不科学，方法不合理。

（4）场地、器械因素，自然环境及运动着装不符合要求。

运动损伤中急性多于慢性，急性损伤治疗不当或过早参加训练等可转化为慢性损伤。

二、运动损伤的分类

运动损伤有多种分类方法。按受伤后皮肤或黏膜是否完整，可分为开放性损伤和闭合性损伤；按伤后病程阶段，可分为急性损伤和慢性损伤；按受伤的组织结构，可分为皮肤肌肉损伤、肌腱损伤、骨折、内脏损伤等；按损伤的程度，可分为轻伤、中等伤、重伤。

三、运动损伤的预防

（1）提高预防意识，加强安全教育。

（2）认真做好准备活动，对可能发生的运动损伤的环节和易伤部位做好预防措施。

（3）合理组织安排运动内容，合理安排运动量，防止局部运动器官负担过重。

（4）加强保护与帮助，特别要提高自我保护能力。如摔倒时，立即屈肘低头，团身滚动，切不可直臂或肘部撑地；由高处跳下时，要用前脚掌着地，注意屈膝、弯腰，两臂自然张开，以利于缓冲和保持身体平衡。

四、常见运动损伤的处理

（一）擦　伤

表皮组织受到损伤叫擦伤。这是一种最常见的较轻的损伤，约占运动损伤的16%。

1. 原因与症状

因运动时皮肤受到急剧摩擦所致，如跑步时摔倒、体操运动时身体摩擦器械受伤。擦伤后皮肤会出血或有组织液渗出。

2. 处　理

（1）轻度擦伤：伤口干净者一般只要涂上红药水或紫药水即可自愈。

（2）重度擦伤：先止血后包扎。可用冷敷法、抬高肢体法、绷带加压包扎法、手指直接指点压止血法。大面积擦伤时，应先用生理盐水清理创口，再涂抹红药水，用无菌敷料覆盖，最后用纱布包扎。

（二）挫　伤

由钝性外力作用于身体的某部位而引起闭合性损伤。轻者仅伤皮肤、皮下组织，重者伤及肌肉、血管、神经组织甚至内脏器官（肝、脾、脑）。

1. 原因与症状

因撞击器械或练习者之间相互碰撞易造成挫伤。单纯挫伤会在损伤处出现红肿青紫、皮下出血，并有疼痛。内脏器官受伤时，则会出现头晕、脸色苍白、出虚汗、四肢发凉等现象，严重者甚至会出现休克。

2. 处　理

单纯挫伤在24小时内可进行冷敷，抬高患肢或外涂中药。24小时以后，可按摩或理疗，使局部血管扩张，改善血液循环，提高新陈代谢能力。进入恢复期，可进行一些功能性锻炼。如果怀疑内脏损伤，则应在临时处理后，及时送医院检查和治疗。

（三）撕裂伤

1. 原因与症状

在剧烈、紧张运动时，或受到突然强烈撞击，可造成肌肉撕裂，包括开放撕裂伤和闭合撕裂伤两种。开放撕裂伤有出血、周围肿胀，闭合撕裂伤触及时有凹陷感和剧烈疼痛。常见撕裂伤有眉际撕裂、跟腱撕裂等。

2. 处　理

轻度开放撕裂伤，用红药水涂抹伤口后包扎即可。撕裂口大时，则需止血和缝合伤口，必要时注射破伤风抗毒血清，以防破伤风症。如肌腱断裂，则需手术缝合。

（四）肌肉拉伤

肌肉拉伤是指在内外力的作用下，肌肉过度主动缩短或被动拉长所引起的肌肉损伤，在体育活动中发生率较高，约占各种损伤的 25%。

1. 原因与症状

在准备活动不充分、动作不协调时以及肌肉弹性、伸展性、肌力差时易出现肌肉拉伤。肌肉拉伤后伤处肿胀、瘀斑、压痛、肌肉痉挛，触诊时可摸到硬块。严重者为肌肉撕裂。

2. 处　理

可即刻冷敷，局部加压包扎，抬高患肢，24 小时后可施行按摩或理疗。如肌肉已大部分或完全断裂，在加压包扎急救后，应立即送医院进行手术治疗。

（五）扭　伤

1. 原因与症状

若关节活动范围超过正常限度时，附在关节周围的韧带、肌腱、肌肉就会撕裂，造成扭伤。多发生在肩关节、踝关节、腕关节及腰部。

2. 处　理

（1）肩关节扭伤。一般由肩关节用力过猛以及反复劳损所致。也有的因技术错误、违反解剖学原则而造成损伤，如投掷、排球扣球、大力发球时常出现这类损伤。其症状有压痛、疼痛，急性期有肿胀，慢性期三角肌可能出现萎缩，肩关节活动受限。

单纯韧带扭伤，可采用冷敷、加压包扎，24 小时后可采用理疗、按摩和针灸治疗。出现韧带断裂时，应立即送医院缝合和固定处理。当肩关节肿胀和疼痛减轻后，可适当进行功能性锻炼，但不宜过早活动，以防止转为慢性。

（2）踝关节扭伤。运动中跳起落地时失去平衡，使踝关节过度内翻或外翻致伤。准备活动不充分、场地不平坦，更易造成这类损伤。主要症状为伤处疼痛、肿胀，韧带损伤处有明显压痛，皮下淤血。

受伤后，24 小时内应立即冷敷，用绷带固定包扎，并抬高伤肢。24 小时后，根据伤情采取综合治疗，如外敷伤药、理疗、按摩等，必要时作封闭疗法。待病情好转后，施行功能性练习。对于严重患者，可用石膏固定。

（3）腕关节扭伤。由直接或间接暴力所致，或因腕关节超负荷量的过分劳累，或脱关节长期反复操劳积累而致，如跌扑手掌猛力撑地，或因持物而突然旋转及伸屈腕关节。急性扭伤主要症状为腕部肿胀疼痛，功能活动受限，活动时疼痛加剧，局部有明显压痛；慢性劳损的症状可见腕关节疼痛不堪，无明显肿胀，做较大幅度活动时，伤处可有疼痛感，腕部常有“乏力”和“不灵活”感。

受伤后，24 小时内应立即冷敷，可用绷带固定包扎。24 小时后，根据伤情采取综合治疗，如外敷伤药、理疗、按摩等，避免腕关节受寒刺激，局部宜保暖。

（4）急性腰扭伤。运动时，身体重心不稳定或肌肉收缩不协调，会引起腰部损伤。多数是因为腰部受力过重，或脊柱运动时超过了正常生理范围。症状表现有腰部刺痛、胀痛或牵扯样痛。疼痛一般较剧烈，部位较局限，且有局部肿胀，常牵扯臀部及下肢疼痛。腰不能挺直，俯仰转侧均感困难，甚至不能翻身起床、站立或行走，咳嗽或深呼吸时疼痛加重。

让患者平卧，一般不应立即扶动。如果剧烈疼痛，则用担架抬送医院治疗。处理后，应卧硬板床或在腰后垫一个枕头，使肌肉韧带处于放松状态。也可针灸、外敷药物或按摩治疗。

（六）脑震荡

1. 原因与症状

脑震荡是指头部遭受外力打击后，即刻发生短暂的脑功能障碍。受伤当时立即出现短暂的意识障碍，可为神志不清或完全昏迷，常为数秒或数分钟，一般不超过 30 分钟。伴有脉搏、呼吸较弱，并有不同程度的头痛、恶心、呕吐等症状。病人清醒后多不能回忆受伤当时乃至伤前一段时间的情况。脑震荡的程度愈重、原发昏迷时间愈长，这种遗忘现象也愈明显，但对往事（远记忆）能够忆起。伤情较重者在意识改变期间可有面色苍白、出汗、四肢肌张力变弱、血压下降、心动徐缓、呼吸浅慢和各生理反射消失等症状。

2. 处　理

应立即让受伤者平卧，绝对保持安静。严禁摇晃、牵扯、移动，同时用毛巾冷敷头部，身上盖些衣物以保暖。对神志不清者可用手指压按人中、合谷穴，严重者立即平稳送往医院救治。对轻度脑震荡的病人，安静卧床休息一两天后，可在一星期后参加适当的活动。

（七）关节脱位

1. 原因与症状

由于直接或间接的暴力作用，关节面脱离了正常的解剖位置。关节脱位可分为完全脱位和半脱位（或称错位）两种。严重的关节脱位，伴有关节囊撕裂，甚至损伤神经。关节脱位后，常出现畸形，与健肢相比不对称，因软组织损伤而出现炎症反应，有局部疼痛、压痛和关节肿胀反应，并失去正常活动功能，甚至发生肌肉痉挛等现象。

2. 处　理

可用长度和宽度相称的夹板固定伤肢。如果没有夹板，可将伤肢固定在自己的躯干或健肢上，防止震动，随后及时送医院治疗。如果没有把握作整复处理，切不可随意作整复手术，以免再度增加病情。

（八）骨　折

1. 原因与症状

骨折是身体某部受到直接或间接的暴力撞击时造成骨的完整性受到破坏。骨折分开放性性骨折和闭合性骨折两种，闭合性骨折皮肤不破，没有伤口，断骨不与外界相通；开放性骨折，骨折部位伤口与外界相通。骨折发生后，患处会立即出现肿胀、皮下淤血现象，有剧烈疼痛感（活动时加剧），肢体失去正常功能，肌肉产生痉挛，有时骨折部位发生变形，移动时可听到骨摩擦声。严重骨折时，伴有出血和神经损伤、发烧、口渴甚至休克等全身症状。

2. 处　理

首先应防止休克，注意保暖，止血止痛，然后包扎固定，送医院治疗。若伴有休克出现，应先进行处理，即点按人中穴，并进行口对口人工呼吸或心脏胸外按压；若伴有伤口出血，应及时实施止血和包扎。骨折后暂勿移动患肢，应用夹板或其他代用品固定伤肢，及时护送医院检查和治疗。

（九）肌肉痉挛

1. 原因与症状

肌肉痉挛最常见的原因是肌肉连续收缩过快，放松时间太短，使肌肉的收缩与放松不能协调交替，另外还有寒冷刺激（如游泳）、电解质丢失过多（如长时间剧烈运动或夏天运动时）、疲劳等原因。表现为肌肉发生不自主的强直收缩。其症状是：肌肉僵硬，疼痛难忍，痉挛肌肉所涉及的关节的伸屈功能有一定的障碍。运动中最容易发生痉挛的肌肉为小腿腓肠肌，其次是足底的屈踝和屈趾肌。

2. 处　理

不太严重的肌肉痉挛，只要向相反的方向牵引痉挛的肌肉，一般都可使其缓解。例如，腓肠肌痉挛，可伸直膝关节，用力将踝关节背伸；屈踝和屈趾肌痉挛，可用力将足和趾背伸。牵引时切忌暴力，用力宜均匀、缓慢，以避免造成肌肉拉伤。采用揉捏等手法，也可促使症状缓解。

3. 预　防

肌肉痉挛可预防，加强身体训练，提高机体的耐寒能力和耐久力。运动前必须做好准备活动，对容易发生抽筋的肌肉可事先做适当的按摩。冬季锻炼时，要注意保暖；夏季进行剧烈运动或长时间运动时，要注意电解质的补充和维生素 B1 的摄入。疲劳或饥饿时不宜进行剧烈运动。

第二节　航空急救

航空急救是指当有任何意外或急症发生时，空勤人员在医护人员到达前，按照医学护理原则，利用现场适用物资临时及适当地为伤病者进行初步救援。急救的目的：① 挽救生命，使患者恢复呼吸、心跳，止血，救治休克；② 防止伤势及病情恶化，处理伤口，固定包扎；

③ 促进复原，避免非必要的移动，保持正确的姿势，善言安慰。急救是否及时、正确，直接影响患者生命安全和今后的治疗效果。

一、止　血

很多损伤都有出血现象，及时止血是损伤急救处理的一个重要步骤。根据不同的出血部位，可分为外出血、内出血和皮下出血三种。根据血管破裂种类的不同可分为动脉出血、静脉出血和毛细血管出血三种。其中，动脉出血症状：血色鲜红，呈喷射状流出，出血速度快，出血量大，危险性大；静脉出血症状：血色暗红，缓慢不断地流出，危险性小于动脉出血；毛细血管出血症状：血色红，血流从伤口慢慢渗出，常能自行凝固。

（一）指压止血法

用手指或拳头压迫伤口近心端表浅动脉，用力将动脉压向深部的骨骼上，以阻断血流，达到止血目的。此法适用于紧急情况下伤口出血多时进行临时止血，如头、面、颈部和四肢的外伤出血。应用此法止血时应准确掌握动脉压迫点，压迫力度要适中，以伤口不出血为度，压迫 10 ~ 15 分钟，保持伤处肢体抬高。此法是不要任何器械、简便、有效的止血方法，但因为止血时间短暂，在使用时常需要结合其他止血方法。

1. 颞浅动脉指压止血

用于头顶部出血，一侧头顶部出血时，在同侧耳前，对准耳屏上前方 1.5 厘米处，用拇指压迫颞浅动脉止血。见图 4-1。

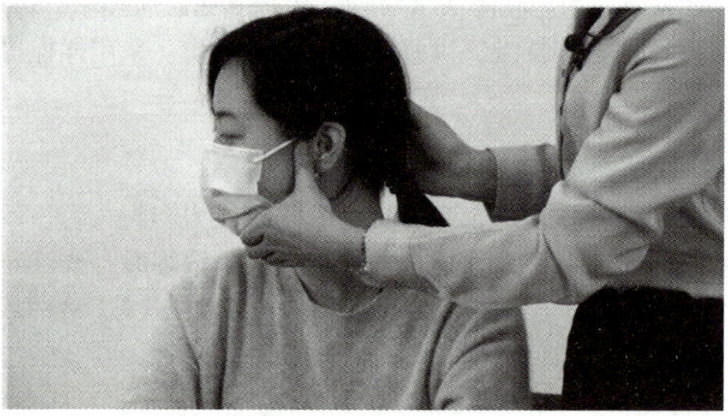

图 4-1　颞浅动脉压迫点

2. 肱动脉指压止血

肱动脉位于上臂中段内侧，位置较深，前臂及手出血时，在上臂中段的内侧摸到肱动脉搏动后，用拇指按压可止血。见图 4-2。

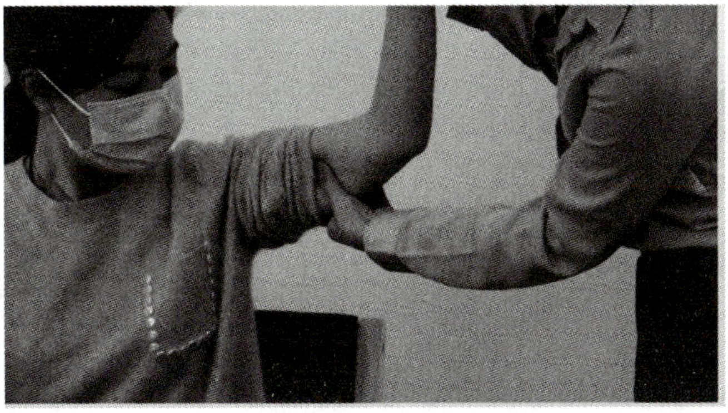

图 4-2　肱动脉压迫点

3. 桡、尺动脉指压止血

桡、尺动脉在腕部掌面两侧。腕及手出血时，要同时按压桡、尺两条动脉方可止血。见图 4-3。

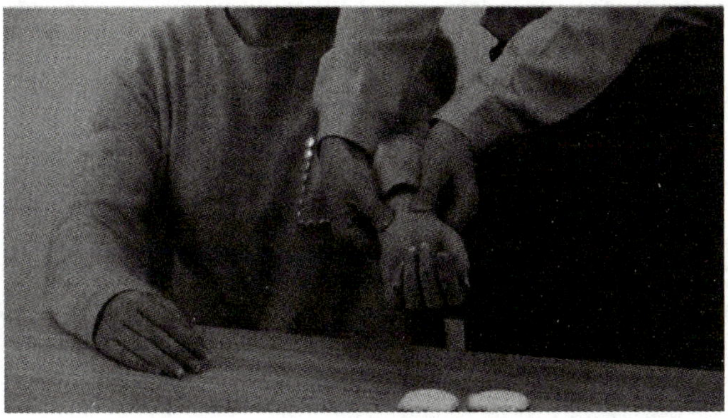

图 4-3　桡、尺动脉压迫点

4. 股动脉指压止血

在腹股沟韧带中点偏内侧的下方能摸到股动脉。用拇指或掌根向外上压迫，用于下肢大出血。如果转运时间长时，可试行加压包扎。见图 4-4。

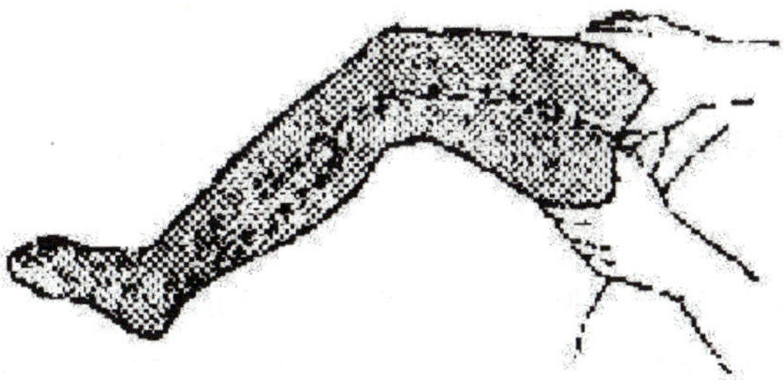

图 4-4　股动脉压迫点

5. 腘动脉指压止血

在腘窝中部摸到腘动脉搏动后用拇指向腘窝深部压迫，用于小腿及以下严重出血。腘动脉在腘窝处损伤，出血量也大，指压止血后可用加压包扎止血。

（二）加压止血法

适用于全身各部位的小动脉、静脉、毛细血管出血。用无菌敷料或其他洁净的毛巾、三角巾等覆盖伤口，加压包扎，达到止血目的。

1. 直接压迫止血

适用于较小伤口的出血，直接用无菌纱布直接压迫伤口处，压迫约 10 min。

2. 加压包扎止血法

适用于各种伤口，是一种比较可靠的最常用的非手术止血法。在没有无菌纱布时，可使用消毒卫生巾、餐巾等替代。见图 4-5。

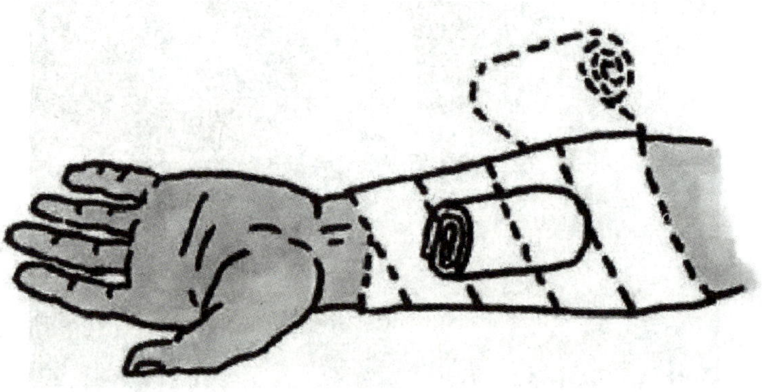

图 4-5 加压包扎示意图

使用加压止血法时应先检查伤口有无异物，如无异物，用敷料覆盖伤口，敷料要超过伤口至少 3 cm。如果敷料已经被血液浸湿，无须更换，再覆盖上另一敷料。伤口有异物，如扎入身体导致外伤出血的剪刀、小刀、玻璃片等，应保留异物，并在伤口边缘做将异物固定，然后用绷带加压包扎。

（三）止血带止血法

止血带止血只适用于四肢大出血，当其他止血法不能止血时才用此法。

1. 气压止血带

在上臂的上 1/3 段或大腿上段垫好衬垫（绷带、毛巾、平整的衣物等），将止血带缠在肢体上，打开充气阀开关，用充气杆充气至伤口停止流血，然后关紧充气阀，记录时间及压力值。为防止止血带松脱，上止血带后再缠几圈绷带加强。在紧急情况下，可用血压计袖带充当气压止血带。见图 4-6。

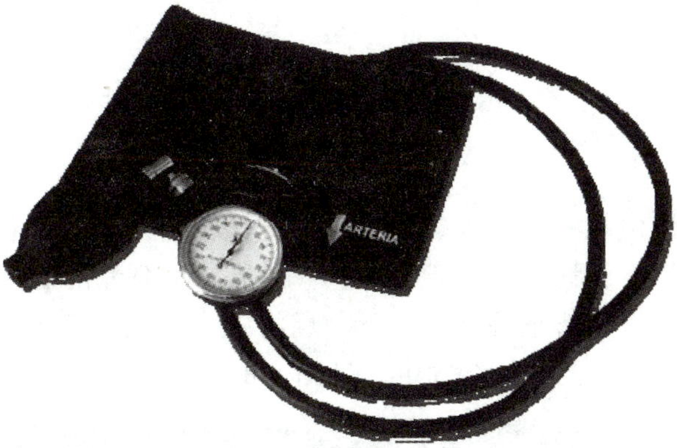

图 4-6　气压止血带

2. 三角巾止血带

将三角巾或床单等布料折叠成带状，在上臂的上 1/3 段或大腿上段垫好衬垫（绷带、毛巾、平整的衣物等），用制好的布料带在衬垫上加压绕肢体一周，两端向前拉紧，打一个活结，取绞棒插在带状的外圈内，提起绞棒绞紧至血止住为度，将绞紧后的绞棒另一端插入活结小圈内，固定，最后记录止血带安放时间。见图 4-7。

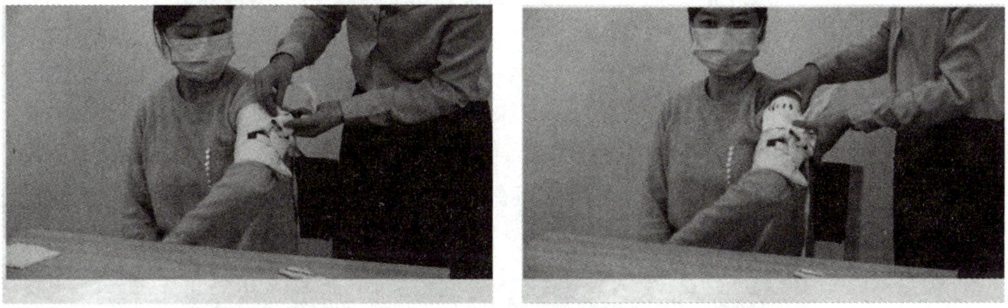

图 4-7　三角巾止血带

3. 止血带注意事项

（1）部位准确：缚扎部位尽量靠近伤口近心端，有衬垫。

（2）压力适宜：一般松紧度以刚达到远端动脉搏动消失、刚好不出血为宜。

（3）标记明显：记录开始时间、部位、放松时间。

（4）时间控制：每隔 30 ~ 60 分钟放松一次，每次放松 2 ~ 3 分钟。放松时用其他止血方法代替，止血带使用总时间不超过 4 小时。

（5）密切观察：肢体运动和末梢血液循环情况，尽快送医院彻底止血。

二、包　扎

伤口是细菌侵入人体的门户，如果伤口被细菌污染，就可能引起化脓或并发败血症、气性坏疽、破伤风，会严重损害健康，甚至危及生命。所以，受伤以后，如果没有条件做清创手术，在现场要先进行包扎。包扎具有保护伤口、减少污染、固定敷料、压迫止血、有利于伤口早期愈合等作用。

（一）绷带包扎

1. 环形包扎

环形包扎法是绷带包扎中最基本、最常用的方法。适用于绷带包扎开始与结束时，固定带端及包扎颈部、腕关节、胸部、额部、手掌、脚掌、腹部等粗细相等部位的伤口。

具体方法：将绷带作环形重叠缠绕，下一周将上一周绷带完全遮盖，最后用胶布将带尾固定或将带尾中间剪开分成两头打结固定。见图 4-8。

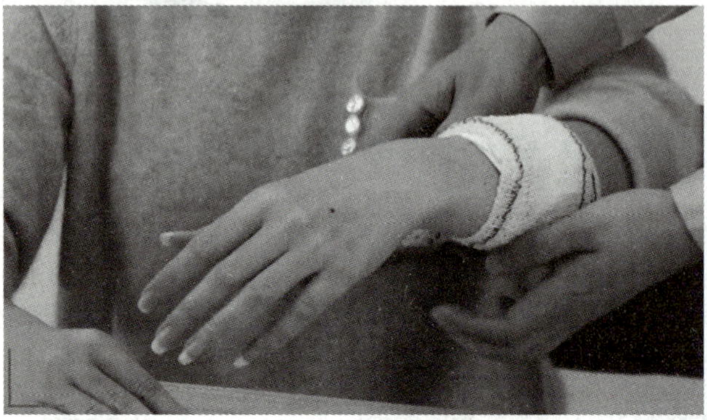

图 4-8　环形包扎

2. 螺旋包扎

螺旋包扎法适用于包扎直径基本相同的部位，如上臂、手指、躯干、大腿等。

具体方法：先环形缠绕数圈，然后稍微倾斜螺旋向上缠绕，每周遮盖上周的 1/3 ~ 1/2，最后仍以环形包扎结束。见图 4-9。

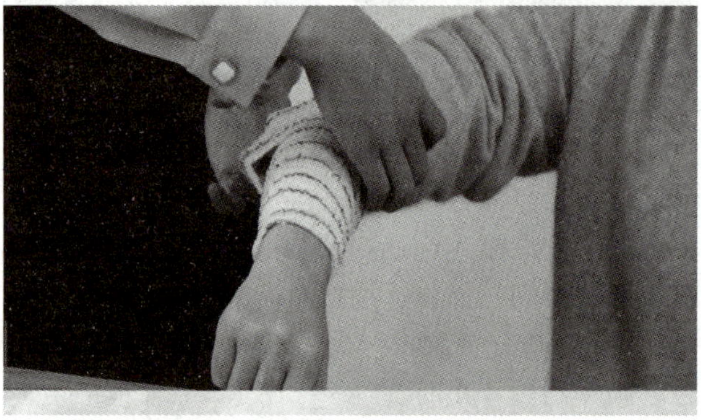

图 4-9　螺旋包扎

3. “8”字包扎

适用于直径不一致的部位或屈曲的关节，如肩、髋、膝、肘、腕、踝等，应用范围较广。

具体方法：在伤处下方先环形缠绕数圈，再将绷带由下而上，再由上而下，重复作“8”字形旋转缠绕，每周遮盖上周的 1/3 ~ 1/2，最后仍以环形包扎结束。见图 4-10。

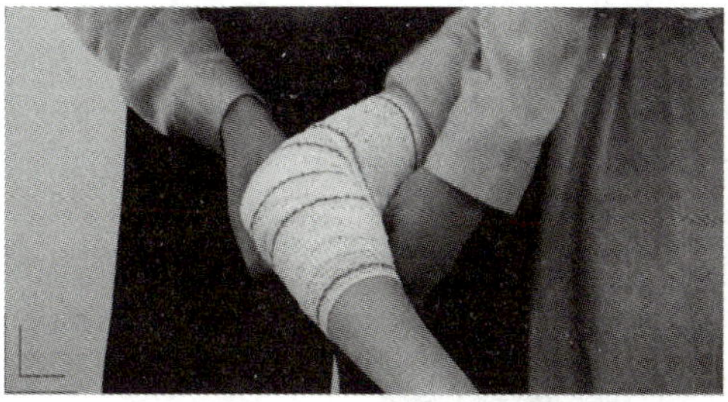
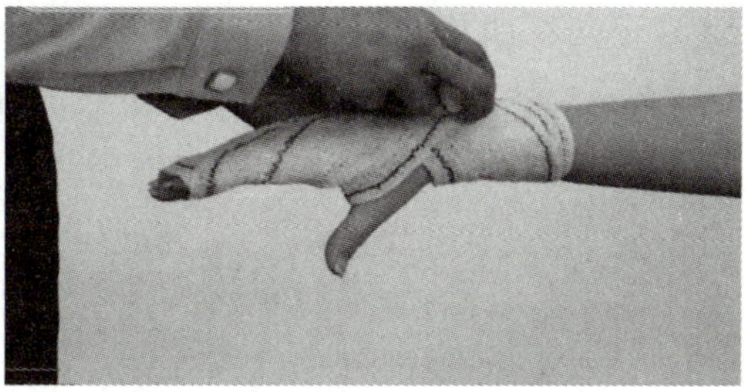

图 4-10 “8”字包扎

4. 回返包扎法

适用于包扎没有顶端的部位，如指端、头部、或截肢残端。头部外伤的帽式包扎就采用此法。

具体方法：先环形缠绕数圈，然后将绷带绕到头部或肢体的正中间，前后左右缠绕，直到头部或肢体残端全部包住，再环形缠绕，把前后的绷带压住，然后用胶布固定。见图 4-11。

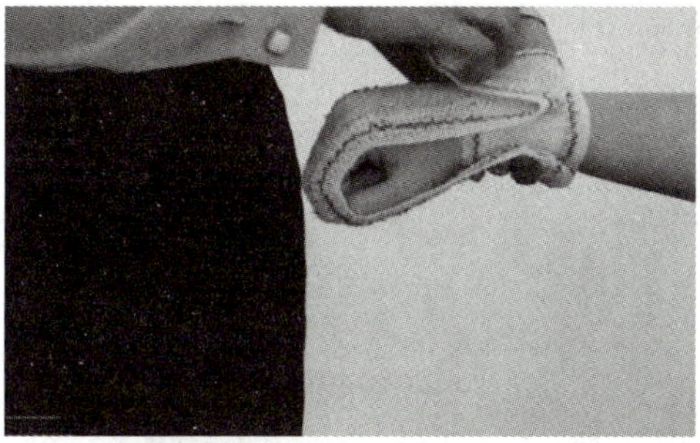
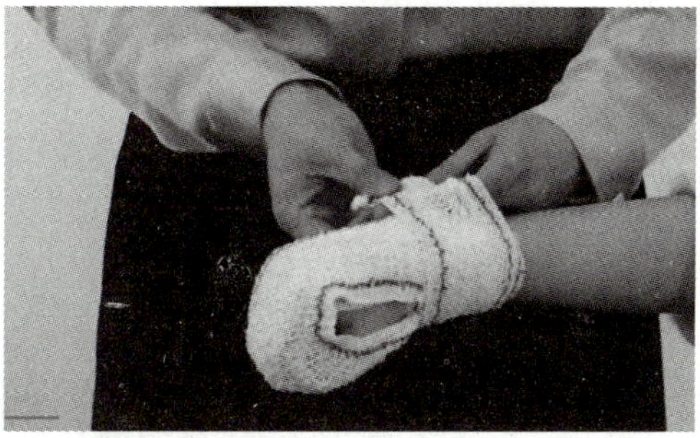

图 4-11 回返包扎

（二）三角巾包扎

1. 头部帽式包扎法

将三角巾底边向上翻折两指宽，盖住头部，在眉上、耳上，把两底角和顶角包括系带在枕后交叉，回到前额中央打结，将剩余部分反折压好。见图 4-12。

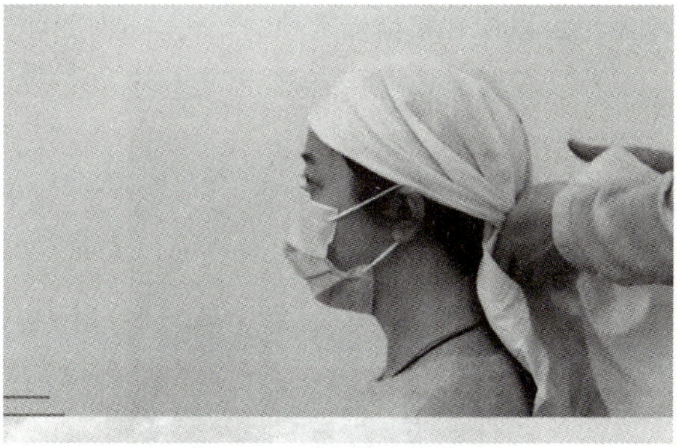

图 4-12 头部帽式包扎

2. 肩部包扎法（单侧）

将三角巾折叠成燕尾式，夹角为 90°，尾角向上，放在伤侧肩上，大片向上盖住肩部及上臂上部打结，两燕尾角分别经胸、背拉到对侧腋下打结。见图 4-13。

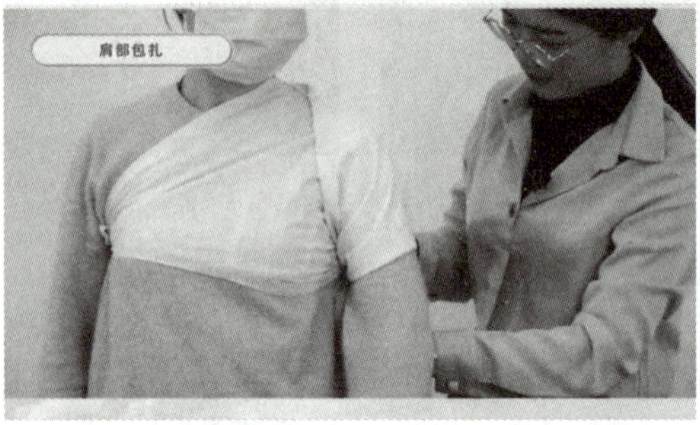

图 4-13　肩部包扎

3. 胸部包扎法（单侧）

将三角巾顶角对准肩缝，盖住伤部，底边上翻，把两底角回绕在背后，与顶角系带打结固定。见图 4-14。

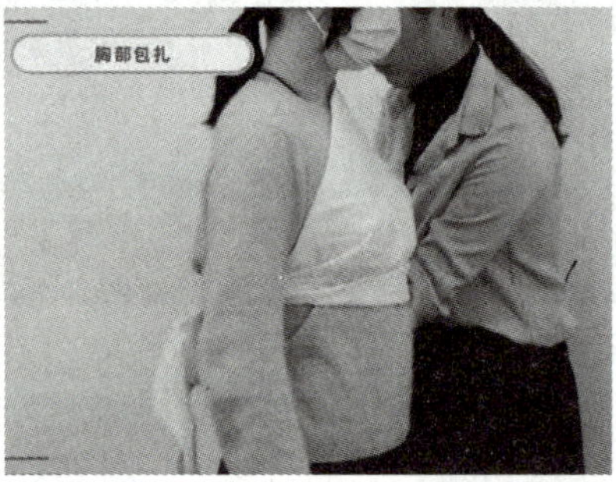

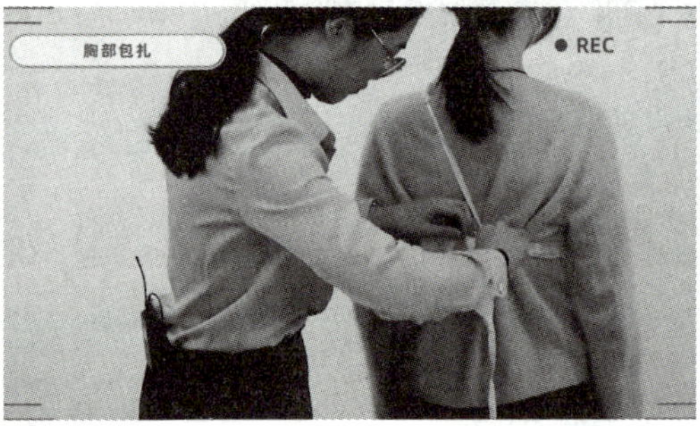

图 4-14　胸部包扎

4. 大悬臂带

将三角巾打开搭于健侧肩部，顶角置于患侧手臂腋下，将患者伤肢屈肘 80° ~ 90°放在三角巾上，将另一底角向上反折提拉，两底角边在颈后打结，将剩余部位整理好。一手轻推患者患侧手臂，将手部指端露出，以便观察指端末梢的变化。见图 4-15。

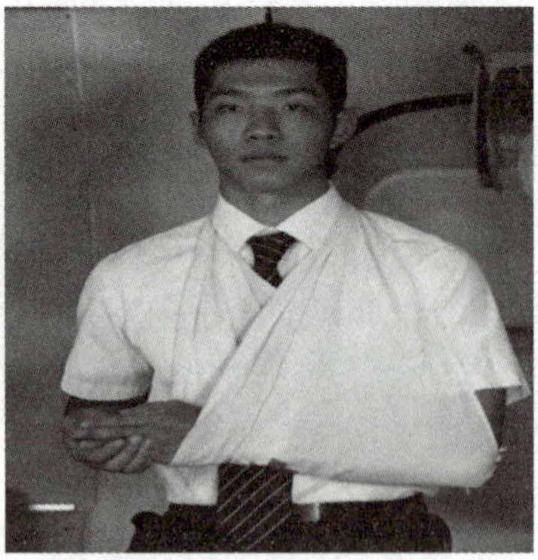

图 4-15　大悬臂带

5. 小悬臂带

将三角巾折成宽带样，其中央放在前臂近手腕处，将患者伤肢屈肘 80°～90°，悬吊法同大悬臂带法。见图 4-16。

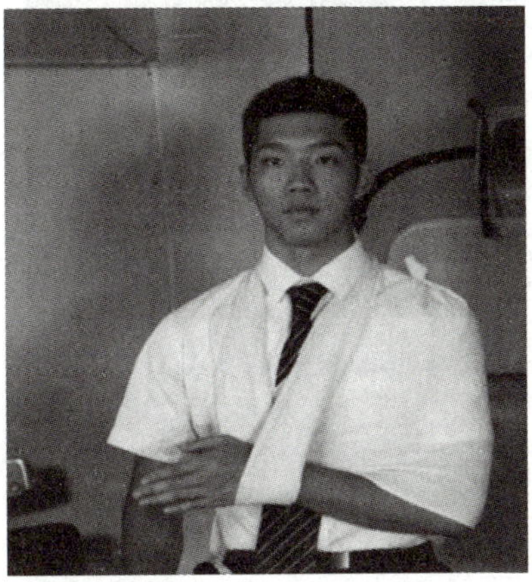

图 4-16　小悬臂带

三、骨折固定

（一）上肢骨折躯干固定

1. 尺桡骨骨折

用大悬臂带将骨折的前臂悬吊于胸前，手略高于肘，再用一条三角巾折成两掌宽，将大悬臂带一起固定于胸部，在健侧腋下打结。见图 4-17。

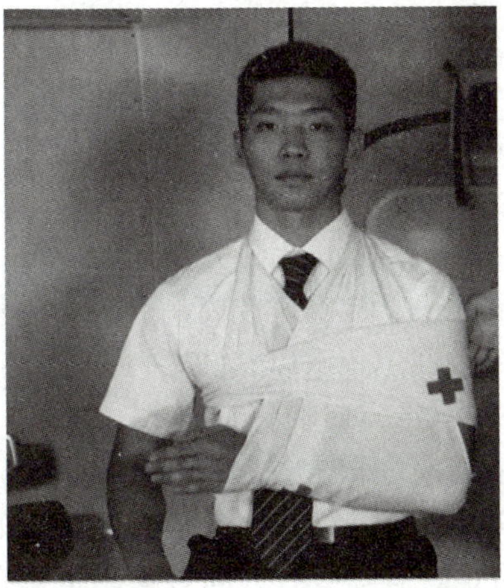

图 4-17　尺桡骨骨折躯干固定

2. 肱骨骨折

先用三角巾将受伤上肢固定于胸廓，再将三角巾用小悬臂法将伤肢悬挂胸前。见图 4-18。

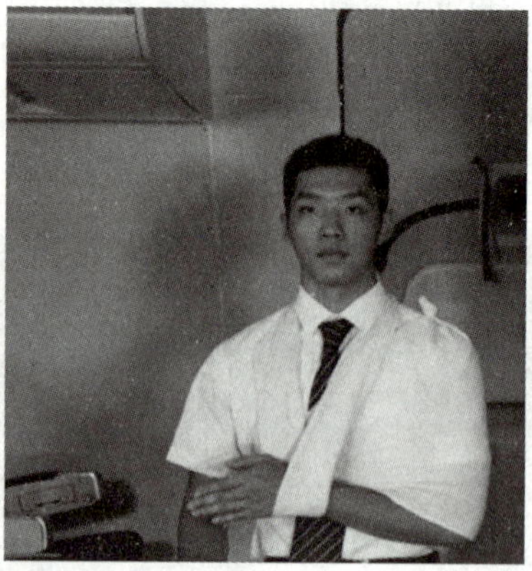

图 4-18　肱骨骨折躯干固定

（二）下肢骨折躯干固定

将患者两下肢合并，中间垫厚毛巾，在膝关节处，膝关节上下和踝关节处及大腿根部各扎一条三角巾，在健侧下肢打结，在踝关节处缠成“8”字形固定。

四、心肺复苏术

（一）心肺复苏流程

（1）判断意识：用双手轻拍病人双肩，问：“喂！你怎么了？”对方无反应。

（2）判断是否有呼吸、颈动脉搏动：用右手的中指和食指从气管正中环状软骨划向近侧颈动脉搏动处，耳朵脸颊靠近口鼻上方感知呼吸，感知无呼吸无搏动（数 1001、1002、1003、1004、1005、1006、1007……判断 5 秒以上 10 秒以下）。

（3）呼救，如来人啊！喊医生！推抢救车！找除颤仪！

（4）松解衣领及裤带。

（5）胸外心脏按压：两乳头连线中点（胸骨中下 1/3 处），用左手掌跟紧贴病人的胸部，两手重叠，左手五指翘起，双臂伸直，用上身力量用力按压 30 次（按压频率 100 ~ 120 次/分，按压深度 5 ~ 6 cm）

（6）打开气道：采用仰头抬颌法，检查口腔内是否有分泌物和异物。

（7）人工呼吸：应用简易呼吸器，一手以“CE”手法固定，一手挤压简易呼吸器，每次送气 400 ~ 600 mL，频率 10 ~ 12 次/分。或进行口对口人工呼吸，在保持患者仰头抬颏前提下，施救者用一手捏闭的鼻孔，然后深吸一口气，迅速用力向患者口（或鼻）内吹气。以心脏按压法（人工呼吸=30∶2 的比例进行），操作 5 个周期（心脏按压开始送气结束）。

（8）判断复苏是否有效（听是否有呼吸音，同时触摸是否有颈动脉搏动）。若呼吸心跳未恢复，则继续。

（9）在复苏成功后病人清醒之前，应保持侧卧位，以防止呕吐物误吸入气道造成窒息。具体见图 4-19 至图 4-25。

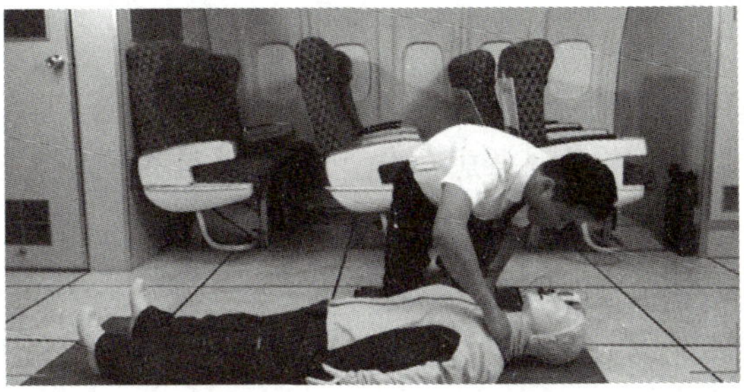

图 4-19　判断意识

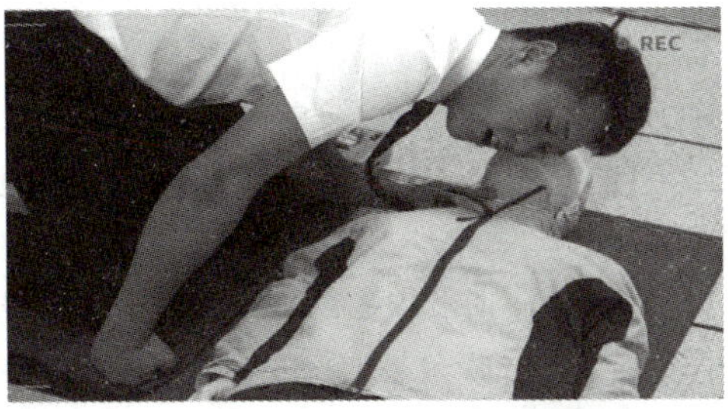

图 4-20　判断颈动脉搏动

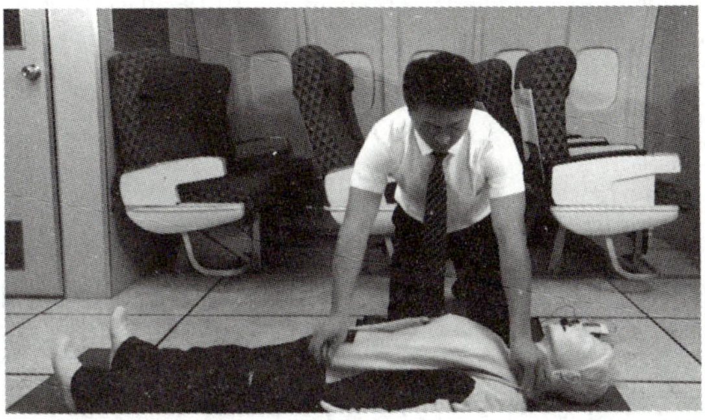

图 4-21　松解衣带

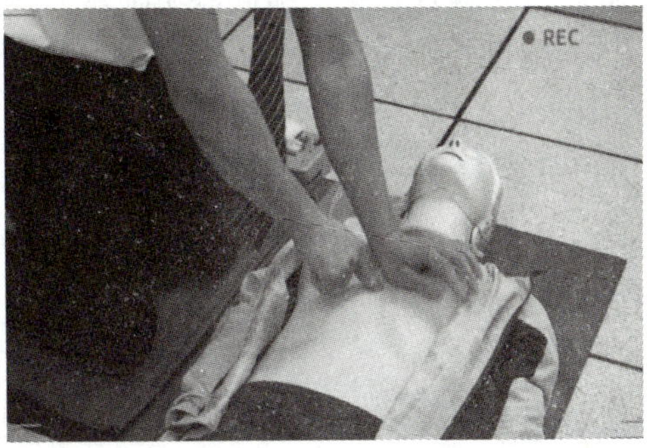

图 4-22　按压定位

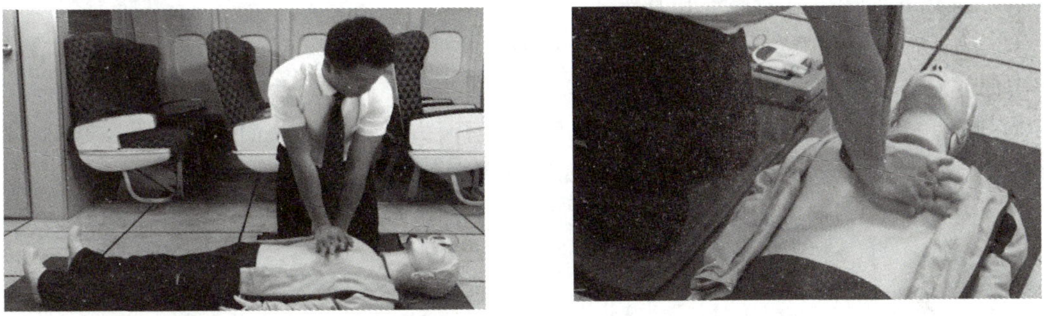

图 4-23　胸外按压

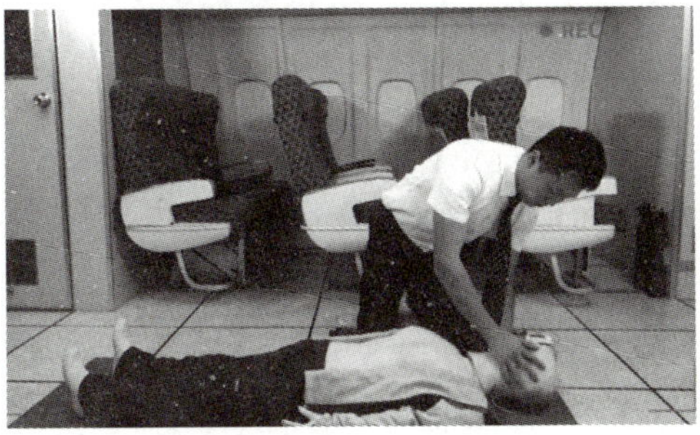

图 4-24　清理口鼻分泌物

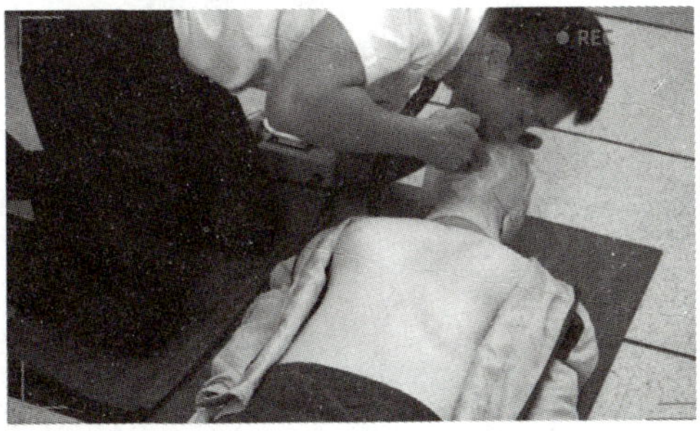

图 4-25　人工呼吸

（二）注意事项

（1）口对口吹气量不宜过大，一般不超过 1200 mL，胸廓稍起伏即可。吹气时间不宜过长，过长会引起急性胃扩张、胃胀气和呕吐。吹气过程要注意观察患（伤）者气道是否通畅，胸廓是否被吹起。

（2）胸外心脏按压术只能在患（伤）者心脏停止跳动的情况下才能施行。

（3）口对口吹气和胸外心脏按压应同时进行，严格按吹气和按压的比例操作，吹气和按压的次数过多和过少均会影响复苏的效果。

（4）胸外心脏按压的位置必须准确，不准确容易损伤其他脏器。按压的力度要适宜，过大过猛容易使胸骨骨折，引起气胸血胸；按压的力度过轻，胸腔压力小，不足以推动血液循环。

（5）施行心肺复苏术时应将患（伤）者的衣扣及裤带解松，以免引起内脏损伤。

（三）心肺复苏有效的体征和终止抢救的指征

（1）观察颈动脉搏动，有效时，每次按压后就可触到一次搏动。若停止按压后搏动停止，表明应继续进行按压。如停止按压后搏动继续存在，说明病人自主心搏已恢复，可以停止胸外心脏按压。

（2）若无自主呼吸，人工呼吸应继续进行；自主呼吸很微弱时，仍应坚持人工呼吸。

（3）复苏有效时，可见病人有眼球活动，口唇、甲床转红，甚至脚可动；观察瞳孔，可由大变小，并有对光反射。

（4）当有下列情况可考虑终止复苏。

① 心肺复苏持续 30 分钟以上，仍无心搏及自主呼吸，现场又无进一步救治和送治条件，可考虑终止复苏。

② 脑死亡，如深度昏迷，瞳孔固定、角膜反射消失，将病人头向两侧转动，眼球原来位置不变等。如无进一步救治和送治条件，现场可考虑停止复苏。

③ 当现场危险威胁到抢救人员安全（如雪崩、山洪暴发）以及医学专业人员认为病人死亡，无救治指征时，终止复苏。

实践篇

第五章

体育文化与鉴赏

第一节　奥林匹克体育文化

奥林匹克体育文化源于古希腊，是一种以体育为载体的文化交流形式。奥林匹克运动会简称“奥运会”。

一、古代奥运会

古代奥运会从公元前 776 年起到 394 年，经历了 1168 年，共举行了 293 届。古代奥运会从第 1 届起，每四年举行一次，每届只举行一天，短跑是唯一的比赛项目。从第 22 届古代奥运会开始，组织者将比赛时间改为 3 天，加上开幕式、闭幕式，会期为 5 天。比赛项目增加为：五项全能（跳远、掷铁饼、投标枪、角力、跑步）、摔跤、拳击、战车、赛跑、赛马。

古代奥运会采用的比赛项目源于祭神和健身，延续发展后多与军事技能紧密相关。比赛规则十分严格，违反者要受到严厉的惩罚，表现出强烈的荣誉感。授奖台设在宙斯像前，橄榄冠放在一个特制的三角台上，仪式十分庄严隆重。奥运冠军在全希腊极受人们的尊敬和崇拜，冠军的父母和所在的城邦也会获得极高的荣誉。

古代奥运会有三大特色：一是古代奥运会是以祭神为主、内容丰富、形式多样的古希腊的综合盛会。它包括祭祀天神宙斯、朝拜众神、诗人朗诵作品、演说家发表祝词、开展集市贸易活动等，体育竞技仅是其中的一项内容。二是古代奥运会作为古希腊各民族文化的一部分，起到了团结各族人民、消除战争的积极作用，与政治有着极为密切的联系。三是“裸体竞技”，或称赤身运动，是古希腊体育竞技和古代奥运会的一大特色。

二、现代奥运会

（一）现代奥运会的起源

现代奥运会兴起于欧洲资本主义工业时代。它以坚实的社会经济、政治、文化基础为依托，顺应了社会发展的需要和体育发展的潮流，丰富了体育的内涵，扩大了体育的作用。18

世纪中叶，欧洲兴起了文艺复兴、宗教改革和启蒙运动。人文主义者颂扬古代奥运会的崇高竞技精神，引起了史学界、文化体育界对奥林匹亚的重视和神往。1859—1889 年，在希腊人杜巴斯的倡导下，举行过 4 次奥运会，但都没有多大影响。法国教育家、活动家、史学家皮埃尔·德·顾拜旦（1863—1937 年）被称为现代奥运会的创始人。1891 年，顾拜旦创办了《体育评论》杂志，热情宣传“复兴奥林匹克运动会”的主张。1892 年，顾拜日遍访欧洲，宣传奥林匹克理想。同年 11 月 25 日，在庆祝法国“体育运动协会联合会”成立 3 周年的大会上，他热情洋溢地说道：“我希望能同你们在符合现代生活条件的基础上合作，筹备并完成一件有意义的大事——复兴奥林匹克运动会。”他表明现代奥林匹克运动会应像古代奥林匹克运动会那样，以团结、友谊、和平为宗旨，但要比古代奥林匹克运动会有所发展和有所创新，要向一切国家、一切地区和一切民族开放，并在世界各国轮流举办。1893 年，顾拜旦在英国业余田径协会主席赫尔伯特、美国普林斯顿大学教授斯隆和瑞典将军巴里克等人的支持下，组建了恢复奥运会的“筹备委员会”。又经两次预备会和广泛的国际书信联系。1894 年 6 月 16 日，“复兴奥林匹克运动会代表大会”亦称“国际体育运动代表大会”，终于在法国巴黎索邦神学院（巴黎大学前身）正式举行。代表 34 个国家、49 个体育组织的 79 名代表，一致同意顾拜旦的主张，决定恢复奥林匹克运动会。6 月 23 日，与会代表宣誓“信守业余原则”后，成立了“国际奥林匹克委员会”，并批准了顾拜旦制定的第一部《奥林匹克宪章》，选举了希腊诗人维凯拉斯为国际奥委会第一任主席，顾拜旦担任秘书长。会议还决定“从 1896 年起，按古希腊奥运会传统每四年举办一次现代奥运会”“第一届现代奥运会在希腊举行”。至此，人类复兴奥运会的愿望和顾拜旦为之奋斗多年的梦想终于得以实现。

（二）现代奥运会的发展

从 1894 年国际奥委会成立至今，奥林匹克运动会已经走过了一百多年的历程。期间，无论是奥林匹克运动本身，还是它存在的社会环境，都发生了巨大而深刻的变化，其发展过程大体上可以分为 4 个阶段。

1. 奥运会的初创时期（1894 年至第一次世界大战）

这期间正是世界政治、经济关系发生急剧变化的时期，各种民族主义、种族主义和排外心理严重妨碍了正常的国际交往。现代运动项目仅在少数欧洲国家发展，世界范围的体育竞赛活动很少进行，奥运会尚未形成一定的规模。1908 年，奥运会实施了标准化和规范化管理，为未来奥运会的举办构建了基本框架。1912 年，奥运会从参赛国家、运动员人数、场地设施到组织工作都有了较大提高，第一次实现了顾拜旦所期望的没有事故、没有抗议、没有民族沙文主义仇恨的奥运会。这一时期，国际奥委会、国际单项体育组织和国家奥委会还只是一个松散的机构，国际奥委会在委托某一城市承办时，还缺乏领导和监督，奥运会的一切事宜均由东道主随意安排。由于不允许女子参加奥运会，奥运会的广泛性存在严重缺陷，也阻碍了女子体育的发展。

2. 奥运会的推广时期（1914 年至第二次世界大战）

因第一次世界大战而中断的奥运会于 1920 年重新举办。奥运会的大体框架、运行机制和基本特征在这一时期形成，比赛项目的设置逐渐趋向合理，比赛设施进一步完善，会期基本固定，申办、举办程序基本确立，基本解决了有关运动员的参赛资格问题。自 1928 年起，女子田径项目被纳入正式比赛，这一重大变化对奥林匹克运动的普及性和号召力的增强起到了推动作用。1924 年第 1 届冬季奥运会的诞生也使奥林匹克运动的覆盖面大大增加。这一时期，奥林匹克运动的组织机构得到发展，国家奥委会由第一次世界大战前的 29 个增加到 60 个，为奥林匹克思想在世界各地的传播作出了重要贡献。与此同时，各国际单项体育组织相继成立，使国际奥委会摆脱了每届奥运会都存在的具体技术事务，更多地在领导、协调、决策等更高的层次发挥作用。而政治对奥林匹克运动的影响日益加重，如 1936 年柏林奥运会成了希特勒向世界炫耀自己实力的工具，违背了奥林匹克和平、友谊、进步的宗旨。

3. 奥运会的发展时期（1946—1980 年）

第二次世界大战结束后，各国经济振兴和科技发展，促进了奥林匹克运动的发展。由于苏联及新兴独立国家的参加，奥运会每届参赛国家和人数以及竞赛项目都在增加；顾拜旦实现了关于在各大洲轮流举办奥运会的设想；各洲范围的运动会、残疾人奥运会相继产生。随着奥林匹克运动的普及，竞技运动水平也迅速提高，非洲体育开始崛起。在奥运会上形成了美国和苏联争强的局面。奥运会向大型化、艺术化方向发展。先进的电子设备，以及鉴别和检查违禁药物的技术，使比赛的公正性得到了保证。这一时期，政治对奥运会的影响更加明显、复杂、尖锐，各种势力集都想通过这个舞台来达到自己的目的。此外，兴奋剂问题、奥运会承办国财政负过重等问题都提到了解决议程。

4. 奥运会的改革时期（1980 年至今）

进入 20 世纪 80 年代，在萨马兰奇的领导下，国际奥委会针对奥林匹克运动所临的各种问题进行了大规模的变革。人们对奥林匹克运动的要求不只限于四年一次的奥运会，奥林匹克运动已扩展到更加广阔的领域。国际奥委会在文化教育、科学技术方面注重奥林匹克思想的传播。国际奥委会确立了总部机构所在地——洛桑，保证了对奥运会各方面的领导。1981 年，国际奥委会第一次有了正式的法律地位，从而开始以法人的身份参与处理各种重大事务，经济上大胆进行商业性开发，为奥林匹克运动的发展创造了良好的经济基础。从第 23 届奥运会开始，连续几届奥运会主办国均未出现赤字。经济上的盈利调动了主办国家举办好奥运会的积极性。这一时期，国际奥委会在肯定商业化的同时，对商业化也采取一定的限制措施，废除参赛者业余身份等原则，使奥运会向所有优秀的运动员开放。这种务实态度，促进了奥林匹克运动向更健康的方向发展。

（三）现代奥运会的特色和精神

1. 宗　旨

现代奥运会的宗旨是：鼓励作为体育运动基础的身体素质和优良道德品质的发展；通过体育运动，以相互了解和友好的精神教育青年，从而有助于建立更加和平美好的世界；在全世界传播奥林匹克精神，以建立国际亲善；在每四年一次的奥运会上，全世界优秀运动员友好相会。

2. 格　言

奥林匹克运动的格言是：“重要的是参与而不是取胜”“更快、更高、更强”。第一条格言是启迪参与者要为友谊、团结、和平而参加体育盛会；第二条格言是激励参与者要为提高运动竞技水平而不断拼搏，从而达到崇高的理想境界，发扬不断进取的精神；希望运动员在拼搏中要勇于向困难挑战、向极限挑战，在竞技中展示蓬勃向上的青春活力和永不终止的奋斗精神。

3. 圣火和火炬

《奥林匹克宪章》规定："奥林匹克圣火是在国际奥委会许可下在奥林匹亚点燃的火焰。""奥林匹克火炬是用奥林匹克圣火点燃的火炬或由它复燃的火炬。"1896 年第 1 届现代奥运会的开幕式上，为了纪念奥运会的复活，各国选手高举火炬入场，以祝福运动会光明长存。为了把古希腊和平化身的奥林匹克精神永远传播和继承下去，圣火和火炬仪式于 1928 年第 9 届奥林匹克运动会上被确认正式实施。

4. 奥林匹克精神

奥林匹克精神是通过运动会及其他活动，体现出世界各国人民之间友好团结、和平以及奋发向上的崇高精神，强调要具有相互理解的精神、友好的精神、团结互助的精神和公平竞赛的精神。其特点是：追求世界和平和美好；提倡人和谐发展、全面发展，体质、精神、品德协调发展；倡导在参与中奋斗、在奋斗中求欢乐的精神；强调普遍性、多样性、全球性、持久性；追求"更快、更高、更强"的进取精神；崇尚公正性、正义性，反对暴力、药物；发挥榜样的教育作用。

（四）现代奥运会赛事

1. 夏季奥运会

夏季奥运会每四年举办一届，每届比赛时间不超过 16 天。从 1896 年至今，按四年一届计算，已是 32 届，但实际举办了 29 届，第 6、12、13 届因为两次世界大战而被迫停办。第 1 届仅有 13 个国家参与，311 名男运动员参加 9 个大项、43 个单项的比赛；2016 年巴西里约热内卢奥运会已发展到 207 个国家和地区，近 10 500 名运动员参加 28 个大项、306 个小项的比赛。

2. 冬季奥运会

冬季奥运会每四年举办一届，每届时间不超过 12 天，自 1924 年在法国夏慕尼黑举办第 1 届至今，已举办了 24 届。2018 年韩国平昌冬奥会有来自 92 个国家和地区的 2920 名运动员参加了 15 个大项、98 个小项的比赛。

3. 残疾人奥运会

残疾人体育活动是从第一次世界大战后发展起来的。最早由英国人古特曼创立了残疾人体育竞赛。1960 年意大利举办夏季奥运会时，第一次同时组织了残疾人奥运会（简称"残奥会"），此后伴随四年一届的夏季奥运会，夏季残奥会也同时在奥运会主办国举行，至今夏季残奥会已举办 16 届。1976 年，瑞典的恩舍尔兹维克举办第 1 届冬季残奥会，此后冬季残奥会也伴随冬季奥运会举办，至今冬季残奥会已举办了 13 届。

第二节　中华传统体育文化

一、中华传统体育文化的形成

中国传统体育文化是从黄河、长江文明孕育而来的，它的形成与发展主要受到两方面因素的影响。一是自然生产方式的影响，自古“以农立国”的中国，长期以自给自足的小农经济为主导，而这种自给自足的经济环境，逐步赋予了中国传统体育文化较强的封闭性、民俗性和保健性。二是中华传统文化的影响，中国传统体育文化是在以儒学为主流的中华传统文化中孕育成长的，中华传统文化必然在中国传统体育文化上留下深深的印迹。

据《中华民族传统体育志》统计，几千年漫长的传统文化历程，使55个少数民族发展了传统体育676项，汉族传统体育301项，共计997项。其中导引、武术、龙舟、射箭、摔跤、围棋、中国象棋、风筝等最为典型，它们动静结合、刚柔相济，或有严格的行气要求，或需要较高的技巧，形成了独特的中国传统体育文化。

二、中华传统体育文化的特征

“礼之用，和为贵”“天人合”“宁静致远”“清静无为”等中国传统文化，使中国古代逐渐形成了“重养生、注礼仪、轻竞技”等体育理念，也逐渐形成了以“健康长寿、伦理教化、和谐不争、文武兼备、嬉戏游乐”等为目的的中国传统体育项目，具有“内外兼修、体艺结合、循规守礼、缺乏竞技、重文轻武”的中国传统体育文化特征。

（一）内外兼修

中华传统文化主体之一的儒家文化，历来主张修身养性，并以追求圣贤理想人格为中心。注重武德、内外兼修、神形兼备的武术运动是中华传统典籍中着墨最重的传统体育文化，在整个武术运动的习练中无处不彰显出自强进取、自我修养、人格完善的传统文化精神。其尤其注重结合导引养生运动，以“修身、齐家、治国、平天下”，从而达到“内圣外王”的境界。

（二）体艺结合

中国传统体育在发展过程中始终与舞蹈音乐等艺术相结合。4500年前的彩陶盆上描绘的体育舞蹈活动场面就是传统武术与舞蹈的结合，西周时的礼射表演或比赛就是射箭与音乐的结合。纵观中国武术运动的发展，最初的武艺主要是在军事战争中形成和发展起来的，后来脱离战争而独立存在、自成体系时，它的艺术性就越来越高，如舒展大方、快速敏捷、蹿蹦跳跃的长拳，刚劲有力、动作紧俏的南拳，心静意专、呼吸自然、协调连贯的太极拳，无不追求形式与艺术的完美结合。

（三）循规守礼

“礼”是中国传统文化价值体系的中心范畴和文明的主旋律。孔子作为中国礼文化的代表，曾提出过一整套以礼为核心的学说，如“不学礼、无以立”“非礼勿视、非礼勿听、非礼勿言、非礼勿动”等，也把体育活动纳入礼的范畴。在中国古代众多的体育活动中，阶层不同，方法方式也不同。例如，西周的礼射分为“大射”“宾射”“燕射”和“乡射”，不同冠名表示不同级别的比赛，不同级别使用不同的弓、箭、箭靶和射箭时的配乐，等级分明，礼仪烦琐，各有名目。如果是上下级比赛，下级的让就是“礼”，上级若技高一筹，也要礼让三分。即使在较为激烈的比武竞技中，也只能是“点到为止”，难以看到激烈而震撼人心的场面。

（四）缺乏竞技

中国传统体育缺乏竞技特征，一方面是因为竞技性的体育项目少，多以表演、游戏的形式存在，没有全国性、综合性的体育比赛，如田猎、武舞、秋千、武术等主要是自我习练或自娱自乐。另一方面，是因为仅有的竞技性较强的项目，如蹴鞠、击鞠、摔跤等也都以娱乐助兴为主，缺乏具体、统一的规则，也与朝代更替而泯灭和传统思想文化影响有关。

（五）重文轻武

早在商代、西周时期的教育中就有射、御的内容，如春秋战国时期的孔子、荀子、墨子等思想教育家就主张教育要包含体育。然而，从秦始皇焚书坑儒开始到明朝，重文轻武、文武分途就成了长期延续的政策。直到清朝初年，少数思想家又在自家的书院中设立射御、技击、举石、超距等内容，但都没能坚持多久。纵观中国传统体育的发展，在学堂或学校教育中可以说基本没有体育的内容。这在限制中国传统体育的发展的同时，也阻碍了人的全面发展。

第三节　体育的美学价值

一、体育的竞技之美

竞技是体育的一个重要功能，竞技美是体育欣赏和体育美学中的一个重点。

（一）体育竞技的荣誉之美

任何一项体育比赛都是通过个人或集体，发挥其体格、体能、运动能力、心理、智慧等方面的潜力而进行的角逐。在各种比赛中，参赛者都是一定社会群体的代表，他们在赛场上，一要实现自我的价值，二要为所代表的群体争取荣誉。而观赏者，往往与运动员有千丝万缕的联系，不是在同一学校或单位，就是属于同一地区、民族或国家。因此，体育比赛的成败、胜负荣辱都与观赏者息息相关。

在一些重大的国际赛事上，我们常常看到，若参赛队与本民族、本国的关系密切，其竞赛级别越高，场次越关键，观赏者的心理越受到胜负的牵制，情感就越激昂。特别是当本民族或本国运动员获胜而升国旗、奏国歌时，观赏者都会同运动员一样情不自禁地热泪盈眶、激动不已，把本国运动员的胜利视为自己民族和国家的莫大荣耀，从而产生强烈的民族自豪感。每届世界杯足球赛的决赛一结束，冠军队所在的国家都会像过盛大的节日一样热闹，球迷们激情万丈、尽情狂欢，大家都在为自己国家的足球队所取得的荣誉而倍感自豪。

许多为本国家、本民族获得荣誉的运动员还会被视为民族英雄，成为年轻人学习的榜样。1988 年，安东尼·内斯蒂在汉城奥运会泳池中的惊人一胜，让全世界知道了他的祖国——苏里南。当他在男子 100 米蝶泳比赛中以百分之一秒的优势率先触壁的时候，在场的各国媒体都蒙了——谁是内斯蒂？苏里南在哪里？这个当时人口只有 40 多万的加勒比岛国在这一刻成为全世界的焦点。“我让所有人都知道了我的祖国苏里南。”在内斯蒂看来，这比金牌更值得骄傲。当然，内斯蒂也就此成为国家英雄，苏里南全国为他的历史性胜利放假一天，国际机场也被命名为安东尼·内斯蒂机场。

在我国，每每看到体育健儿在国际大赛中奋勇拼搏取得一块又一块金牌、五星红旗一次又一次冉冉升起的时候，我们总会心潮起伏、激动万分，甚至流下激动的眼泪。在第 23 届奥运会上，中国体育健儿实现了我国奥运金牌“零”的突破，洗尽了“东亚病夫”的耻辱，迎来了“东方巨人”的美称，全国人民无不为之欢欣鼓舞。海外侨胞也深受感染，他们把祖国体育健儿夺得金牌看成中华民族的光荣、炎黄子孙的骄傲。20 世纪八九十年代，中国女排在世界大赛中多次夺冠，给全中国人民带来了无上荣耀，每逢中国女排比赛时，全国亿万观众都会围坐在电视前或收音机旁，目睹或倾听中国女排给大家带来的惊喜与振奋，特别是女排姑娘们的“拼搏精神”感召无数有志青年投身到了繁荣祖国、振兴中华的建设之中。2008 年，在第 29 届北京奥林匹克运动会上，我国体育代表团首次取得金牌总数第一的优异成绩，全国人民激情澎湃，爱国热情空前高涨，大家无不为自己是一个中国人而感到自豪。

（二）体育竞技的技术之美

通过观看体育比赛，观众可以观赏到运动员所展现出来的准确、干净、利落、新颖、洒脱的技术动作，得到美的享受。一些著名运动员所表现出的高超绝技，更使人心旷神怡。例如，NBA 巨星乔丹、科比出神入化的投篮表演；绿茵场上，贝利、马拉多纳、罗纳尔多、梅西等著名足球巨星们令人眼花缭乱的过人动作；田径场上，刘翔协调流畅的跨栏技术；跳台上，郭晶晶梦幻般的跳水技巧等。

体育竞技的技术之美则体现了人类的聪明才智，体现了人类团结协作的人际关系。在高水平的比赛中，我们经常会看到著名球队队员之间令人目不暇接的绝妙配合，还有球队变化莫测的战术组合，这些带给我们一种整体的美。例如，足球比赛中的“二过一”配合，篮球比赛中的传切配合，排球中的“背溜”等。

在紧张激烈、生动活泼、积极拼搏、勇于进取的氛围中，体育竞技不仅能给我们的生活创造美的意境，还激励观赏者热爱生活、追求美好生活。

除了竞技体育的荣誉之美、技术之美外，体育竞技中还蕴含着悬念之美、突破极限之美、形体美、动作美，等等。

二、体育的人性之美

体育的人性之美通常是指在运动中体现出的思想觉悟、意志品质、道德修养等。我们在欣赏体育竞技之美的同时，总会被闪耀在体育之中的人性光辉所感动。

（一）人性越真实就越接近体育精神，越能展现出体育魅力

在第 29 届北京奥运会上，德国队 33 岁的体操妈妈丘索维金娜已是第 5 次参加奥运会，而她选择复出继续拼搏的原因很简单——钱，因为她患有白血病的儿子需要医药费，儿子成了她拼搏的最大动力。她以一个母亲的名义战斗在赛场上，母爱引爆了她所有的能量。

同样是 33 岁的冼东妹，在国家需要她的时候，撇下不到一岁的儿子，毅然选择了复出，踏上了北京奥运会的征程。在夺冠的那一刻，她哭了，她说了一句让人感动的话："女儿，妈妈一年多不在你身边，以后会好好补偿你。"这是一位母亲的愧疚。

在雅典奥运会最后一轮打错靶痛失金牌的美国名将埃蒙斯，在北京奥运会最后一轮再次失误，错失金牌。事后，这位名将在自己的妻子、北京奥运会首金获得者卡特琳娜的怀中，像个孩子似的哭泣起来。卡特琳娜一边安慰丈夫，一边给他擦去泪水，这一幕让人不得不感叹命运的无常、爱情的无价。

在北京奥运会上勇夺 8 金、创造奇迹的美国著名游泳运动员菲尔普斯每次比赛结束浮出水面后的第一个动作是望向看台，他在寻找他的妈妈。而他们之间的交流也只有简单的三个字：我爱你。原来支撑奇迹的是一个伟大的女人：母亲。

人性越真实，越接近体育精神，越能展现出体育的魅力，必有一种亲情因真实而永恒。当我们把奥运健儿还原成母亲、还原成父亲、还原成爱人、还原成儿女、还原成兄弟姐妹……运动员们的体育人生，就更加感人。体育竞技舞台与人生舞台相通，运动员的可亲与可爱，就会离我们更近。从这个意义上说，奥运奖牌无价，但亲情更无价，由亲情展示出的人性最无价。

（二）体育是对人性回归的一种召唤

在经济萧条时期，美国某个工业城市的街区，由于生活压力和社会矛盾，街区上的青年经常游离于社会的边缘，当地的犯罪率很高，不良少年随处可见。后来在当地教会的倡导下，许多有体育运动经历的义工在学校和社区中开设了免费的体育培训、指导服务机构，街区和学校间也经常举办一些体育比赛。经过一段时间的努力，喜爱运动的年轻人群体增多了，各种比赛让人们能够公平公开地竞争并展现自己。随之而来的是，街区的治安好转了许多，那些曾经彷徨的青年重新找回了生活的信心和人生的目标。

体育，特别是竞技体育，在很多人的印象里，是成功或者失败，是鲜花或者唾弃，是刻苦训练、顽强拼搏的过程。但事实上，体育更是体现人性的舞台——爱、选择、放弃、宽容、理解，把这些串起来，便是任何人都会经历的成长过程。当我们仅仅把目光对准耀眼的明星、对准成功的瞬间时，人性的一面往往会被忽略。

1988 年第 24 届奥运会上，加拿大帆船运动员勒米厄在小组比赛中领先居第二位时，毅然停止了比赛去抢救一名落水的新加坡运动员，而使自己的名次落到了第 21 位，为了表彰他的

高尚行为，萨马兰奇授予他一枚奖章，裁判员也将他的名次提到小组第二名，勒米厄的行为体现了友谊重于成绩的高尚人性美。

1988 年 5 月在联邦德国发生的一件事，被人们传为佳话：在一次全国联赛中，不来梅队的弗兰克·奥登维茨在本方禁区内出手球，裁判员没有发现，因而判科隆队罚角球，科隆队当时提出异议。裁判员问奥登维茨是否手球违例了，他痛快地承认的确犯规了，结果科隆队靠罚这个角球赢了这场比赛。奥登维茨的一些队友抱怨他“太傻”，但是他的诚实态度却受到了广大运动员和球迷的赞赏。国际足联把 1988 年的“最高风格奖”授给了奥登维茨，而奥登维茨把这笔高达 3.3 万美元的奖金作为一份圣诞礼物献给了残疾人和孤儿。奥登维茨对记者说，今后球场上遇到类似情况，我还要当“傻子”。奥登维茨的高尚品质鲜明地体现了人的良知。

（三）体育让人性光辉灿烂耀眼

“更快、更高、更强”是奥林匹克永恒的主题，但是在体育比赛中赢得喝彩的远不只是最快者、最高者、最强者。独揽 8 金是英雄，拖着流血的腿走到天黑更是英雄；勇夺金牌的“黑马”是英雄，承受重压而坚持前行的老将更是英雄。人类永远需要英雄，当我们的奥林匹克英雄们欢呼、流泪甚至流血的时候，人类精神王国的理想主义在闪光。

约翰·阿赫瓦里的名字已经被铭记了 40 年，这个来自东非坦桑尼亚的马拉松运动员说出了奥运史上最感人肺腑的话语：“我的祖国从 7000 英里远的地方把我送到这里，不是让我开始比赛的，而是让我完成比赛。”1968 年，在高原墨西哥城，当不少感到头晕目眩的人开始退出马拉松赛的时候，30 岁的阿赫瓦里还在坚持；腹部痉挛和极度缺氧的时候，他还在坚持；右腿重伤鲜血直流的时候，他还在坚持；教练劝他甚至强迫他放弃的时候，他还在坚持；暮色降临，赛道上只剩下他一个人和一丝微弱的摄影机光线的时候，他还在坚持，直到体育场的大门重新为他打开。当他走过早已拆掉的终点大门的时候，在场为数不多的人发出响彻体育场的掌声，那个缠着被鲜血染红的绷带在夜幕下一瘸一拐独自行走的身影被永远记录在奥林匹克的影像史里，成为其中最催人泪下又最振奋人心的一幕。

德里克·雷德蒙德，一名英国的田径运动员，他甚至没有机会出现在决赛场上。1992 年巴塞罗那奥运会男子 400 米半决赛，刚刚跑过 250 米，他的腿伤复发，右腿肌肉撕裂，重重摔倒在跑道上。对手一个一个从他身边跑过，救护人员跑上来，想把他抬上担架。动过 5 次手术终于站到奥运会赛场上，他绝不甘心就这样结束。他哭喊着推开救护人员，爬起来一跳一跳地奔向终点，泪水和汗水流在一起，砸在跑道上。

同样的感动也来自中国的年轻人。那是一个感动都灵的夜晚，当张丹擦去眼泪重新站到冰场上的时候，热烈持久的掌声几乎要把冰场融化。在那之前几分钟，她和搭档张昊在挑战从未有人在奥运会上完成过的抛四周跳时出现失误，张丹的膝盖重重地磕在冰面上，瞬间难以站立。就当人们以为这对新星参加的第一次奥运会项目将就此戛然而止的时候，张丹又回来了。这个瘦弱的小姑娘忍着剧痛，带着泪痕和搭档坚持完成了一连串跳跃、旋转、托举。2006 年冬奥会花样滑冰双人滑比赛，因为这对中国年轻人而在美丽之外平添了一份感动。那枚银牌，在冰面上闪耀出的光芒不亚于任何一枚金牌。

在五环旗下，英雄可以用任何一种方式来展现。

“奥运会的真正意义在于参与而非获胜，正如人生的真谛，不在于征服他人，而在于自我的努力和奋斗。”现代奥林匹克之父、法国人顾拜旦在转述一位大主教的话时这样说道。这就是“重在参与”的奥林匹克精神。

著名女子花剑运动员栾菊杰曾在1984年洛杉矶奥运会上为中国赢得第一枚击剑金牌。如今，50岁“高龄”的她重披战袍，以教练员和运动员的双重身份出征北京奥运会。当被问及年过半百，“挥剑出山”的缘由时，这位已是三个孩子的母亲表示，她的理由就是“祖国办奥运，她一定要回”。在64强战中，栾菊杰以13比9战胜了比自己小30岁的突尼斯选手后，她扬出一面写有“祖国好”的红色旗帜。那一刻，她的眼中充满了泪水，全场为之动容。“24年了，一切是祖国给我的，我的心一直和祖国连在一起。比赛现场，当那么多人高喊我的名字时，我的心情真是无法用语言来描述。我用这种方式表示我的感谢，这是我的心声。”

体育中所闪耀的人性光辉，使得体育具有更深层意义上的美。

三、体育的艺术之美

体育不断趋向于艺术，广泛地说，是指它的总体技能达到了出神入化的境界；狭义地说，则是指表现项目所呈现出的那种对姿态美和意境美的追求，如韵律操、花样滑冰、艺术体操、中华武术等，为体育活动增添了动人的艺术魅力，使观众赏心悦目。

（一）体育蕴含着艺术

在原始社会，萌芽状态的体育与原始艺术（舞蹈、音乐）是混在一起的，体育伴随着生产劳动、战斗和巫术礼仪活动。在很长的一个时期里，劳动与体育、舞蹈、音乐之间没有明显的界线。原始人的舞蹈与它们的生产斗争和生活实践有着直接的联系。在狩猎时代的舞蹈总是反映人和动物的关系，狩猎者要再现他们捕获猎物的情景时，就模仿着动物的各种动作和人类劳动生产过程，从而创造了狩猎人的舞蹈，如爱斯基摩人捕捉海豹的舞蹈。我国文献中记载的摔跤运动、人带着牛角相抵的角抵戏、古代“熊经鸟伸”的导引术以及后汉华佗的“五禽戏”等，可以说既是舞蹈又是体育，既是模仿动物形态动作用于表演、娱乐，也是健身的医疗体育。体育与艺术的紧密结合，突出地表现在古希腊的奥林匹克赛会上，古代奥运会既是竞技场也是艺术联盟会。在这里，不仅可以看到在音乐伴奏下竞技者的角逐，还可以看到歌颂优秀竞技的艺术珍品，这些都证明体育和艺术一直是不可分的。在体育运动中，体育与艺术相互交叉渗透，相得益彰。

（二）用艺术的眼光从不同角度欣赏体育

人们对体育的审美需要日益增长，在一些艺术性较强的项目中（如艺术体操、冰上芭蕾、花样游泳等），要想压倒对手、夺取冠军，不仅要动作新颖，难度高，而且要求运动员具有优美的姿势和对音乐的理解。

诸多体育赛事，常常给人美不胜收的感觉。在田径场上，运动员矫健的身姿，体现的是青春、力量和速度，就是精美的雕塑也难以再现这种运动之美和艺术之美。艺术体操展示的是灵动的美、飘逸的美，这种美接近于舞蹈美。在美妙的音乐中，运动员手持绳、球、棒、带等轻器械，以各种舞步、翻转、波浪、平衡、腾越、屈体、旋转等人体动作，组成流动、变幻的画面，如彩蝶飞舞，如流水潺潺，飞扬着一片美的神采，洋溢着一片美的气息。其实，体育运动中的艺术体操、花样游泳等项目，糅进了不少舞蹈动作，使运动更富韵律和节奏。至于人们最看好的球类比赛，不用说，更像一出情节紧张的戏剧：有强烈的冲突，有多变的剧情，波澜起伏、高潮迭起，有完整的结尾。看一场精彩的球赛得到的快感和享受，就像看了一出精彩的大戏。

当年，现代奥运会之父顾拜旦创立现代奥运会的时候，确立“更快、更高、更强”的原则，挑战的是人类超越自身极限的能力。在顾拜旦的“三更”中，并没有“更美”的要求，但是，现在看来，奥运会在展示“三更”的同时，无不在展示“更美”这个更像对艺术要求的宗旨。奥运赛事体现出的力量、速度和对抗，都极具美感，这种美感又是用人体来展示的。就是说，活生生的人的身体，是艺术美的载体。健壮的肌肉、匀称的体型、完美的肤色，都彰显了人体的艺术美。

体育是力量的角逐，是智慧的较量，是健美的展示，它的精神意义和崇高境界正是现代社会所提倡和弘扬的。艺术是心灵的跳跃，是情感的流淌，是和谐的体验，它特有的魅力滋润着人类的心灵，为人类提供了一个多姿多彩、令人心驰神往的世界。艺术和体育宛如同胞姐妹，让艺术走进体育，艺术特有的感染力会使体育具有更神奇的魅力。

四、不同项目欣赏指南

任何运动项目的竞赛，都要评定成绩，决出胜负，排列名次。下面我们就按评定运动成绩和名次的方法对体育项目进行一些归类，以便更好地欣赏。

（一）测速类

它是以时间的长短来评定比赛成绩和名次的。例如，田径比赛中的径赛项目，以及游泳、自行车、赛艇、速度滑冰、汽车及摩托车拉力赛等，时间越短，成绩越好。

（二）测距类

它是以高度和远度来评定成绩和名次的。例如，田径运动的田赛项目（跳高、跳远、铅球、铁饼、标枪等）、跳台滑雪等运动项目都是以测距离的方法来评定成绩和名次的。

测速和测距类是奥运会比赛中金牌最多的运动项目。观赏这类运动项目的比赛，主要是看运动员的运动能力发挥得如何。以田径项目为例，观赏的内容有：第一，看运动员的速度、力量和耐力等身体素质水平如何；第二，看运动员的动作是否有节奏，技术是否合理；第三，看运动员的动作是否具有美的韵味和风格；第四，看运动员的意志品质。

（三）计量类

这类竞赛最典型的项目是举重。举重是按运动员的体重级别，以每个运动员在本级别中所举起的重量大小来评定成绩和名次的。如果两个运动员所举的重量相等，则体重轻者名次列前。观赏举重比赛的内容有：第一，看运动员如何根据自身的体重举起最大重量；第二，看运动员的动作是否连贯、协调；第三，看运动员的用力是否经济、省力、快速。射击和射箭的比赛是以命中环数多少来评定成绩和名次的。观赏这两项比赛，主要看运动员是否在复杂的条件下沉着、镇静，是否有能承受和抵抗各种干扰的心理素质。

（四）计分类

它主要是以比赛得分多少来评定成绩和名次的，如篮球、排球、足球、乒乓球、手球、羽毛球、网球、棒球、垒球、曲棍球、水球、冰球等，得分高者为胜方，反之则为负方。如果双方在规定的比赛时间内得分相等，不分胜负，有的要打加时赛、附加赛或最后还要罚点球等决胜负。这类运动项目的比赛没有绝对纪录，而是在双方对垒较量中决出胜负的，所以这类运动项目的比赛（以篮球赛为例）观赏的内容有：第一，看全队运动员之间是否能巧妙地组织配合；第二，看全队的整场战术思想；第三，看运动员个人的精湛技艺和战术意识；第四，看运动队的赛风是否具有胜不骄、败不馁的风格；第五，看运动队中“灵魂”人物的作用及球星的“绝招”，他们在极其复杂的对抗中，是否表现出高超的技艺，展现超群的能力。

拳击、摔跤、击剑等运动项目也属于计分类，但各有不同。如拳击比赛，按规则规定，用拳套有力击中对方的有效打击部位（头部发迹的前面，腰带以上的身体正面及前侧面），击中对方或使之倒地；阻击或躲过对方的攻击，使对方的攻击落空；有优良技术、战术；良好的战斗作风等，这些均可得分。

（五）评分类

它是以裁判员在现场对运动员的技术进行评分排列名次的，如竞技体操、艺术体操、花样滑冰、跳水、花样游泳、健美运动、健美操、武术等。这些运动项目的比赛，一般采用几位裁判员同时评分。为了使评分公正准确，对几个裁判员的评分采取去掉一个最高分和一个最低分，取中间几个裁判员评分数的平均值来决定运动员的最后得分。

评分类几乎包括艺术性较强的全部运动项目，其比赛是运动员事先编排好一套动作，在正式比赛时尽可能将整套动作完美无缺地重复一遍，力争获得尽可能高的分数。

欣赏这类比赛，首先看运动员技术动作的难度和幅度，是否舒展大方、协调、连贯及落地稳定；其次看翻腾、跳跃、平衡静止动作的体态、造型是否优美，动作是否独创，力度是否大等；最后看运动员表演时配乐是否协调，节奏是否和谐。

第六章

航空体能训练

第一节　力量素质训练

力量是进行一切体育活动的基础。力量素质是人体最基本的身体素质，我们所进行的各种体育活动都是由作为主动运动器官的肌肉以不同的负荷强度、收缩速度进行工作，带动被动运动器官骨骼的移动来完成的。力量素质在运动训练实践过程中，往往作为判断某些专项运动潜力的一种手段，也是一些体能型运动项目选材的依据。

一、最大肌肉力量测试深蹲

深蹲是一个重要的多关节训练方法，是几乎所有运动项目的运动员都需要进行测试的基本力量指标。深蹲主要用力是依靠下肢肌群，但同时要求身体核心区域肌肉的稳定支撑，属于结构性力量，反映了运动员最基础的下肢力量的大小。

测试设备：标准杠铃 1 套（最小配重为 2.5 kg）、稳定的深蹲架 1 套、安全的测试环境。

测试流程：

（1）测试者首先进行中等负荷的 5 ~ 10 次深蹲准备活动。

（2）在正式进行测试前还要进行 2 组较大负荷的深蹲准备活动。

（3）测试者选择一个合适的重量正式开始测试，将杠铃平稳地放于背部（斜方肌），双手握住杠铃杆，调整握距；两手距杠铃中心等长，两腿分开，略宽于臀，两脚向前或稍向外打开。做动作过程中始终保持双脚的稳定支撑。

（4）头稍稍上抬，后背挺直，弯曲双腿往下蹲，膝盖不能超过脚尖，直到大腿与地面平行，杠铃两端需要有经验的测试人员进行保护。

（5）测试者按照标准技术能够举起杠铃，休息 3 ~ 5 min 后增加配重进行下一次试举。每次增加的最小重量为 2.5 kg，直到测试者无法举起杠铃为止。测试者最后成功举起的重量为测试结果。

二、提升力量素质训练方法

（一）上肢力量训练

1. 正握引体向上

作用：主要锻炼三角肌前束、肱二头肌、胸大肌、背阔肌、前臂肌群等。

动作要领：两手正握单杠，握距略宽于肩，两脚离地，手臂伸直，使身体自然下垂。背阔肌收缩，挺胸，屈臂，向上引体。当下颌超过杠面上缘时稍做停顿。恢复直臂悬垂，重复动作。见图 6-1。

图 6-1　正握引体向上

2. 杠铃卧推

作用：主要发展胸大肌和上肢伸肌肌群的力量。

动作要领：仰卧在卧推架上，两手正握杠铃杆，握距略宽于肩，两臂伸直，举杠铃于胸前并下放至胸部，同时两肘外展，把杠铃推起时尽量使用肱三头肌力量，并反复练习。见图 6-2。

图 6-2　杠铃卧推

3. 双杠臂屈伸

作用：主要发展胸肌、肱三头肌和三角肌力量，兼练背阔肌、斜方肌等。

动作要领：双手紧抓住双杠，交叉双腿，双臂锁紧，使身体离地；身体下降，直至肘部与双杠平齐，双腿必须保持离地状态；最后回到最开始的位置，并反复练习。见图 6-3。

图 6-3　双杠臂屈伸

4. 跪姿俯卧撑

作用：主要锻炼胸大肌、三角肌前束、肱三头肌等。

动作要领：受试者两膝跪于垫上，小腿后屈交叉，腰背平直，肩、腰、大腿在一条直线上，两臂自然伸直并垂直撑于垫上，向下屈肘至上臂与地面平行；然后，两臂伸直向上撑起，将身体撑回起始位置。见图 6-4。

图 6-4　跪姿俯卧撑

5. 杠铃快挺

作用：增强上肢和肩部肌群力量，发展快速力量素质。

动作要领：两脚左右开立且与肩同宽，屈膝半蹲，两手正握杠铃杆；伸膝，展髋，迅速将杠铃提拉至锁骨附近；两脚前后跳开的同时，向上挺举杠铃至两臂完全伸直；两脚跳合时，两臂收回，上臂与前臂完全折叠。见图 6-5。

图 6-5　杠铃快挺

6. 双手前抛实心球

作用：增强上下肢和腰腹肌群的力量，提高快速协调用力的能力，发展全身力量。

动作要领：两手十指自然分开，两拇指紧扣在球的后上部，呈八字形；两手的其余四指分别放在球的两侧，夹持球；两掌均匀包球以保持球的稳定，持球于体前；面向投掷方向，两脚前后开立，站在投掷线后（不能触线）；两脚前后距离约一脚长，左右距离与肩同宽；重心落于两脚之间，目视前上方；两手持球经体前至头后上方直臂举起，挺髋，上体后仰，身体重心落在后脚上；两肩打开，身体形成反弓，同时吸气；利用两脚蹬地、收腹、挥臂的力量将球用力向前上方（斜上方 45°角）掷出。由下向上发力，动作连贯，一气呵成。

7. 仰卧颈后臂屈伸

作用：主要发展肱三头肌力量。

动作要领：仰卧，头伸出练习凳端数厘米，两手分开 30 cm，反握杠铃，举在胸前；然后屈肘把杠铃慢慢放下，降至练习凳端；再伸肘把杠铃举回胸前，反复进行。此练习法也可用哑铃进行。见图 6-6。

图 6-6　仰卧颈后臂屈伸

8. 弯　举

作用：主要发展肱二头肌、肱肌、肌桡肌等力量。

动作要领：身体直立，反握杠铃，握距同肩宽，屈前臂将杠铃举至胸前。可坐着练习，可用哑铃等器械练习，也可在综合练习器上进行手持杠铃或哑铃的练习。此外，还可采用仰卧弯举、肘固定弯举、斜板哑铃弯举进行练习。见图 6-7。

图 6-7　弯举

9. 旋腕练习

作用：主要发展前臂屈手肌群和伸手肌群力量。

动作要领：身体直立，两臂前平举，反握或正握横杠，用屈腕和伸腕力量卷起重物，反复练习。见图 6-8。

图 6-8　旋腕练习

10. 两臂侧摆

作用：主要发展三角肌侧部力量。

动作要领：两臂分开成站立姿势，两手持哑铃同时向一侧举起成“拉弓”姿势，放下后随即向另一侧举起，交替进行。练习时掌心始终朝下，动作连续，速度较慢。见图 6-9。

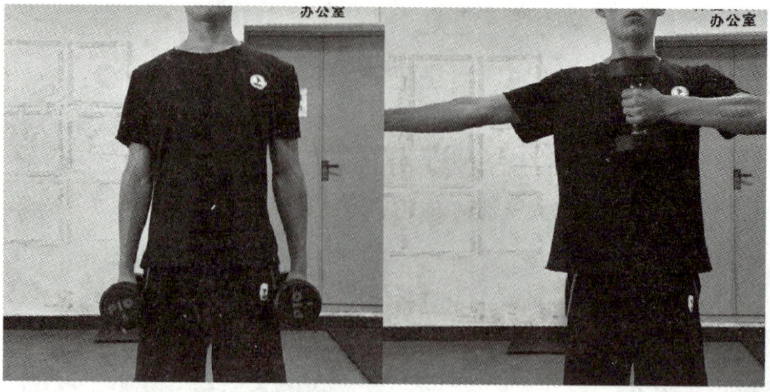

图 6-9　两臂侧摆

11. 推小车

作用：主要发展肩带肌群力量。

动作要领：练习者直臂俯撑，身体挺直，同伴握其双踝抬起他的身体，快速用双手着地向前爬行，行走 15 ~ 20 米为一组；也可攀台阶，20 ~ 30 级为一组。见图 6-10。

图 6-10　推小车

12. 斜上推举

作用：主要发展三角肌前部、肱三头肌、胸大肌、前锯肌力量。

动作要领：前后（或左右）分腿站立，双手比肩宽握杠铃，举起杠铃置于胸前，连续向斜上方快速推举。要求斜上推举时两臂与上体夹角约为 135°，每组练习 8 ~ 10 次，练习时两脚不得离开地面。也可用哑铃进行练习。见图 6-11。

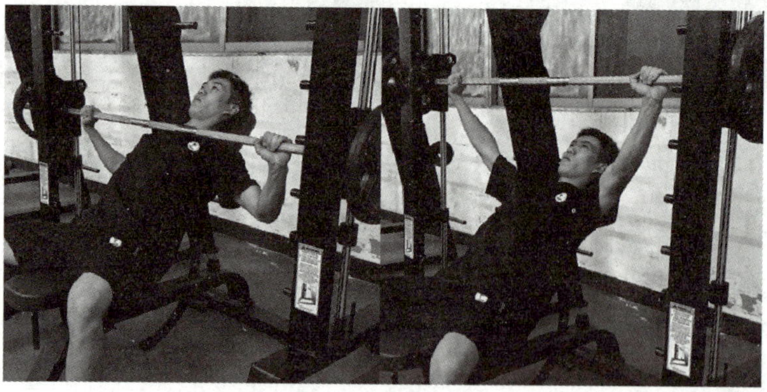

图 6-11　斜上推举

（二）腰背部力量训练

1. 俯身提拉

作用：主要发展背阔肌、大圆肌、菱形肌、三角肌后部力量。

动作要领：俯身双手握住杠铃杆，掌心向下，握距略比肩宽，将杠铃拉起，放在大腿前部；屈髋使上体接近与地面平行，挺胸，眼睛注视前下方。伸臂将杠铃缓慢放回开始位置。重复练习。见图 6-12。

图 6-12　俯身提拉

2. 颈后宽引体向上

作用：主要发展背阔肌、斜方肌、冈下肌、小圆肌、大圆肌、肱二头肌、肱肌力量。

动作要领：宽握距整握横杠悬空，然后迅速将身体拉起，直到颈背部高过横杠。反复练习。见图 6-13。

图 6-13　颈后宽引体向上

3. 坐姿下拉

作用：主要发展背阔肌上侧和外侧力量。

动作要领：坐在拉背器后固定座位，两手握住横杠两侧手把，将横杠垂直拉下至肩部位置，停止 3 秒，然后慢慢（控制住）还原。练习 3 组，每组 12 ~ 15 个，重量以自身最大重量的 60%为好。见图 6-14。

图 6-14　坐姿下拉

4. 俯立划船

作用：主要发展背阔肌上、中部以及斜方肌、三角肌力量。

动作要领：上体前屈 90°，抬头，正握杠铃；然后两臂以垂直姿势开始，屈臂将杠铃拉近小腹后还原，再重新开始。上拉时应注意肘靠近体侧，上体固定，不屈腕。为了减轻腰部负担，也可将前额顶在山羊或鞍马上进行练习。可采用各种握距练习，也可采用壶铃、哑铃、杠铃片等器械练习。见图 6-15。

图 6-15　俯立划船

5. 双臂下拉

作用：主要发展背阔肌力量。

动作要领：两手以中等宽度握住拉力器把，坐在拉力器正下方向下拉，使胸下部碰到拉力器把，同时挺胸。练习时上体不要后仰，还原后重新开始。见图 6-16。

图 6-16　双臂下拉

6. 负重弓身

作用：主要发展骶棘肌、斜方肌、臀大肌、股二头肌、半腱肌、半膜肌、大收肌力量。

动作要领：两臂持杠铃于颈后，两腿开立约与肩宽，身体直立，腰和腿收紧，上体慢慢前屈，臀部后移（像鞠躬动作），使上体呈水平状态，然后向上挺直身体。可做直腿或屈腿弓身，也可坐在凳上做弓身。见图 6-17。

图 6-17　负重弓身

7. 俯卧两头起

作用：主要发展伸展躯干和伸髋的肌肉力量。

动作要领：俯卧在垫子或长凳上，两臂前伸，两腿并拢伸直；两臂和两腿同时向上抬起，腹部与坐垫成背弓；随后积极还原，连续练习，15 ~ 20 次为一组。见图 6-18。

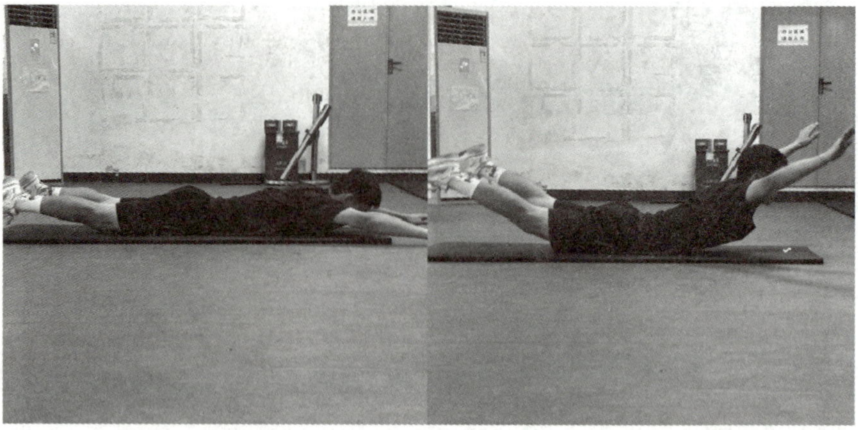

图 6-18　俯卧两头起

（三）胸部力量训练

1. 俯卧撑

作用：主要发展胸大肌、肱三头肌、三角肌及前锯肌力量。

动作要领：俯撑在平地上或俯卧架上，两臂间隔同肩宽；然后屈臂使身体下降至最低限度，再伸直两臂将身体撑起，伸臂时两肘夹紧，身体始终挺直上下。可用头高脚低、脚高头低或背上负重三种姿势进行，两手可用宽中窄三种距离支撑。见图 6-19。

图 6-19　俯卧撑

2. 俯卧撑推起击掌

作用：主要发展胸大肌、肱三头肌、三角肌、前锯肌力量，上肢与躯干协调用力。

动作要领：俯卧，两臂伸直撑地，身体保持挺直。屈臂时，胸部接近地面。然后两手快速推离地面，要求击掌一次，缓冲落地。反复练习。见图 6-20。

图 6-20　俯卧撑推起击掌

3. 仰卧扩胸

作用：主要发展胸大肌、三角肌、前锯肌力量。

动作要领：仰卧在练习凳上，两手各持一哑铃做向体侧放低与上举动作。放低时可稍屈肘，充分扩胸，上举时臂伸直。可采用不同斜度练习，也可用杠铃片做此动作。见图 6-21。

图 6-21　仰卧扩胸

4. 直臂扩胸

作用：向前主要发展胸大肌、三角肌前部、前锯肌力量，向后主要发展背阔肌、三角肌后部、斜方肌力量。

动作要领：身体直立，两手各持一个哑铃或杠铃片，先直臂向胸前与肩关节成水平位置举起，然后直臂向两侧充分扩胸，还原后反复练习。见图 6-22。

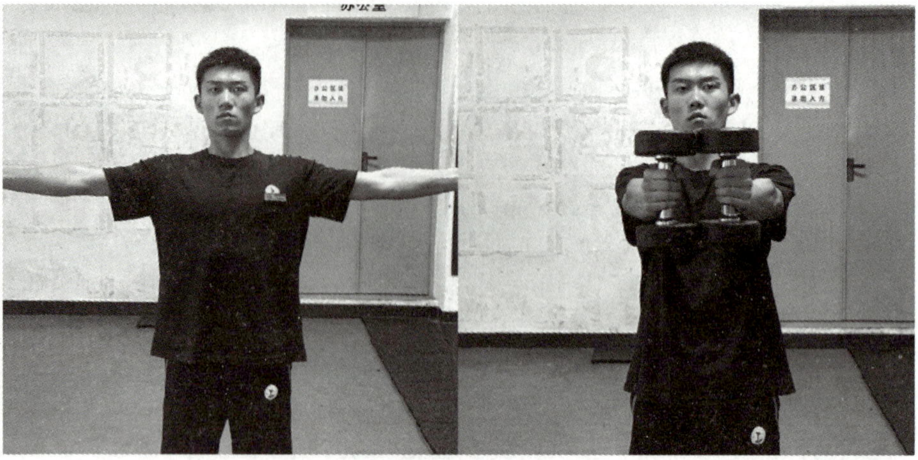

图 6-22　直臂扩胸

5. 直臂侧下压

作用：主要发展胸大肌、背阔肌力量。

动作要领：两臂侧上举各握住一拉力器，然后用胸大肌和背阔肌力量做直臂侧下压，反复练习。也可做侧卧直臂下压练习。见图 6-23。

图 6-23　直臂侧下压

（四）腹部力量训练

1. 仰卧起坐

作用：主要发展腹直肌、髂腰肌力量。

动作要领：仰卧凳上或斜板上，两足固定，两手抱头；然后屈上体坐起，再还原，反复进行。也可两手于颈后持杠铃片或其他重物负重练习。见图 6-24。

图 6-24　仰卧起坐

2. 屈膝举腿

作用：主要发展腹直肌下部力量。

动作要领：屈膝，两踝交叉，两掌心朝下放在臀侧，仰卧垫上；然后朝胸的方向举腿，直到两膝收至胸上方，还原后重新开始。见图 6-25。

图 6-25　屈膝举腿

3. 仰卧收腹举腿

作用：主要锻炼腹直肌、股四头肌、髂腰肌等。

动作要领：仰卧于体操垫上，两腿伸直并拢，绷脚尖；两臂上举，两手抓住配手的脚踝；收腹，两腿自然伸直上举至与地面垂直，两脚脚背触及配手的手掌；两腿下落时自然伸直，两脚要悬空约 10 cm，不能触地。见图 6-26。

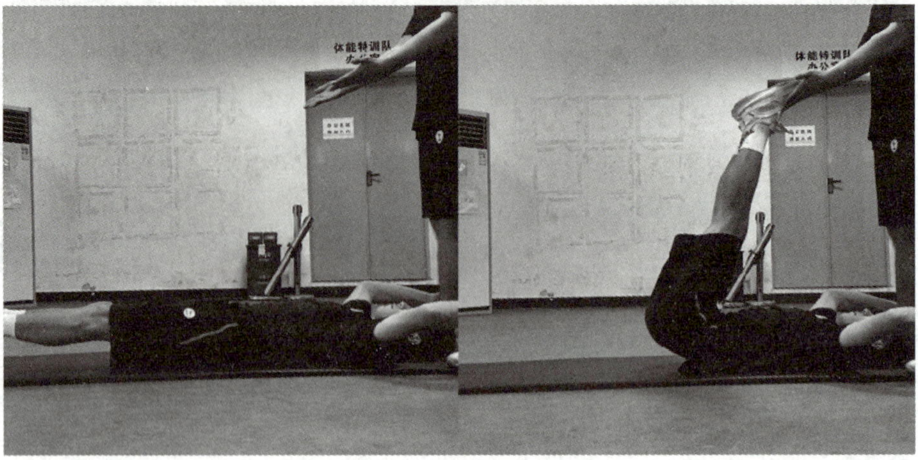

图 6-26　仰卧收腹举腿

4. 举腿绕环

作用：主要发展腹直肌、腹内外斜肌力量。

动作要领：背靠肋木，两手上举正握肋木悬垂，两腿并拢，向左右两侧轮换举腿绕环，反复进行。练习时绕环幅度要大，腿尽力举高。见图 6-27。

图 6-27　举腿绕环

5. 仰卧两头起

作用：主要发展腹直肌、髂腰肌力量。

动作要领：仰卧在垫子上，身体保持挺直，两臂和两腿同时上举至体前方，手触脚背后还原，连续做 15 ~ 20 次/组。还可增加难度，腿部和背部下放时不触垫子，距垫子 5 cm 左右开始第二次练习。见图 6-28。

图 6-28 仰卧两头起

（五）腿部力量训练

1. 立定三级蛙跳

作用：发展股四头肌和臀大肌的力量，提高下肢爆发力和弹跳力。

动作要领：两脚左右开立，间距比肩稍宽；两臂向前上方摆动时，两腿伸直，脚跟稍抬起；两臂后摆时，屈膝降低身体重心，上体稍前倾。准备起跳时，加大两臂后摆幅度和两腿屈膝程度，身体重心落在两脚前脚掌之间。随着两臂有力地向前上方摆动，两腿快速用力蹬地，使身体向前上方腾起。落地缓冲再起跳，两臂自前上方向前下方用力摆动的同时，收腹举腿，脚跟先着地，屈膝缓冲，两臂前摆，身体重心落在脚的着地点之后；两臂迅速后摆，带动身体重心上提并快速前移到前脚掌之间。随着两臂有力地向前上方摆动，两腿快速用力蹬地，再次完成起跳。第三次起跳落空后，两臂自前上方向前下方用力摆动的同时，收腹举腿，两腿前伸，脚跟先着地，屈膝缓冲，身体重心迅速移过脚的着地点：两臂前伸，以维持身体平衡。见图 6-29。

图 6-29 立定三级蛙跳

2. 立定跳远

作用：提高人体核心爆发力、下肢快速爆发力和弹跳力。

动作要领：两脚左右开立，间距比肩稍宽，脚尖正对前方。两臂向前上方摆动时，两腿伸直，脚跟抬起；两臂后摆时，屈膝降低身体重心，上体稍前倾。两臂由后向前向上迅速摆动，同时两腿在摆臂前摆的瞬间快速蹬地起跳，挺胸展腹，髋关节、膝关节、踝关节充分伸展。当身体重心到达腾空最高点之后，两臂由上向后摆动，同时两腿自然屈膝，做收腹运动。上下肢自然协调配合。落地缓冲时，两臂自前上方向前下方用力摆动的同时，大腿带动小腿做主动伸膝动作（两腿前伸），脚跟先着地；然后迅速过渡到全脚掌着地，随后屈膝缓冲，以维持身体平衡。见图 6-30。

图 6-30　立定跳远

3. 杠铃硬拉

作用：增强臀大肌和背部肌群力量，提高抗阻能力，发展最大力量素质。

动作要领：站在六角杠铃中央，两脚左右开立且与肩同宽，脚尖正对前方，屈膝，屈髋，腰背部收紧，抬头挺胸，上体正直，目视前方，两臂自然下垂，两手正握杠铃杆。上拉时，两腿蹬地，膝关节伸直，腰背部收紧，身体直立，两臂始终保持完全伸直状态。下放时，腰背部收紧，屈膝，屈髋，下放至杠铃片接触地面。见图 6-31。

图 6-31　杠铃硬拉

4. 半蹲

作用：发展伸膝肌群力量与躯干支撑力量，特别是股四头肌的外、内侧肌，股后肌群和小腿三头肌。

动作要领：正握杠铃于颈后肩上，挺胸别腰，屈膝下蹲近水平位置时，随即伸腿起立。

此练习也可采用坐蹲方式进行。见图 6-32。

图 6-32　半蹲

5. 纵　跳

作用：主要发展伸膝和屈足肌群力量及弹跳力。

动作要领：半蹲姿势，两脚蹬地起跳，两臂上摆，腿充分蹬伸，头向上顶，缓冲落地后继续做，每组连续练习 10 ~ 15 次为宜。动作要求协调，也可悬挂或标出高度目标，以两手触摸标志线或物体进行练习。见图 6-33。

图 6-33　纵跳

6. 蛙　跳

作用：主要发展下肢爆发力及协调用力能力。

动作要领：全蹲，两脚蹬地，腿蹬直向前上方跳起，腾空后挺胸收腹，快速屈腿前摆，以双脚掌落地后不停顿地连续做，以 5 ~ 10 次为一组。动作中要求迅速起跳，身体充分伸展开，可先不要求远度，然后逐渐增加远度要求。见图 6-34。

图 6-34　蛙跳

7. 弓箭步跳

作用：主要发展股四头肌、股二头肌、小腿三头肌、屈足肌群力量及弹跳力。

动作要领：肩负杠铃成弓箭步，向上跳起两脚同时交换，落地成弓箭步。连续练习。见图 6-35。

图 6-35　弓箭步跳

8. 负重蹲跳

作用：主要发展伸大腿和屈足肌群力量，提高弹跳力。

动作要领：肩负杠铃，屈膝半蹲后，迅速伸髋、蹬腿，展体起踵做起跳动作。起跳时，杠铃固定，保持挺胸、紧腰、抬头、直体，落地屈膝缓冲。也可用壶铃做，两腿站立与肩宽，屈膝直臂持壶铃做蹲跳动作。见图 6-36。

图 6-36　负重蹲跳

三、提升力量素质类游戏——搂腰拔河

（一）游戏方法

将练习者分成相等两组，成纵队相对站立。两排头用一个正握、一个反握，牢牢握住短棍。其余人用双手搂抱住前一人，串连成一个整体。人数不宜多，组织者发出口令后，各组齐心合力用劲向后拉，直到将对方拉到规定的标志线后。

（二）游戏规则

（1）松握、队伍脱节或摔倒为失败。

（2）如在规定时间内仍未将对方拉过标记线，则算平局。

（3）采用 3 局 2 胜的办法。

第二节　速度素质训练

速度素质是指人体获得高速度的能力，是在特定动作中运用爆发力的标志，是人体的基本运动素质，包括人体快速完成动作的能力和对外界刺激快速反应的能力，以及快速位移的能力。

速度按照不同的运动表现形式，可分为反应速度、动作速度和位移速度。反应速度是指人体对所处环境的各种信号刺激（如光、声、触等）的快速应答能力。动作速度是指人体或人体的一部分完成单个动作或成套动作的快慢以及单位时间内重复动作次数的能力。位移速度是指周期性运动中，单位时间内人体快速位移的能力。

一、速度能力测试——20/30 m 冲刺跑

主要测试运动员的启动速度能力，根据项目不同可能在选择距离时会略有不同。

测试设备：电子计时系统（或者秒表）、平坦开阔的测试场地。

测试流程：

（1）在球场或运动场上标记起跑线，相距 20 m 处标记终点线，计时器放于终点处。

（2）采用站立式或半蹲踞式（单手触地）起跑，由起点全力跑至终点。

注意：计时器从运动员起跑瞬间开始计时，身体越过终点线时停止。间歇 1 min 以上再次进行测试，测试 2 次，取最好成绩。

二、提升速度素质训练方法

（一）反应速度的训练方法

1. 视—动反应训练

教师准备不同颜色色板或标有不同形状的标志物，以色板为例规定受试者对不同颜色需作出不同反应，如白色出左手、红色出右手，绿色出左脚、粉色出右脚。教师将色板背于身后，当迅速拿出色板时，学生应根据色板颜色作出正确反应。

2. 听—动反应训练

教师规定不同的口令需要学生作出不同反应，如“前”需要学生迅速向前跨出一步并迅速回位，“后”需要学生迅速向后跨出一步并迅速回位，“左”“右”以此类推。

3. 反应起跳训练

多名学生围圈面向圈内站立，圈内 1 人站立在圆心附近，手持小竹竿（竿长超过圆半径）。训练开始，持竿者将竹竿绕过围圈运动员脚下画圆，竿经过谁脚下谁迅速起跳，不让竿打到自己的脚，被打到者进圈做持竿者。

4. 单双数反应追逐训练

两队学生相距 2 m 面向站立，教师规定单数队和双数队。教师发出口令，发出单数口令单数队跑，双数队追；反之，双数队跑、单数队追。在 15 ~ 20 m 内追上为胜，追不上为负。

5. 动作反应练习

练习前告诉学生有多种动作，如蹲下、起立、手触地、跳起等动作。可任意喊其中一个动作，要求学生作出应答反应，也可连续喊一串动作。可原地进行，也可在行进间练习。

6. 蹲踞式起跑

按蹲踞式起跑动作做好起跑准备，听口令迅速起动跑出。练习 3 组，每组 3 次。

7. 站立式起跑

按站立式起跑要求，听口令迅速起动跑出 10 ~ 15 m。此练习也可采用半蹲式起跑进行。

练习 2 ~ 3 组，每组 2 ~ 3 次。（注：以下练习动作的组数、次数均相同）。

8. 变向起跑

背向蹲立，听信号后迅速转体成蹲踞式起跑，疾跑 20 ~ 30 m。要求转体动作迅速，起跑符合技术规范。

9. 仰卧起跑

仰卧于垫上，听信号后迅速转体成俯撑后做蹲踞式起跑并疾跑 20 m。要求动作迅速，起跑符合规范。可计时进行。

10. 前滚翻起跑

站立，听信号后做前滚翻按蹲踞式起跑 20 m。要求动作迅速，蹲踞式起跑符合技术规范，可计时进行。

（二）动作速度的训练方法

1. 快速小步跑

小步跑 15 ~ 30 m，两腿频率越快越好。要求以大腿工作，小腿放松，膝踝关节放松，脚落地“扒地”。重复 4 ~ 6 次，间歇 5 ~ 7 min。

2. 俯卧撑击掌

身体呈俯卧撑姿势，双手同肩宽，双脚并拢或稍分，身体挺直。俯卧撑时，向身体下方屈肘，而后快速撑起身体并击掌，恢复开始姿势，快速重复练习。

3. 连续快速纵跳

双脚重复起跳和落地。强调动作速度，尽量快地完成起跳动作，脚踝参与最后发力，空中身体保持相对紧张，不能太松散。

4. 快速小步跑转加速跑

快速小步跑 10 m 左右转入加速跑。加速跑时频率节奏不能减缓，跑出 20 ~ 30 m 放松。重复 4 ~ 6 次，间歇 5 ~ 7 min。

5. 左右腿交叉

在一条线上站立，沿着线两腿向左、右两侧方向做交叉跳 20 ~ 30 m，要求交叉跳时大腿高抬，快速转髋，动作速度越快越好。重复 4 ~ 6 次，每次间歇 3 min。

6. 悬垂高抬腿

两手握单杠成悬垂，两腿快速交替做屈膝高抬腿和下蹬伸直动作，速度越快越好。每组两腿各抬 20 ~ 50 次，重复 2 ~ 3 组，组间歇 3 ~ 5 min。

7. 快速小步跑

小步跑 15 ~ 30 m，两腿频率越快越好。要求以大腿工作，小腿放松，膝踝关节放松，脚落地“扒地”。重复 4 ~ 6 次，间歇 5 ~ 7 min。

8. 快速小步跑转高抬腿跑

快速小步跑 5 ~ 10 米后，转高抬腿跑 20 m。小步跑要放松而快，转高抬腿跑时频率不变，只是幅度加大。重复 3 ~ 5 次，间歇同“快速小步跑”。

9. 变速高抬腿跑

行进间高抬腿跑中突然做几次最快速的高抬腿练习。动作要协调，重复 4 ~ 6 次，间歇 5 min 左右。

10. 高抬腿跑接快速车轮跑

原地快速高抬腿 5 ~ 10 s，接车轮跑 15 m。3 ~ 5 次为一组，重复 2 ~ 3 组，组间歇 7 ~ 10 min。

（三）位移速度的训练方法

1. 变向起跑训练

背向站立或背向蹲立，听信号后迅速转体 180 度成半蹲式起跑，加速跑 20 ~ 30 m，要求转体动作迅速，起跑及加速跑速度快。每组 2 ~ 3 次，重复 2 ~ 3 组，组间歇 5 ~ 7 min。

2. 快速后蹬跑训练

慢跑 5 ~ 7 步后，做行进间快速后蹬跑 20 ~ 30 m，要求蹬摆协调，后蹬充分向前，每组练习 3 ~ 4 次，重复 2 ~ 3 组，组间歇 7 ~ 10 min。

3. 迎面接力跑训练

两组练习者相距 30 m 或 60 m，做往返迎面接力跑，可分几组进行比赛。每组 3 次，重复 2 ~ 3 组，组间歇 5 ~ 7 min。

4. 交叉步接加速跑训练

先做 5 m 交叉步跑，然后转体做加速跑 20 m，要求交叉步负荷技术规范，动作协调，加速跑要发挥速度。每组 2 ~ 3 次，重复 2 ~ 3 组，组间歇 5 ~ 7 min。

5. 单足跳变加速跑

开始做 10 ~ 15 m 单足跳，听信号后变加速跑 20 ~ 30 m。要求以左右脚各做一次练习后变换，加速跑要达到最快速度。每组 2 ~ 4 次，重复 2 ~ 3 组，组间歇 5 ~ 7 min。

6. 加速跑变交叉步跑

加速跑 20 m 接交叉步跑 5 m。要求加速跑达到一定速度，交叉步符合规范，动作协调。每组 2 ~ 3 次，重复 2 ~ 3 组，组间歇 5 ~ 7 min。

7. 倒退跑接加速跑

向后做倒退跑，听到信号后急停向前加速跑。要求加速跑时用高速度，也可计时进行。每组 3 ~ 5 次，重复 3 ~ 5 组，组间歇 5 min。

8. 加速跑

逐渐加速至最高速度后保持一定距离，然后放松跑。加速跑 50 m、80 m、100 m。每组 3 ~ 5 次，重复 2 ~ 3 组，组间歇 5 ~ 10 min。

9. 连续加速跑

逐渐加速跑至最高速度，然后随惯性高速度跑 3 ~ 4 步后，随惯性放松至慢跑后再加速跑，连续练习（一般为 30 m 加速跑，保持高速跑 5 ~ 8 m，放松跑 15 ~ 20 m，然后第二次加速跑）。每组 2 ~ 3 次，重复 2 ~ 3 组，组间歇 5 ~ 7 min。

10. 后蹬跑变加速跑

行进间后蹬跑 20 m，听信号后变加速跑 20 ~ 30 m。要求后蹬动作规范，用力方向向前，加速跑速度越快越好。每组 2 ~ 3 次，重复 2 ~ 3 组，组间歇 7 ~ 10 min。

三、提升速度素质类游戏——飞速拿棒

1. 游戏方法

在场地上画 5 条平行线，在两侧 2 m 处各画一直径 2 m 的圆圈，线上竖立 9 根木棒。准备小沙包 2 个。把练习者分成人数相等的两队，预备时各队排头进圈，组织者发令后排头垂直向上抛包，然后迅速跑到前面取棒（个数不限），返回进圈，再接住空中落下的包。成功者可接着做，每取得一根棒得 1 分，失误了暂停练习。双方都失误了就换下一人重新进行。总分多的队为胜。

2. 游戏规则

（1）包未在圈中抛出，人不得出圈取棒。

（2）包落在圈外算失败。

第三节　耐力素质训练

一般来说，耐力是指持续进行运动的能力。耐力素质是指人体在长时间进行工作或运动中克服疲劳的能力，也是反映人体健康水平或体质强弱的一个重要标志。通过耐力训练，可以提高呼吸系统、血液循环系统的功能，从而提高抗疲劳的能力。此外，耐力训练还可培养坚毅、顽强、勇于克服困难的意志品质。

一、有氧耐力测试

有氧耐力是指运动员利用能源物质的有氧氧化供能所能提供的最大供能速率，通常用每公斤体重的最大摄氧量来表示。最准确的有氧耐力测试是通过在实验室的跑台上进行递增负

荷跑，同时运用先进的气体代谢分析仪器测试而得到的数据，但这种测试对实验仪器的条件要求很高，不便于普及和推广。因此，有氧耐力测试通常由一些标准的有氧运动（12 min 跑）成绩来推算。

12 min 跑测试也称作库珀跑，是美国运动医学协会推荐的有氧耐力经典测试方法。此方法便于操作和推广，测试结果稳定，并可以推算出运动员的相对最大摄氧量。

测试设备：秒表，标准 400 m 田径场。

测试流程：在标准 400 m 跑道上，以稳定的速度尽力跑 12 min，12 min 内完成的跑动距离为测试成绩，精确到 10 m。根据测试成绩对照下表可推测最大摄氧量的水平。

年龄	很差	较差	中等	良好	很好	优秀	运动员水平
女性（mL/kg/min）							
20 ~ 29	<28	29 ~ 34	35 ~ 43	44 ~ 48	49 ~ 53	54 ~ 59	>60
30 ~ 39	<27	28 ~ 33	34 ~ 41	42 ~ 47	48 ~ 52	53 ~ 58	>59
40 ~ 49	<25	26 ~ 31	32 ~ 40	41 ~ 45	46 ~ 50	51 ~ 56	>57
50 ~ 65	<21	22 ~ 28	29 ~ 36	37 ~ 41	42 ~ 45	46 ~ 49	>50
男性（mL/kg/min）							
20 ~ 29	<38	39 ~ 43	44 ~ 51	52 ~ 56	57 ~ 62	63 ~ 69	>70
30 ~ 39	<34	35 ~ 39	40 ~ 47	48 ~ 51	52 ~ 57	58 ~ 64	>65
40 ~ 49	<30	31 ~ 35	36 ~ 43	44 ~ 47	48 ~ 53	54 ~ 60	>61
50 ~ 59	<25	26 ~ 31	32 ~ 39	40 ~ 43	44 ~ 48	49 ~ 44	>56
60 ~ 69	<21	22 ~ 26	27 ~ 35	36 ~ 39	40 ~ 44	45 ~ 49	>50

二、提升耐力素质训练方法

（一）一般耐力素质训练

1. 持续练习法

持续训练法是指在练习过程当中每次或每组之间没有间歇的练习方法。持续练习法由于持续时间较长，又没有明显的间歇，所以总的练习负荷较大。但是，练习时的强度较小，而且比较恒定，变化不大，一般在 60%的强度上下波动。持续练习时，内部负荷心率一般控制在 140 ~ 160 次/min 为宜。

2. 重复练习法

重复练习法是指不改变动作结构和外部负荷表面数据，在相对固定的条件下，按照既定间歇要求，在机体完全恢复的情况下反复进行练习的方法。重复练习法每次的负荷量与强度可大可小，根据具体任务、目的而定。如长时间重复练习，强度稍大于持续练习法，有利于有氧耐力的提高，而强度在90%以上的练习，则有利于无氧耐力的发展。

3. 间歇练习法

间歇练习法是指在一次（或一组）练习之后，按照严格规定的间歇负荷和积极性间歇方式，在机体未完全恢复的情况下进行下一次（或一组）练习的方法。间歇练习法的持续时间与练习强度之间形成一种对应关系，强度大、时间少；强度小、时间稍长。

4. 变换练习法

变换练习法是在变化各种因素的条件下反复进行练习的方法。由于耐力练习比较枯燥，采用变换练习法可在一定程度上提高练习兴趣和积极性，从而提高练习效果。变换练习法所变换的因素一般有练习的形式、练习的时间、练习的次数、练习的条件、间歇的时间与方式、负荷等。以上因素只要改变其中一个因素，就会造成机体负荷刺激的变化。

5. 游戏与比赛练习法

游戏与比赛练习法是指运用游戏与比赛的方式进行练习的方法。这种方法能较快地提高练习的兴趣和积极性，并充分发挥主动精神，使机体能够承受较大强度的负荷，有利于提高有氧耐力和无氧耐力水平。

6. 高原练习法

高原练习法主要用于在缺氧情况下进行训练。这有利于刺激机体，改善呼吸及循环系统的机能，提高最大吸氧能力，刺激造血功能，增加循环血中红细胞和血红蛋白的数量，提高输氧能力。高原训练课有助于提高对氧债的承受能力，进而提高有氧耐力和无氧耐力的水平。

7. 循环练习法

采用循环练习法必须符合专项特点的要求，同时根据“渐进负荷”或“递增负荷”的原则安排练习。

以上所介绍的耐力练习方法基本上是单一类型。在实际发展耐力素质的练习过程中，往往要采用综合练习法，即组合练习法和循环练习法。通过各种方法的综合运用，使练习过程变化更大，更具选择性，从而有效提高耐力水平。

（二）肌肉耐力训练

1. 1 min 立卧撑

由直立姿势开始，下蹲两手撑地，伸直腿成俯撑，再还原成直立状态。每次做1 min，4 ~ 6组，间歇5 min，强度为50% ~ 55%。要求动作规范，必须站起来才算完成一次练习。

2. 长距离多级跳

在跑道上做多级跳，每组跳8 ~ 100 m，30 ~ 40次，3 ~ 5组，组间歇5 min，强度为60% ~ 70%。如果规定完成时间，强度则会大大提高，注意组间的恢复情况。

3. 1 min 立卧撑

由直立姿势开始，下蹲两手撑地，伸直腿成俯撑，然后收腿成蹲撑，再还原成直立状态。

每次做 1 min，4 ~ 6 组，间歇 5 min，强度为 50% ~ 55%。要求动作规范，必须站起来才算完成一次练习。也可以穿上沙背心做该项练习。或做立卧撑接蹲跳起，但强度稍大，做 30 次为一组，组间歇为 10 min。

4. 重复爬坡跑

在 15°的斜坡道或 15° ~ 20°的山坡上进行上坡跑，重复 5 次或更多些，跑距 250 m 或更多，间歇 3 ~ 5 min。强度为 60% ~ 70%。也可根据训练目的确定强度，可用心率控制运动强度，也可穿沙背心进行。

5. 连续半蹲跑

成半蹲姿势（大小腿成 100°角左右），向前跑 50 ~ 70 m，重复 5 ~ 7 次，每组间歇 3 ~ 5 min，强度为 60% ~ 65%。不规定速度，走回来时尽量放松，在进行下次练习前，可贴墙手倒立 15 s。

6. 连续跑台阶

在高 20 cm 的楼梯或高 50 cm 的看台上，连续跑 30 ~ 50 步。如跑 20 cm 高的楼梯，每步跑 2 级。重复 6 次，每次间歇 5 min，强度为 55% ~ 65%。要求动作不能间断，但不能超过规定时间，向下走时尽量放松，心率恢复到 100 次/min 时可开始下一次练习，也可穿沙背心做该项练习。

（三）有氧耐力训练

1. 变速跑

在跑道上进行，快跑段、慢跑段距离应根据专项任务与要求决定。一般常以 400 m、600 m、800 m、1000 m 等段落进行。一般以 4 ~ 8 次为一组，做 1 ~ 2 组，组间间歇 10 ~ 12 min。

2. 3 min 以上跳绳或跳绳跑

在跑道上做两臂正摇原地跳绳 3 min 或跳绳跑 2 min。4 ~ 6 次间歇 5 min。强度为 45% ~ 60%。要求每次结束时，心率在 140 ~ 150 次/min，恢复至 120 次/min 以下后开始下一次练习。

3. 定时跑

在场地、公路或树林中做 10 ~ 20 min 或更长时间的定时跑。强度为 50% ~ 55%。

4. 定时定距跑

在场地或公路上做定时跑完固定距离的练习。如要求在 14 ~ 20 min 内跑 3600 ~ 4600 m。强度为 50% ~ 60%。

5. 变速跑

在场地上进行，快跑段、慢跑段距离应根据专项任务与要求决定。一般常以 400 m、600 m、800 m、1000 m 等段落进行。例如，中距离跑运动员常用 400 m 快跑、200 m 慢跑变速，或 600 m 快跑、200 ~ 400 m 慢跑等变速；长跑运动员常采用 1000 m 快、400 m 慢等变速。重复次数一般 4 ~ 8 次为一组，做 1 ~ 2 组。组间歇 10 ~ 12 min。一般以心率控制，快跑段落心率控制在 140 次/min 左右，慢跑段心率恢复到 120 次/min 以下。间歇时心率恢复到 100 次/min 以下时，开始下一组练习。

（四）无氧耐力训练

1. 25 m 折返跑

从起点处每间隔 5 m 摆放一个锥形桶，最远端距起点 25 m。受试者分道站在起点线，呈站立式起跑姿势准备。听到起跑信号后，受试者由远至近依次推倒锥形桶，每推倒一个锥形桶必须折返回到起点并触摸起点处锥形桶，推倒第 5 个锥形桶后冲刺跑向终点。受试者躯干部位通过终点线后沿垂直面的瞬间，测试者停表并记录受试者完成规定距离的时间。

2. 原地间歇高抬腿跑

原地做快速高抬腿练习。如发展非乳酸性无氧耐力，则可做每组 5 s、10 s、30 s 快速高抬腿练习，5 ~ 8 组，间歇 2 ~ 3 min。强度为 90% ~ 95%，要求越快越好。如发展乳酸性无氧耐力，则可做 1 min 练习，或 100 ~ 150 次为一组，做 5 ~ 8 组，每组间歇 2 ~ 4 min。强度为 80%，要求动作规范。

3. 反复跑

跑距为 60 m、80 m、100 m、120 m、150 m 等。重复次数应根据距离的长短及水平而定。一般每组 3 ~ 5 次，重复 5 ~ 6 组，组间歇 3 ~ 5 min。强度一般由心率控制，如短于专项的距离，练习时心率应达 180 次/min。间歇恢复至 120 次/min 时，就可以进行下次练习。如发展乳酸耐力，距离要长些，强度小些。

4. 反复加速跑

跑道上加速跑 100 m 或更长距离。跑完后放松走回再继续跑，反复 8 ~ 12 次。强度为 70% ~ 80%。

5. 反复超赶跑

在田径场跑道或公路上，10 人左右成纵队慢跑或中等速度跑，听口令后，排尾加速跑至排头，每人重复循环 6 ~ 8 次。强度为 65% ~ 75%。

6. 反复变向跑

在场地上听口令或看信号做向前、后、左、右的变向跑。每次 2 min，重复 3 ~ 5 组，组间歇 3 ~ 5 min，强度为 65% ~ 70%。变向跑的每一段落均为往返跑，即跑出去后，返回起跑位置，每一段落至少 50 m。间歇后心率恢复到 120 次/min 以下时，开始继续练习。

三、提升耐力素质类游戏——网鱼游戏

1. 游戏方法

在一块平坦的场地上，画一定的范围做“河”。在练习者中间选出 2 人做“渔网”（手拉手），其他练习者做“鱼群”。教师发令后，鱼群和渔网自由活动，渔网把鱼围在中间或者触碰到鱼都算网住。被网住的鱼就加入网的行列再去网其他的鱼，直到将鱼捕完为止。

2. 游戏规则

（1）鱼群和渔网只能在河中自由活动。

（2）鱼可以冲破网逃跑（从臂下穿过）。

第四节　灵敏素质训练

灵敏素质是指人体在各种突然变换的条件下，快速、协调、敏捷、准确地完成动作的能力。它是人的运动技能、神经反应和各种身体素质的综合表现，包含动态平衡能力、协调能力、爆发力等素质。灵敏素质的发展水平主要从三方面进行评价，首先是否具有快速、判断、躲闪、转身、翻转、维持平衡和随机应变的能力；其次，在完成动作时，是否能自如地操纵自己的身体，如何在不同的条件下准确熟练地完成动作；最后，是否能把力量（爆发力）、速度（反应速度）、耐力、协调性、节奏感等素质和技能通过熟练的动作综合表现出来。客观实践证明，具有高度灵敏素质的人可以随心所欲地控制自己的运动器官，熟练自如地准确完成动作。

一、灵敏性测试——T 形测试

T 形测试是航空安全员体能考核项目，也是美国国家体能协会推荐的经典灵敏性测试方法，适用于多种运动项目。

（一）测试设备

4 个锥桶、秒表、胶带、卷尺、防滑平坦的地面。

（二）测试流程

（1）测试在两个长 10m 呈 T 形的跑道上进行，起跑、终点线为 A 处。

（2）从 A 点冲刺到 B 点，用右手触摸锥桶顶端；侧向移动（不允许交叉步）到 C 点并左手触摸锥桶顶部；侧向移动到 D 点并用右手触摸其顶部；再侧向移动回到 B 点并左手触摸顶部，紧接着倒退跑过 A 点。

（3）发出命令时开始计时，运动员通过起跑线停止计时。测试两次取最好成绩，精确到 0.01 s。见图 6-37。

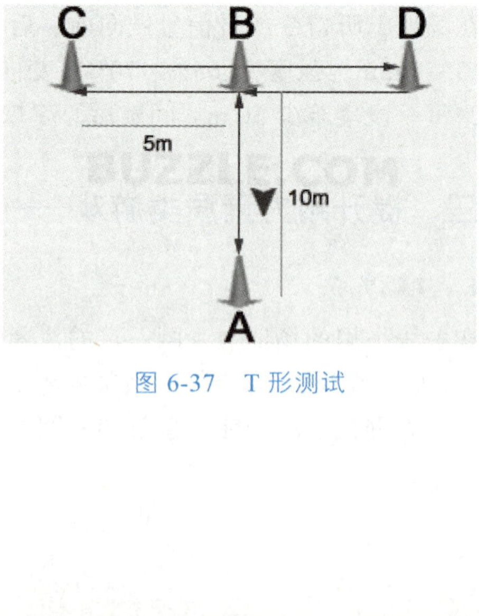

图 6-37　T 形测试

（三）注意事项

（1）不同项目运动员可以采用不同起跑姿势，必须保证每次测试起始姿势一致；侧向移动均不要出现交叉步，否则测试无效，需重测。

（2）间隔可采用米或者码，必须保证前后测试距离及单位一致；A 点后面不要站任何运动员或工作人员，防止运动员后退跑时撞到。

（3）根据项目需要，也可先跑到 D 点再移动到 C，每次测试顺序一致即可；每位运动员根据测试需要进行 2 ~ 3 次测试，但是每次测试间隔 3 ~ 5 min。

二、提升灵敏素质训练方法

（一）快速制动与起动能力训练

1. 加速—制动训练

发展运动员在快速运动中制动身体的能力，提高灵敏性。要求运动员听到“跑”口令时，迅速加速；听到击掌时，最短时间将速度减至零。反复练习。加速要果断，尽快将速度加至最大。减速时，通过降低身体重心、逐渐减小步幅来降速。

2. 加速—制动—再起动训练

要求运动员听到“跑”口令时，迅速加速；听到击掌时，迅速降速。再次听到击掌时，再次迅速加速。加速要果断，尽快将速度加至最大。减速时，通过降低身体重心、逐渐减小步幅来降速。第二次击掌要及时，当运动员速度减至接近零时击掌。

3. 加速—制动—左/右/后变向训练

要求运动员听到“跑”口令时，迅速加速；当听到击掌时，迅速降速；当速度减至接近零时，教练员发出“左”“右”或“后”的口令，运动员听到口令后，迅速做出反应，并迅速加速跑向口令方向。变向时，先转头，并以直线方式跑进。

（二）灵敏步伐训练

1. 锥形跑

将 3 个标志软盘摆放成一个三角锥形，锥形的定点设为 A，另外两个分别设为 B 和 C，B 和 C 距离为 5m，中心距 A 的距离为 6m。练习者从 B 出发正向冲刺至 A，到 A 后减速制动变后退跑向 C 移动，后退跑至 C 时减速制动，并迅速加速正向从此跑至 A，到 A 后减速制动变后退跑向 B 移动。重复练习。

2. Z 字形跑

进行滑步训练，练习滑步的速度和灵活性。用 8 至 10 个标志软盘摆成 Z 字形，间距为 3 m。练习者保持半蹲姿势，上体稍前倾并收腹紧腰，抬头。练习者从第一个标志盘开始侧前或侧后滑步。到第二个标志盘后变向，滑向第三个标志盘。依次类推，完成训练。滑步过程中，保持正确姿势，身体重心不能上下起伏，滑步时前脚掌着地。滑步变向转换要快，转换距离尽量短。

3. 六角跳

发展身体控制的能力，锻炼运动员的加速、减速和简单的变向能力。画一个边长为 61 cm 的正六边形。练习者从中心出发，顺时针或者逆时针依次跳出、跳回中心。在跳跃过程中，身体始终保持面对一个方向。练习者方向错误时应停止，并重新开始。

4. 蜘蛛拉网跑

用 6 个标志盘摆成一个长方形，长边长 8 m、短边长 4 m，在长边各放 3 个标志盘，距离为 4 m。练习者从一个长边的中点（原点）出发，向任意一个标志盘冲刺。触摸到标志盘后，迅速转身冲回原点。到原点后，迅速转身冲至另一个标志盘。按相同要求依次跑完所有标志盘。

5. 环绕、穿越和跨越复合跑

放置 6 个标志盘成一条直线，标志盘之间距离为 1 m。练习者从第一个标志盘开始，第一圈为直线跑，绕标志盘组成的直线跑一圈，然后转身再跑一圈。跑动过程中尽量不减速。第二圈练习者以“S”形跑绕过每一个标志盘，到头后再以“S”形跑至起点。第三圈练习者以侧向高抬腿跨过每一个标志盘，盘间为两步。到头后，再侧向高抬腿回起点。练习者要尽量快地完成每一个变向，变向时要有爆发力。圈与圈之间不停顿，尽量不减速。

6. 快速绕“点”跑

用 4 个标志盘摆放成正方形，距离为 5 ~ 7 m。练习者从任意一个标志盘出发，向下一个标志盘内缘冲刺，然后用快速小碎步绕过标志盘，冲向下一个标志盘的内缘。以此类推，完成整个训练。练习者由冲刺变为绕标志盘跑尽量不要减速，更不可制动。绕标志盘跑时，尽量靠近标志盘外缘，不能离标志盘太远。

7. 多向跑

以一点为中心分别在 8 个方向摆放 8 个标志盘，每个标志盘距中心距离为 4 m。练习者从任意一个标志盘出发，则出发的标志盘设为 1，然后顺时针依次为标志盘标上编号 2 ~ 8。练习者从 1 开始以双脚左右跳或前后跳向中点移动，到达中点瞬间，听口令。听到任意编号时，以最快的速度冲向那个标志盘。然后再回到 1 处，进行下一次练习。练习者听到口令后一定要以最快的速度做出反应，并以最快的速度冲向标志物。若练习者听到口令后做出了错误的第一反应，应停止并从头开始。

8. 前后变向跑

在不同位置放置 4 ~ 6 个标志盘，标志盘之间应保证有足够的空间。完成向后 4 步以及 5 ~ 10 m 斜侧方向的冲刺。练习者从起始位置开始，迅速倒退 4 步。运动中不减速，练习者前转身并冲向下一个标志盘。到下一个标志盘后，运动员不制动，练习者后转身，并重新开始 4 步的倒退跑。练习者按照此顺序进行，直到完成全过程。为了保证训练的均衡性，标志盘应该左右交替摆放。为了提高练习者弱侧的专项能力，标志盘可以都向练习者弱侧摆放。

三、提升灵敏素质类游戏——斗鸡

（一）游戏方法

选择一块平坦的场地，两人一组，右（左）脚站立，左（右）脚横抬起，右（左）手握住左（右）脚踝关节，左（右）臂贴于体侧，做好准备。教师发令后，练习者用膝冲撞对方或用躲、闪等动作，诱使对方失去平衡。谁屈膝的脚落地谁为失败者。胜者每次得 1 分。

（二）游戏规则

（1）不允许用手做任何动作，否则判失败。
（2）如握脚的手脱开，但脚未落地，允许重握，继续进行比赛。

第五节　柔韧素质训练

柔韧素质是指人体关节活动幅度的大小以及跨过关节的韧带、肌腱、肌肉、皮肤及其他组织的弹性和伸展能力。柔韧素质包括两个方面：一个是关节活动幅度的大小，一个是跨过关节的肌肉、肌腱、韧带等软组织的伸展性。关节的活动幅度主要取决于关节本身的装置结构。跨过关节的肌肉、肌腱、韧带等软组织的伸展性，主要通过合理的训练获得。

热身与拉伸是改变柔韧性的主要方法。通常，在运动前的柔韧练习是为了激活运动组织，提高神经的兴奋性（还有舒展身体等作用），加快血液循环速度。运动后的拉伸柔韧性练习可以一起加快代谢产物的循环以及复原肌纤维组织等。

一、柔韧性测试——坐位体前屈

本测试法测定股后肌群和腰背肌群的柔韧性，股后肌群柔韧性和弹性不够是造成运动员腰背受伤的主要原因之一，也会导致运动员速度和柔韧性受限、肌肉劳损。

（一）测试设备

坐位体前屈专用设备或者使用卷尺，一个 30 cm 高的箱子。

（二）测试流程

（1）将仪器放置在平坦的地面上。测试前，用尺进行校正，即将直尺放在平台上，使游标的上平面与平台保持水平，将游标的刻度调到 0 位。

（2）测试前，受试者应在平地上做好准备活动，以防拉伤。

（3）受试者坐在连接于箱体的软垫上，两腿伸直，不可弯曲，脚跟并拢，脚尖分开 10～

15 cm，踩在测量计垂直平板上，两手并拢。

（4）两臂和手伸直，渐渐使上体前屈，用两手中指尖轻轻推动标尺上的游标前滑（不得有突然前伸动作），直到不能继续前伸为止。

（5）测试计的脚蹬纵板内沿平面为 0 点，向后为负值，向前为正值。记录以厘米为单位，取小数点后一位。如为正值则在数值前加“+”符号，负值则加“-”符号。

注意：在锻炼柔韧性练习的时候一定要注意做准备活动，不要急于求成，不宜练得过快，幅度不能过大过猛。锻炼前不热身，容易引起肌肉、韧带拉伤或扭伤。

二、提升柔韧素质训练方法

（一）手臂、肩部练习

（1）趴于地面，双臂弯曲，扶住肘关节，同伴两脚分开站于练习者后部，两手抓住肘关节向上微微拉起，同时用膝关节顶于其肩胛骨中间，双手与膝反方向用力，停留 5 ~ 10 s。

（2）双手扶住把杆与肩同宽，身体前倾低头，同伴双手压肩胛骨中间，用力下压，练习者尽量不屈肘。

（3）站立后伸手。站立，两手置于背后，交叉相握，伸直肘关节，缓慢向上抬臂，保持头部正直，颈部放松。保持 10 ~ 20 s，放松，重复 2 ~ 3 次。

（4）肱三头肌拉伸。站立，右臂伸直上举，弯曲右臂，大臂靠近右耳，右手靠近左肩胛骨，左手抓住右肘，于脑后向左向下拉右肘，感觉右大臂后侧有牵拉感，保持 10 ~ 20 s，换另一侧重复练习。

（5）腕屈肌拉伸。双膝跪地，双手撑地与肩同宽，将双手手指朝向膝盖。肘部伸直，臀部坐向脚跟，使前臂、手掌有牵拉感。保持 10 ~ 20 s。放松，重复练习 2 次。

（二）胸腹部练习

（1）坐地面，双腿伸直，两手侧撑在身体两侧，吸气时胸腹向上抬头，自然放松，重复 2 ~ 3 次。

（2）跪撑，两肘撑地弯曲相抱，吸气，下颚、胸部下沉向地面，同时上提臀部，保持正常呼吸，慢慢吸气，臀部后坐。重复 2 次，每次保持 30 ~ 60 s。

（3）屈臂体侧屈。两脚平行分开，与肩同宽。右臂伸直上举，弯曲右肘，右手摸左肩。左手抓住右肘，在头后向下向后拉右肘。向左侧屈体，右侧躯干、背部肌肉有牵拉感。保持 10 ~ 20 s，换另一侧重复练习。

（4）后仰拉腹。俯卧于垫子上，两腿分开，双手撑起上身，骨盆贴住垫子，身体尽量后仰。头保持正直。

（5）屈臂拉胸。站立，将一只手臂于体侧抬起与肩关节水平，手与小臂贴于墙壁上；然后，以同侧肩关节为轴，向右侧旋转身体，拉伸胸肌中束。肘关节高于肩拉伸胸肌下束，肘关节低于肩拉伸胸肌上束。

（三）腰背部练习

（1）趴在地面上，双手抓住脚踝，吸气，头和脚同时上抬，保持正常呼吸；吸气，慢慢放下。重复 2～3 次。

（2）趴在地面上。吸气，头和腿同时上抬，双手在背后、十指交叉；停住，正常呼吸；吸气，慢慢还原。重复 3～4 次。

（3）坐在地上两腿分开，吸气，两臂侧举；呼气，身体向右后扭转，左手指尖触右脚趾；吸气，转正呼气反方向。重复 4～6 次，眼睛注视后手。

（4）趴在地面上，双手撑起身体上起，吸气，头上抬，同时弯曲双膝，自然呼吸；吸气，慢慢还原。重复 2～3 次。

（5）两腿开立，吸气，双手头上十指相交；呼气，身体前屈，两眼注视手背。吸气，身体向右转动；呼气，身体转向左侧。重复 4～6 次，吸气身体上起，立直。

（四）胯部练习

（1）身体坐直，两脚相对，吸气，头向上，脊柱立直；呼气，身体向前压，保持呼吸，停 20～30 s，重复 2～3 次。

（2）两腿前伸，另一只腿弯曲，脚掌贴于大腿内侧，膝关节下沉。反方向再做。重复 3～4 次。

（3）双手抱起一条腿，靠近胸部，保持正常呼吸，保持 20～30 s。反方向再做，每个方向重复 3～4 次。

（4）仰卧，右腿屈膝，左腿伸直。右手抓住右膝，左手抓住右踝，将右膝和小腿整体拉向胸部。臀部肌肉有牵拉感。保持 10～20 s，换另一侧重复练习。

（五）脊柱练习

（1）跪撑，吸气，低头，整个脊柱上拱；低头，收腹；呼气，背部下塌，头上抬，臀上伸，腰放松。重复 10～12 次。

（2）跪撑，吸气，低头，右腿收于腹前；呼气，抬头，右腿后伸上抬，重复 10 次。之后换左腿，每个方向重复 2～3 组。

（3）身体站直，吸气，两腿分开，两臂侧平举；呼气，身体右后转的同时右手放在腰后，左手扶在右肩上，保持呼吸；吸气，身体转正，两臂放下。之后反方向再做。

（4）身体坐直，两腿伸直，左膝弯曲，左脚在右腿外侧，右手臂交叉在右腿外侧，吸气，手撑地，左手放于臀后撑，脊柱直立；呼气，上身向左后扭转，在最舒服的位置停住，保持缓慢的呼吸；吸气身体转回还原。之后反方向再做。每个方向重复 3～4 次。

（六）腿部练习

（1）坐地面上，右腿弯曲，脚掌紧贴右腿内侧，吸气，双手上举；呼气，身体下压抓脚；头上抬，让腹部紧贴左腿，正常呼吸；吸气，慢慢抬起身体，反方向再做。每个方向重复 3～4 次。

（2）坐在地面上，两腿分开，吸气，两手侧举；呼气，身体下压，两手抓住脚踝；正常呼吸，吸气慢起。重复 3～4 次。

（3）坐在地面上，伸直双腿，吸气，双手相对上举；呼气，身体下压，手抓小腿，身体放松；保持正常呼吸，保持 20～30 s，吸气的同时抬身。重复 2～3 次。

（4）站立，双手在身体后交叉，吸气，抬头挺胸；呼气，身体向前弯曲，头向腿方向贴，双手上抬；正常呼吸，停 20～30 s；吸气，慢慢抬身。重复 2～3 次。

（5）跪撑，吸气，臀部上抬；呼气，肩下压，腿伸直，脚跟向地面沉；正常呼吸，停 20～30 s；吸气，还原。重复 3～4 次。

三、提升柔韧素质类游戏

（一）超级连接

发展腿部柔韧性，培养合作意识。

1. 游戏方法

选择平地或草坪，将学生平均分成若干组，各组成纵队站好。比赛开始，各组队员依次纵叉或横叉，相邻两人的前后脚相抵，全组队员连成一条线状，并坚持 5～15 s 为成功，看看哪一组坚持的时间最长。

2. 游戏规则

（1）比赛前一定要安排热身和拉伸练习，防止拉伤。
（2）前后相邻两人的脚须相抵，不得脱节，否则无效。

（二）莲花开

发展躯干、腰、髋部柔韧性，培养合作意识。

1. 游戏方法

平地或草坪。学生 8～20 人围成一个圆圈，两脚开立，相互用手搭肩或拉手。然后大家身体慢慢后仰到极限，坚持 5～15 s 后还原成直立，即为挑战成功。

2. 游戏规则

不能脱节或倒地，否则为失败。

第六节　前庭耐力素质训练

前庭耐力是指机组人员在飞行中对连续颠簸、摇晃等运动的耐受能力。前庭耐力与人的平衡机能的稳定性有直接关系，前庭耐力差的人在飞行中容易出现头晕、头疼、恶心、呕吐、面色苍白等“晕机”症状，影响工作任务的完成。晕机主要是由前庭分析器受到过强的刺激，超过了它的耐受限度而引起的。

人体空间定向机能系统（即能感知人体在空间的体位变化和维持人体的平衡的系统）是由多种分析器协同作用的结果，包括视觉分析器、前庭分析器、本体感受器、听觉分析器和触觉分析器等。其中，前庭分析器起着重要作用。负责前庭功能的器官称为前庭器，位于内耳，包括 3 个半规管（外、上和后半规管）、椭圆囊和球囊。椭圆囊和球囊中各有一囊斑，或称耳石器。这些都是前庭末梢感受器，圆囊和球囊可静止平衡（如坐或立）。耳的结构见图 6-38。

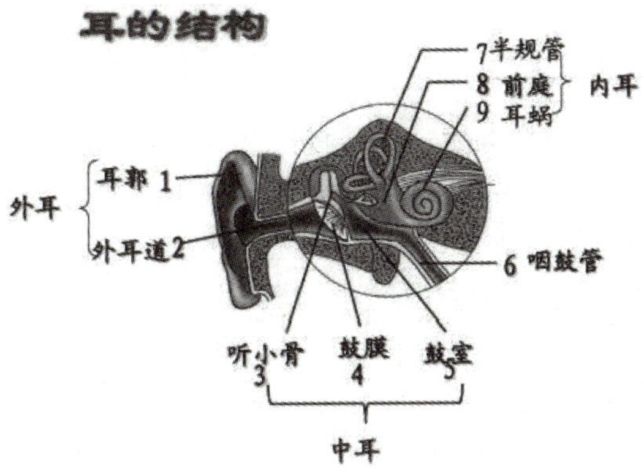

图 6-38 耳的结构

前庭发生的神经冲动与支配眼肌的神经相联系，可以反射性地引起眼肌有规律地收缩，产生眼震；与支配颈部、四肢和躯干部分的运动神经相联系，可以反射地引起四肢躯干肌张力正常关系失调，上体向旋转一方倾倒，不能沿直线行走，定向能力降低或遭到破坏；与植物神经相联系，会产生一系列植物神经反应，如头晕、恶心、呕吐、出冷汗、面色苍白、脉搏血压改变等。见图 6-39。

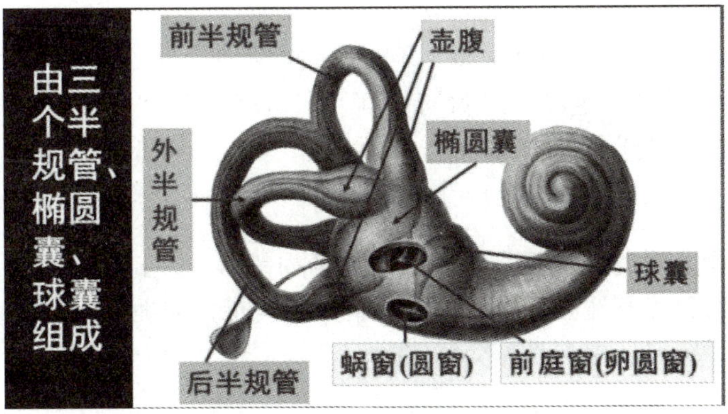

图 6-39 前庭器官功能示意图

飞机的起落、加速度是引起空晕病（亦称晕机病）和产生空间定向错觉的直接原因。体弱、疲劳过度、大脑皮层功能不良对前庭器官的控制能力也会减弱，长期停飞造成的适应性减退、胃肠功能不良、心血管功能障碍、缺氧等都能使前庭功能反应加剧，容易产生晕机症状。

晕机症能通过一些有效的措施来加以预防。通过采取药物防治和反复飞行训练可以提高机组人员的前庭耐力。但药物（如内服镇静剂）带来的副作用是显而易见的，并且效果是暂时性的。实践证明，通过系统的、特定的地面体育训练才是提高机组人员前庭耐力最有效的方法。

一、前庭耐力测试——抗眩晕操测试

（一）测试场地

地板、草地、或地面平整、质地较软的场地。画一条 10 m 白线。

（二）测试流程

受试者严格按照动作规范和节奏要求，在规定的时间内依次连续完成双腿连续纵跳、坐撑左右侧屈、圆背前后滚、仰卧左右侧滚、左右侧后滚、抱膝螺旋滚。完成后立即站起，并在无任何帮助的条件下，沿直线行走 10 m。测试员测量，以受测者左右脚印的最外侧缘为准，测量其两脚印的左右最大偏离度不超过 1 m。

0 度：能顺利直行 10 m，无不良反应。

1 度：能行走 10 m，但不能完全沿直线行走，有轻微头晕、恶心、颜面苍白、微汗等。

2 度：不能沿白线直行 10m。有明显的头晕、恶心、呕吐、颜面苍白、大汗淋漓、肢体震颤、精神萎靡，或不能坚持完测试者。

只有 0 度为合格，1 度与 2 度均为不合格。

二、提升前庭耐力训练方法

（一）主动训练法

1. 转头操

“对称地面平衡操”是一种简便易行，不受时间、场地、条件限制的锻炼方法。依次可做左右摇头、左右摆头、前俯后仰，向左旋转 360°、向右旋转 360°等动作。头动频率可掌握 1 ~ 2 次/s，每组动作 50 s，每做 25 s 休息 5 s，5 min 做一遍。早晚各做一次，每次 2 遍。

2. 地　转

练习者可成体操队形，一臂间隔，或在田径场内练习，一排排单独训练。练习者右手抱左臂的肩关节处，两腿并齐站立，屈体，左臂垂直，食指指向地面，做原地 360°连续旋转，按照口令或要求进行练习。左右手可交替进行。

3. 仰　转

“仰转”与“地转”动作要求基本相似，将头部上仰进行左右旋转练习，一般以秒、分钟为单位进行练习，一般不超过 1 min30 s。

4. 对　转

两人相对站立，相互握对方的双手，身体略后仰，做向左或向后原地旋转。

5. 前滚翻

蹲撑开始，低头含胸，双脚斜后方蹬地，同时双手撑地，身体团起，膝关节靠近胸部，身体呈球形，头、肩、背、腰、臀、脚依次着地向前滚动。

6. 后滚翻

蹲撑开始，低头含胸，双脚斜前方蹬地，身体团起，膝关节靠近胸部，身体呈球形，臀、腰、背、肩、头依次着地向后滚动。肩部着地时双手撑地，身体还原成蹲姿。

（二）被动训练法

人在产生加速度变化的器械上（如转椅、秋千、离心机等）被动地感受加速度变化的训练。如做固定滚轮的旋转训练时，被动捆住，由另一人带动旋转。考虑到视觉对晕机的影响，在做训练时应睁眼与闭眼相结合，交替进行。被动训练的旋转速度、练习时间可以随意控制，便于掌握运动量。

（三）综合训练法

将主动训练和被动训练相结合进行，一方面迅速提高前庭耐力，另一方面全面提高人体的机能。

三、提升前庭耐力素质类游戏——滚翻接力赛

（一）游戏方法

选择平地或草坪，铺上瑜伽垫，将学生平均分成人数相等的甲、乙两路纵队。发令后，甲队的第一位同学按照前滚翻+侧滚翻+后滚翻的顺序向乙队方向跑去；跑到乙队的交换区后，将接力棒交给乙队的第一位同学，然后站到乙队的排尾。乙队第一位同学用同样的方法传给甲队的第二位同学。依次进行，先通过终点的队伍为胜。

（二）游戏规则

（1）除第一位起跑者外，接棒者必须把接棒的手绕过标志杆接棒。
（2）在此过程中至比赛结束，运动员皆不得影响、干扰其他组的比赛。
（3）比赛过程中出现掉棒，则必须由交棒者捡起接力棒交给下一位运动员；交接棒时不得将接力棒抛给本方队员，否则视为犯规。
（4）必须依次完成三个滚翻的动作。

第七章

时尚健身健美

第一节　健美运动

健身健美是指通过一系列运动达到健身和健美的效果，健美追求绝对的大肌肉，而健身是在追求一种综合的、平衡的美。健美运动主要是通过一些有目的的动作训练，把各部分的肌肉练到极限的大，使体格健壮，且富有雕塑感的艺术美。而健身是通过各种方式的体育锻炼，增强我们的心肺功能，使我们的体态匀称，最终达到增强体质的目的。

最美的体型应该是力学美和线条美的统一体。人体美是健、力、美三者的结合与统一，包含生长发育健康而又完善的机体、发达有力的肌肉、优美的人体外形和健康向上的精神气质。男子的健美具体表现为丰富发达的肌肉、协调优美的曲线；女性的曲线美则表现为胸脯、腰腹和臀部构成的“三围”的适当比例。人体的健康之美越来越体现于全身各部肌肉的均衡发展，姿态的优美、外在的强健与内在机敏的和谐统一。

一、身体各部位比例理想标准

（1）上、下身比例：以肚脐为界，上下身比例应为 5∶8，符合“黄金分割”定律。

（2）胸围：由腋下沿胸部的上方最丰满处测量胸围，应为身高的一半。

（3）腰围：在正常情况下，量腰的最细部位，腰围较胸围小 20 cm。

（4）髋围：在体前耻骨平行于臀部最大部位，髋围较胸围大 4 cm。

（5）大腿围：在大腿的最上部位，臀折线下，大腿围较腰围小 10 cm。

（6）小腿围：在小腿最丰满处，小腿围较大腿围小 20 cm。

（7）足颈围：在足颈的最细部位，足颈围较小腿围小 10 cm。

（8）上臂围：在肩关节与肘关节之间的中部，上臂围等于大腿围的一半。

（9）颈围：在颈的中部最细处，颈围与小腿围相等。

（10）肩宽：在肩峰之间的距离，肩宽等于胸围的一半减 4 cm。

二、各部位肌肉的练习手段

人体的运动器官是由肌肉、骨骼、关节和韧带所组成的，人们各种复杂、精细的运动正是依靠这些肌肉的收缩和放松完成的。人体的骨骼肌约有 434 块，其重量男子约占体重的 40%，女子约占 35%。它不仅是人体运动器官的组成部分，还构成人体的外表体态、体形。

（一）颈部练习

1. 自我抱头抗力

作用：主要发达胸锁乳突肌和斜方肌。

做法：身体直立，两手交叉抱头，然后臂、颈同时反向用力，使头慢慢低下或上抬（见图 7-1）。

要点：头上抬时用力。

图 7-1　自我抱头抗力

2. 颈屈伸

作用：主要发达胸锁乳突肌和斜方肌。

【动作一】头后伸。在综合力量练习器上做，先戴好头套，低头；然后用力后伸，将悬吊在地上的重物拉离地面。

【动作二】头前屈。在综合力量练习器上做，先戴好头套，背对器械，仰头；然后用力前屈。

要点：头前屈时用力。

（二）肩带练习

1. 前平举

作用：主要发达三角肌、肱三头肌。

做法：身体直立，两脚自然开立与肩宽。两手正握杠铃或哑铃，两臂伸直下垂于腿前，随即直臂持铃经体前向上举至头顶。稍停，再直臂循原路恢复原位（见图 7-2）。

要点：不得借助上体前后摆动的惯性上举。在恢复原位时，要以三角肌的紧张度控制下降速度。

图 7-2　前平举

2. 侧平举

作用：主要发达三角肌、斜方肌。

做法：身体直立，两脚开立与肩宽。两手以拳眼向前持握哑铃或杠铃片。两臂伸直，下垂到体侧，随即直臂向两侧上方举起与肩平，稍停，再慢慢放下，直到恢复原位（见图 7-3）。

要点：做动作时要保持挺胸收腹姿势，两臂伸直。注意用力方向始终是侧上方。

图 7-3　侧平举

3. 颈后推举

作用：主要发达三角肌、肱三头肌和背部肌群。

做法：可采用站立姿势或坐姿进行。两手以“宽握距”持握杠铃置于颈后肩上，向上推起至两臂伸直，杠铃位于头顶上方，稍停，再慢慢放下，直到恢复原位（见图 7-4）。

要点：采用站立姿势时要保持挺胸收腹姿势，不要借助蹬腿力量，要注意维持和调整杠铃的重心与身体重心的平衡。

图 7-4　颈后推举

4. 负重扩胸

作用：主要发达斜方肌、胸大肌、三角肌。

做法：身体直立，两脚开立与肩宽，两手以拳眼向前持握哑铃或杠铃片，两臂伸直呈前平举状，随即直臂向两侧拉开成扩胸状，稍停，再直臂恢复原位（见图 7-5）。

要点：要保持挺胸收腹姿势，两臂伸直与肩齐平。

图 7-5　负重扩胸

（三）上肢练习

1. 颈前推举

作用：主要发达肱二头肌。

做法：身体直立，两脚开立与肩宽，正（反）握杠铃或哑铃，屈前臂将杠铃或哑铃举至前胸，稍停，再慢慢放下恢复原位，反复练习。还可以坐着练习或屈体，固定上臂等进行练习（见图 7-6）。

要点：做动作时上臂要贴近体侧，以肘关节为轴屈伸。下降还原时，要防止肘关节还没完全伸直就进行弯举。

图 7-6　颈前推举

2. 颈后肘屈伸

作用：主要发达肱三头肌、旋前圆肌和肱桡肌。

做法：身体直立，两脚开立与肩宽，两手正（反）握杠铃，上臂固定在头两侧，随后肘屈伸，将杠铃从头后向上举起，如此重复。也可做俯立、仰卧和做肘屈伸等练习（见图 7-7）。

要点：做动作时要保持挺胸收腹，上臂必须固定并靠近耳侧，肘肩向上方，不得借助身体前后摆动的惯性和肘肩向前进行屈伸。

图 7-7　颈后肘屈伸

3. 反握腕弯举

作用：主要发达前臂屈伸肌群。

做法：坐在凳子上，两手反握杠铃或哑铃，前臂固定，腕屈伸最大限度，稍停，再还原，如此重复（见图 7-8）。

要点：前臂固定不得移动，手腕充分屈伸。如果两手正握杠铃或哑铃练习，则可使前臂后群肌肉发达。

图 7-8　反握腕弯举

（四）胸背练习

1. 俯卧撑

作用：主要发达胸大肌和三角肌。

做法：两手掌左右分开与肩平，伸直两臂支撑在地面或仰卧架上，两腿向后伸直并拢以脚尖支撑，接着屈臂下降至背部低于肘关节，稍停；随即两臂用力向上伸直成原位。也可根据需要用头高脚低或头低脚高的俯撑或背上加重物进行练习（见图 7-9）。

要点：要保持全身撑直姿势，腰腹既不能放松下沉呈“凹”形，也不能使臀部拱起呈“凸”形。

图 7-9　俯卧撑

2. 仰卧飞鸟

作用：主要发达胸大肌、前锯肌、三角肌前部。

做法：两手握哑铃并置铃于胸前（掌心相对），然后仰卧在凳上，两臂伸直与身体垂直，两膝分开，脚蹬地面；随即两臂缓缓向侧下分开（肘微屈）直至肘部低于体侧。这时胸部高挺，腰部离凳，仅肩背部、臀部着凳；然后胸大肌用力收缩，将微屈而分开的两臂内收，至胸上伸直，稍停后还原（见图 7-10）。

要点：向下侧分两臂时，肘部要微屈并低于体侧。

图 7-10　仰卧飞鸟

3. 双杠屈臂伸

作用：主要发达胸大肌、背阔肌和三角肌。

做法：两臂伸直支撑在杠端或杠中，接着屈臂下降至两臂充分屈曲；随即向上用力伸直成原位。也可腰上吊重物练习（见图 7-11）。

要点：应保持挺胸收腹，两腿自然放松下垂，不得借助身体前后摆动的惯性。

图 7-11　双杠屈臂伸

4. 卧　推

作用：主要发达胸大肌、背阔肌和斜方肌。

做法：仰卧凳上，两手握杠铃置于胸前；然后将杠铃推起至两臂伸直。可选用不同仰握斜度和握距练习（见图 7-12）。

要点：将杠铃置于胸前时胸要提起，杠铃慢慢靠近乳头上方，用力推起时，要用胸大肌发力。

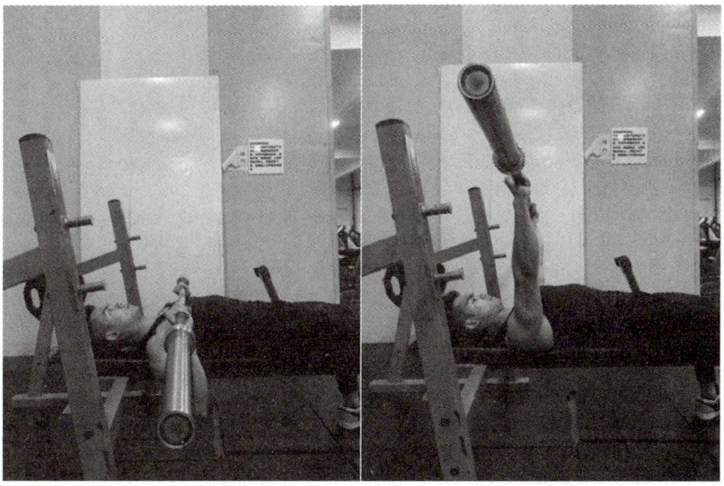

图 7-12　卧推

5. 俯立侧平举

作用：主要发达背阔肌、胸大肌、三角肌。

做法：两脚开立与肩平，上体前屈近 90°，两腿伸直，臀稍后移，两臂伸直，两手拳眼向前握持哑铃或杠铃片；随即直臂向两侧上方举起至与肩平，稍停，再直臂慢慢放下还原（见图 7-13）。

要点：前屈的上体要保持挺胸收腹，两臂伸直，不得借助上体抬起摆动的惯性上举。

图 7-13　俯立侧平举

（五）腰腹肌练习

1. 罗马椅后仰卧起坐

作用：主要发达腹直肌和骶棘肌。

做法：正坐在罗马椅上，两脚固定，两手抱于胸前，上体慢慢后倒，接近水平面，再向上成坐立姿势。可左右转体起坐，有利于发展腹外斜肌（见图 7-14）。

要点：动作速度按向上快、向下慢的节奏进行。

图 7-14　罗马椅后仰卧起坐

2. 仰卧举腿

作用：主要发达腹肌和骶棘肌。

做法：仰卧，屈膝或直腿上举至垂直面，慢慢还原。头、上体固定，也可在不同斜度的卧举凳上练习（见图 7-15）。

要点：两腿必须伸直并拢，腿上举时稍快，下放时稍慢。

图 7-15　仰卧举腿

3. 俯卧体屈伸

作用：主要发达骶棘肌和臀大肌。

做法：俯卧在“山羊”或长凳上，两脚固定；随即上体下屈，两手交叉抱在头后处；接着向上抬起上体至不能再抬为止，稍停，再慢慢下屈恢复原位。可负重练习（见图 7-16）。

要点：上体向后仰起呈反“弓”形，背肌充分收紧，速度以向上伸快、向下屈慢的节奏进行。

图 7-16　俯卧体屈伸

4. 站立体前屈

作用：主要发达腹内、外斜肌。

做法：身体直立，两腿开立与肩宽，肩负杠铃，两手紧握两端的铃片；随即上体向左侧转体至不能再转为止，稍停，再还原并向右侧转体至极限（见图 7-17）。

要点：做动作时，上体挺胸收腹，两腿伸直，两脚不得移动，动作应缓慢而平稳。

图 7-17　站立体前屈

（六）下肢练习

1. 深蹲

作用：主要发达股四头肌和臀大肌。

做法：身体直立，两脚开立与肩宽，颈前（后）负杠铃，做全蹲起或跳练习（见图 7-18）。

要点：抬头挺胸腰收紧，慢蹲快起。

图 7-18　深蹲

2. 负重弓箭步

作用：主要发达股四头肌、腓肠肌和比目鱼肌。

做法：颈后负铃，两腿前后弓箭步开立，然后前腿屈膝下蹲，后腿始终挺直，还原成箭步开立（见图 7-19）。

要点：屈膝下压至能承受的深度为止，后腿始终伸直。

图 7-19　负重弓箭步

3. 腿弯举

作用：主要发达股二头肌、半腱肌。

做法：俯卧在凳上，脚勾住练习器上的滚筒或橡皮筋拉力器，两手抓住身前支撑物，两腿做弯举动作（见图 7-20）。

要点：小腿下落复位时要控制下降速度，调节好皮筋的拉力度。

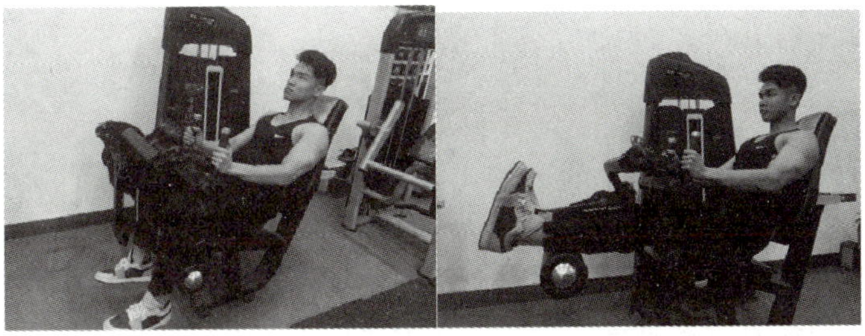

图 7-20　腿弯举

4. 坐姿腿屈伸

作用：主要发达股四头肌、股直肌。

做法：坐在凳上，膝关节内缘紧贴凳面，脚负重物做腿屈伸动作（见图 7-21）。

要点：要注意伸直两腿，然后慢慢还原。

图 7-21　坐姿腿屈伸

5. 负重提踵

作用：主要发达腓肠肌、比目鱼肌。

做法：颈后负铃，两脚平行窄站于平地或垫板上，提踵至高点，稍停后还原（见图 7-22）。

要点：向上提踵要充分，同时用力夹臀和收紧腿部肌肉，膝关节始终伸直。

图 7-22　负重提踵

（七）综合练习

1. 弓箭步挺

作用：主要锻炼腿部爆发力和臂的协调用力。

做法：颈前负铃，两膝微屈，预蹲，接着上挺分腿成箭步，同时两臂伸直将杠铃举至头上（见图 7-23）。

要点：速度要快，动作要协调。

图 7-23　弓箭步挺

2. 连续提铃推举

作用：主要发达股四头肌、臀大肌和肱三头肌。

做法：两腿开立，上体前屈从地上提铃至胸，推举至头上，两手伸直后再还原。如此重复练习（见图 7-24）。

要点：动作协调连贯。

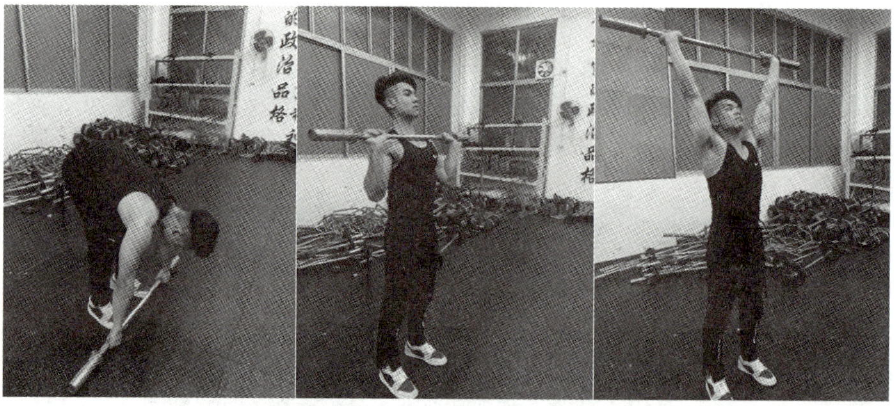

图 7-24　连续提铃推举

3. 高抓

作用：主要锻炼肩、臂、背、腿的协调能力。

做法：两腿开立，上体前屈，臀部后移，抬头，两臂垂直正握杠铃，将杠铃举至头上，稍停还原（见图 7-25）。

要点：举杠铃时肘关节不能弯曲，上体不要前后摆动。

图 7-25　高抓

三、健美锻炼的训练方法

因组数、强度、动作组合形式以及练习程序不同，健美锻炼的具体方法也较多，现介绍几种常用的训练方法。

（一）定量间歇法

在一次锻炼中用的重量、组数以及每组次数都是固定的，组间的间歇时间为 1～2 min。这种方法适宜于初学者。

（二）先衰竭法

要想使哪块肌肉发达，先选择只发展这块肌肉的局部肌肉，做 6～10 次直到疲劳，使其衰竭；然后在 3～5 s 之内移至另一器械，做一个以发展这块肌肉为主的综合肌肉群练习，用 70%的重量做到极限。这样交替训练 4 组左右，能有效地增大肌肉围径。这种方法适合有一定基础者采用。

（三）塔式法

此方法是负荷重量先由轻逐组加重、再逐组减轻进行练习，动作组数较多，适合有一定基础者采用。

（四）组合法

此方法是将两个或两个以上的动作合成一组进行练习。组合的方法有两种：一是相对部位动作组合，二是相同部位动作组合。

（五）循环法

把同类的或不同类的动作编排在一大组内，分设 4 ~ 8 个站，然后按顺序依次循环练习。此法运动量大，能全面锻炼身体，适合以减肥、健身为主的初学者采用。

（六）超量负荷法

要使肌肉的体积和力量不断增大，机体功能不断提高，就必须承受超量的负荷锻炼。只有不断进行科学的超量工作和超量负荷锻炼，才能使肌体不断适应和接受新的运动量和负荷，即通过超量和超负荷刺激，使肌体获得超量恢复，这是健美体格的一个根本法则。

（七）纠正法

为加强某一部位的肌肉或重点纠正某一部位的缺陷，对所纠正的重点部位进行专门训练，并保证各肌肉得到充分或全面的训练，达到使全身协调发展的目的。

四、健美锻炼计划

（一）健美锻炼的原则

在健美运动中，尽管个人情况不同，锻炼的目标也不完全一致，但都要注意遵循以下几个共同性原则：

（1）以器械练习为主、以体型练习为辅。

（2）动作设计要符合解剖和生理结构特点。

（3）要循序渐进，因人而异。

（4）要全面、匀称、协调地发展。

（二）健美计划的安排

初学者半年内的训练安排，主要以掌握动作技术、体会肌肉感觉、发达上肢肌肉为主，使身体向均衡的方向发展。这一阶段一般每周安排 3 次训练（隔天训练）。

第 1 个月内每次训练 68 个基本动作，每个动作练 2 ~ 3 组。

第 2 个月以后可增加到 8 个基本动作，每个动作练 2 ~ 3 组，重点动作 3 组（重点动作不超过 4 个）。

第 3 ~ 4 个月，每个动作练 3 组。

第 5 ~ 6 个月，每个动作练 3 ~ 4 组，重点动作练 4 组（重点动作不超过 5 个），一堂训练课不超过 30 组。

一周常见的训练部位安排如下：

星期一：背、胸、肩、臂；

星期三：背、腿、臀、腹；

星期五：胸、肩、臂、腿、臀、腹。

对于相对薄弱的部位，可根据个人的实际情况选择确定上述训练动作。

第二节　健美操

一、概　述

健美操是一项深受广大群众喜爱的、普及性极强的，集体操、舞蹈、音乐、健身、娱乐于一体的体育项目。健美操是一种有氧运动，是持续一定时间的、中低程度的全身运动，主要锻炼练习者的心肺功能，是有氧耐力素质的基础。跳健美操有诸多好处，不仅能帮助我们有效地强身健体，而且还有减肥的功效。这种运动减肥方法集健美和健身于一体，特别适合女性。

健美操可分竞技健美操和健身健美操、表演健美操三大类。竞技健美操根据竞技健美操规则的要求进行编制、训练、比赛。健身健美操是普及性的，没有统一要求，适合所有年龄段的人。竞技健美操竞赛项目包括男子单人、女子单人、混合双人、三人（性别不限）、集体操、有氧舞蹈、有氧踏板、啦啦操等。

二、健美操常用手型

健美操中的手型有多种，是从芭蕾舞、现代舞、迪斯科、武术中吸收和发展而来的。手型是手臂动作的延伸和表现，运用得好，会使健美操动作更加丰富多彩、生动活泼，更具有感染力。

（1）并拢式：五指伸直，相互并拢。大拇指微屈，指关节贴于食指旁。

（2）分开式：五指用力伸直，充分张开。

（3）芭蕾手式：五指微屈，后三指并拢、稍内收，拇指内扣。

（4）拳式：握拳，拇指在外，指关节弯曲，紧贴于食指和中指。

（5）立掌式：五指伸直，手掌用力上翘。

（6）西班牙舞手式：五指用力，小指、无名指、中指自掌指关节处依次屈，拇指稍内扣。

（7）花式：在（2）分开式的基础上，小指伸直向掌心回弯到最大限度，无名指随小指回弯。

三、健美操基本步伐

健美操的步伐分为 7 大类：吸腿跳、开合跳、弓步跳、踏步、后踢腿跳、弹踢腿跳、踢腿跳。

种类：有膝弹动，膝踝弹动（踝弹动）。

形式：并腿的弹动，分腿的弹动。

方向：向前的弹动，向左、右前 45°方向的弹动，左、右绕的弹动。

技术要点：两膝与踝关节自然屈伸。

四、健美操大众锻炼标准一级套路

（一）组合一

1×8		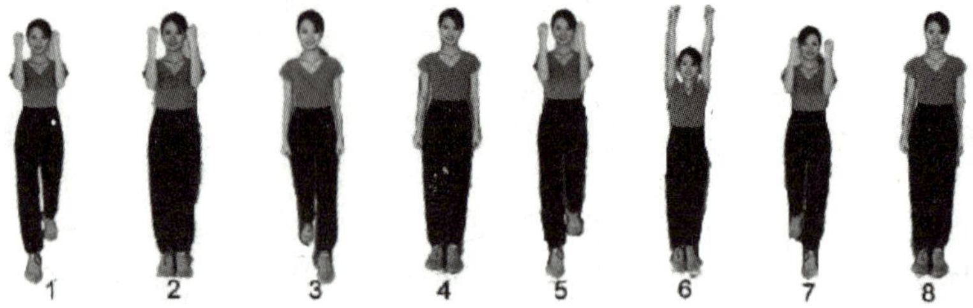	
节拍		下肢步伐	上肢动作
预备姿势		站立	
一	1-8	右脚一字步 2 次 2 easy walk	1-2 双臂胸前屈，3-4 后摆，5 胸前屈，6 上举，7 胸前屈，8 放于体侧

1×8		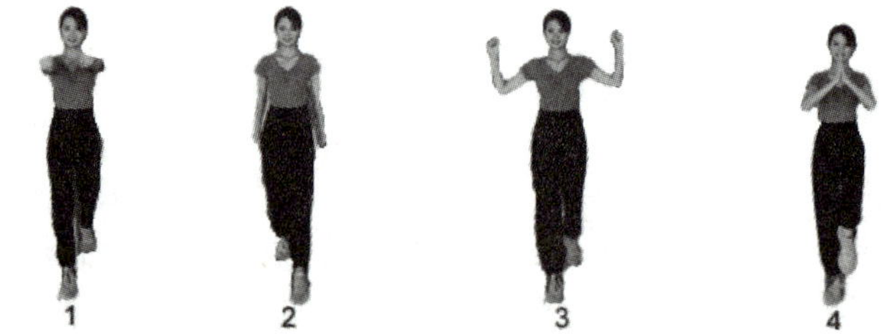	
节拍		下肢步伐	上肢动作
二	1-8	右脚一字步 2 次 2 easy walk	吸腿时击掌，5-8 同 1-4

1×8		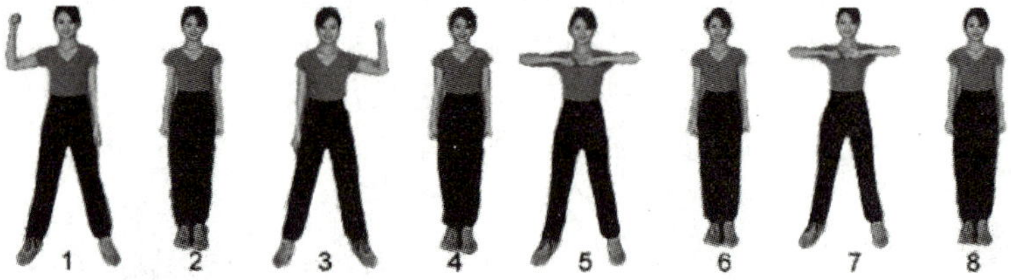	
节拍		下肢步伐	上肢动作
三	1-8	侧并步 4 次(单单双) step touch（SSD）	1 右臂肩侧屈，2 还原，3 左臂肩侧屈，4 还原，5 双臂胸前平屈，6 还原，7-8 同 5-6

1×8	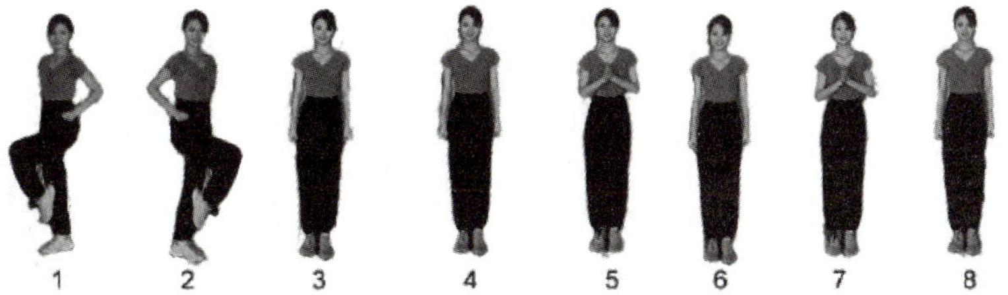		
节拍		下肢步伐	上肢动作
四	1-4	左脚十字步 box step	自然摆动
	5-8	踏步 4 次 4 march	5 击掌，6 还原，7-8 同 5-6
第五至八个八拍，动作相同，但方向相反			

（二）组合二

1×8			
节拍		下肢步伐	上肢动作
一	1-8	右脚开始前点地 4 次 4 tap front	1 双臂屈臂右摆；2 还原；3 左摆；4 还原；5 右摆成右臂侧斜上举，左臂胸前平屈；6 还原；7-8 同 5-6，但方向相反

1×8			
节拍		下肢步伐	上肢动作
二	1-4	向右弧形走 270 度 4 march turn	自然摆动
	5-8	并腿半蹲 2 次 2 squat	5 双臂前举，6 右臂胸前平屈（上体右转），7 双臂前举，8 放于体侧

1×8			
节拍		下肢步伐	上肢动作
三	1-8	右脚开始两次上步吸腿转体 90 度 2 step knee	1 双臂前举，2 屈臂后拉，3 前举，4 还原，5-8 同 1-4

1×8			
节拍		下肢步伐	上肢动作
四	1-8	上步后屈腿 4 次 4 step curl	自然摆动，向前时胸前交叉
第五至八个八拍，动作相同，但方向相反			

（三）组合三

1×8			
节拍		下肢步伐	上肢动作
一	1-4	向右交叉步 cross-step	1-3 双臂经侧至上举，4 胸前平屈
	5-8	右腿半蹲 squat	5-6 双臂前举，7-8 放于体侧

1×8			
节拍		下肢步伐	上肢动作
二	1-8	侧点地 4 次（单单双） 4 tap side （SSD）	1 右臂左前举、左臂屈肘于腰间；2 双臂屈肘于腰间；3-4 同 1-2，但方向相反；5-8 同 1-2，重复 2 次

1×8			
节拍		下肢步伐	上肢动作
三	1-8	左腿开始向前走 3 步+吸腿 3 次 Walk fwd+3 knee up	1 双臂肩侧屈，2 胸前交叉，3 同 1，4 击掌，5 肩侧屈，6 腿下击掌，7-8 同 1-2
四	1-8	右腿开始向后走 3 步+吸腿 3 次 Walk bwd+3 knee up	同上

（四）组合四

1×8			
节拍		下肢步伐	上肢动作
一	1-8	右腿开始 V 字步+A 字步 X step	1 右臂侧斜上举，2 双臂侧斜上举，3-4 击掌 2 次，5 右臂侧斜下举，6 双臂侧斜下举，7-8 击掌 2 次

1×8		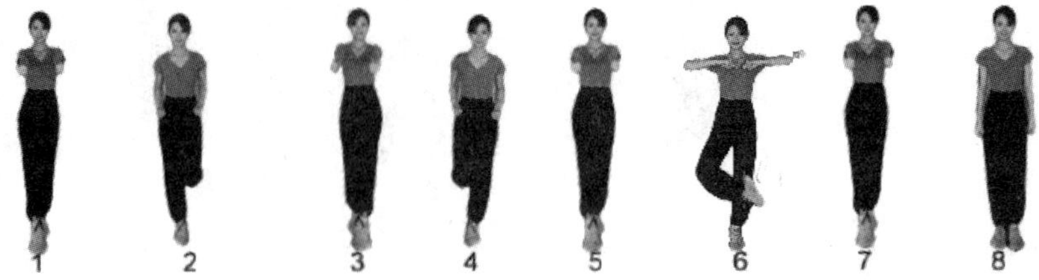	
节拍		下肢步伐	上肢动作
一	1-8	弹踢腿跳 4 次（单单双） 4 flick（SSD）	1 双臂前举，2 下摆，3-4 同 1-2，5 前举，6 胸前平屈，7-8 同 1-2

1×8			
节拍		下肢步伐	上肢动作
三	1-8	左腿漫步 2 次 2 mambo	自然摆动

1×8			
节拍		下肢步伐	上肢动作
四	1-8	迈步后点地 4 次	1 右臂胸前平屈，2 右臂左下举，3-4 同 1-2 但方向相反，5 右臂侧斜上举，6 右臂左下举，7-8 同 5-6 但方向相反
第五至八个八拍，动作相同，但方向相反			

第三节　啦啦操

一、起　源

啦啦操（cheerleading）起源于早期原始部落的仪式活动。其中的 cheer 部分，有振奋精神、提振士气的意思。为激励外出打仗或打猎的战士们，他们通常会举行一种仪式，仪式中用族人欢呼、手舞足蹈的表演来鼓励战士，希望能凯旋。啦啦操并不同于健美操，最初不是一项体育运动，起源于美国，遍布美国的 NBA、橄榄球、棒球、游泳、田径、摔跤等比赛现场，至今已经有 100 多年的历史。最初为美式足球呐喊助威的活动，发展到现在，成为世界范围内的一项体育运动。

二、简　介

啦啦操是一项深受广大群众喜爱的、普及性极强，集体操、舞蹈、音乐、健身、娱乐于一体的体育项目，也是一项多人参与的集体项目。

世界啦啦操锦标赛，是全球啦啦队界的一项重要赛事，每年 4 月份，在美国奥兰多迪斯尼乐园赛场里，都将迎接全球 60 多个组织、20 多个国家的上万名顶尖的啦啦操高手。其中包括代表中国出征的队伍。一直以来，啦啦操是作为球赛或其他一些比赛中场休息时候的表演，后来就开始成为一个比赛项目。

现代啦啦操以团队的形式出现，结合 Dance（舞蹈）、Cheer（口号）、Partner Stunts（舞伴特技，是指托举的难度动作）、Tumbling（技巧）、Basket Toss（轿子抛）、Pyramid（叠罗汉）、Jump（跳跃）等动作技术，配合音乐、服装、队形变化及标示物品（如彩球、口号板、喇叭与旗帜）等要素，遵守比赛规则中对性别、人数、时间的限制，以及安全规则等规定进行比赛的运动，称为竞技啦啦队，亦可称为啦啦队。竞技啦啦队分为技巧啦啦队和舞蹈啦啦队。其中技巧啦啦队包括 Mixed（男女混合组）、All-Female（全女子组）和 Partner stunts（舞伴特技）；舞蹈啦啦队又包括 Pom（花球）、High kick（高踢腿）、Jazz（爵士）和 Prop（道具）四个组别。 代表世界啦啦操最高水平的全美啦啦操队锦标赛的参赛标准为：队伍人数为 6 ~ 32 人，分四个组别进行比赛，分别是业余组、中学组、大学组和全明星组。

三、啦啦操常用手型

啦啦操中的手型有多种，与健美操的手型是一致的，此处不再赘述。

四、啦啦操的 32 个基本手位（见图 7-26）

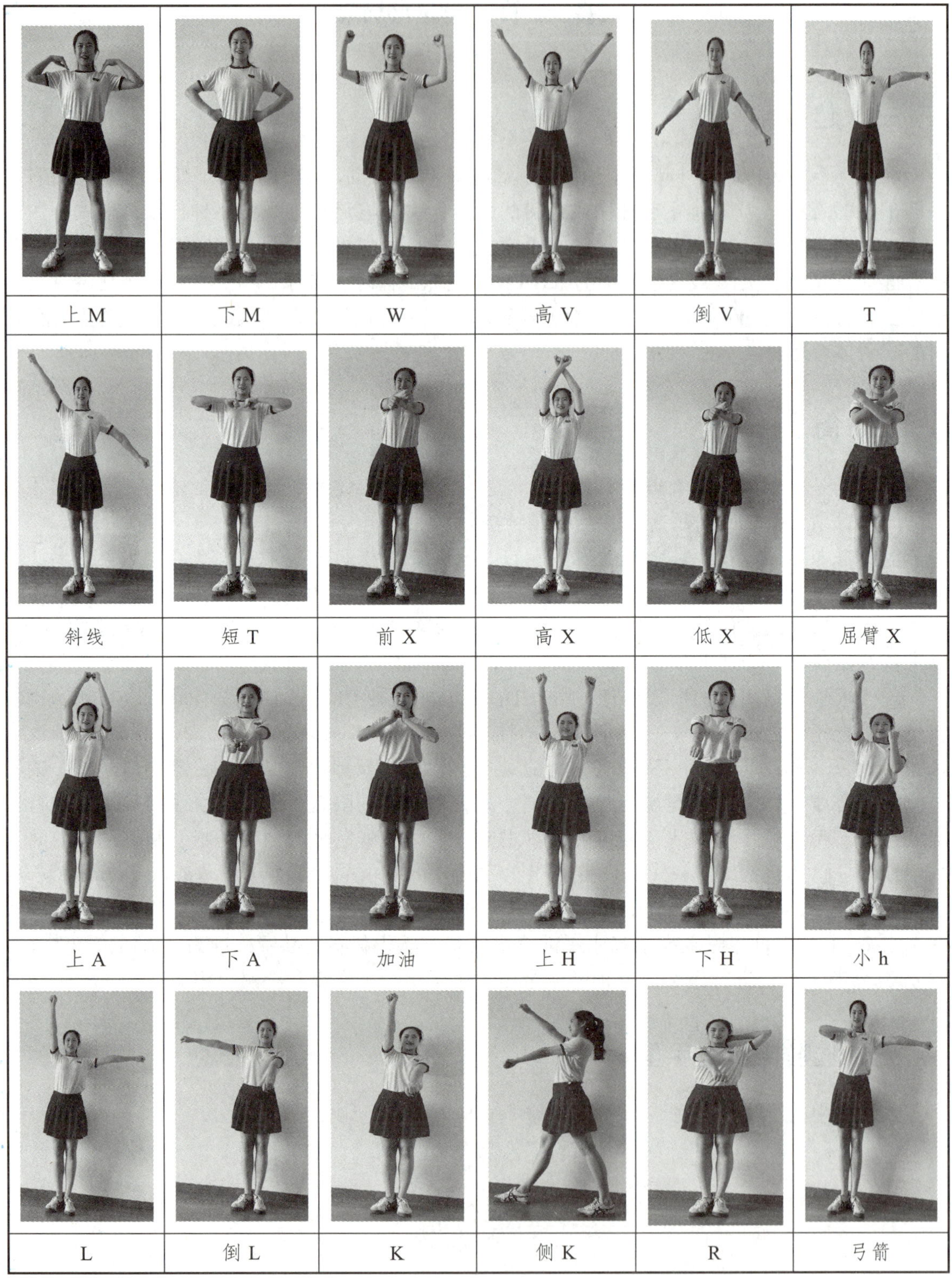

小弓箭	高冲拳	侧下冲拳	斜下冲拳	斜上冲拳	短剑

侧上冲拳	X				

图 7-26　啦啦操 32 个基本手位图

五、全国啦啦操规定套路一级《花球舞蹈啦啦操》

（一）预备造型

动作	      预备　哒　1-4　哒　5-7　8
预备	左手扶臂，右臂侧平举，两腿屈膝外开右脚点地，面向 1 点。
动作说明	1-4 拍双臂成下 V 形，脚上前锁步；5-7 拍向上成上 V 形，双腿开立；8 拍双手持花球于胸前，双腿跳成并步

（二）第一个八拍

动作	 1-3　1-3 侧面示范　4　5-6　7-8
动作说明	1-3 拍手臂垂于大腿前方，右、左、右脚依次前上步；4 拍成上 H 形，并步提踵；5-8 拍双手抱于胸前，成上 V 形，两拍一动，上左脚成弓步，右膝微曲，脚跟提起

（三）第二个八拍

动作	 1-3　1-3 侧面示范　4　5-6　7-8
动作说明	1-3 拍手臂垂于大腿前方，右、左、右脚依次前上步；4 拍成上 H 形，并步提踵；5-8 拍双手抱于胸前，成下 V 形，两拍一动，左脚后退成弓步，左膝微曲，脚跟提起

（四）第三个八拍

动作	 1　2　3　4　5-6　7-8
动作说明	1-3 拍双臂垂于大腿前方，左、右、左脚依次踏步，同时向左转体 360°；4 拍双臂屈肘于胸前，成并步；5-6 拍手臂成 K 形，迈左脚成屈腿弓步；7-8 拍双臂屈肘于胸前，收左腿，并腿站立

（五）第四个八拍

动作	 1　2　3　4　5-6　7-8
动作说明	1-3 拍双臂垂于大腿前方，右、左、右脚依次踏步，同时向右转体 360°；4 拍双臂屈肘于胸前，成并步；5-6 拍手臂成 K 形，迈右脚成屈弓步；7-8 拍双臂屈肘于胸前，收右左腿，并腿站立

（六）第五个八拍

动作	 1　2　3　4  5　6　7　8
动作说明	1 拍右上 L 形，左脚向左侧迈步同时半蹲；2 拍屈肘于胸前，收左脚成并步；3-4 拍动作相同，方向相反；5 拍右臂前 L 形，左脚上步成前弓步；6 拍双臂成上 H 形，并步双脚提踵；7 拍左臂前 L 形，左脚向左侧迈步同时半蹲；8 拍双臂垂直于大腿前方，双脚跳成并步

（七）第六个八拍

动作	 1-2　　3-4　　5-6　　7-8
动作说明	1-2 拍成右上斜线，迈右脚成右弓步；3-4 拍成左上斜线，重心左移成左弓步；5-6 拍含胸双手收于胸前，跳成屈膝并步；7-8 拍两手并拢，前伸双臂前举，前迈左脚，成屈腿弓步，右脚跟提起

（八）第七个八拍

动作	 1-2　　3　　4　　5　　6　　7　　8
动作说明	1-2 拍成右臂高冲拳，3-4 拍点抬头一次，1-4 拍左脚向后左侧迈出成分腿站立；5 拍成右斜下冲拳，6 拍成左侧上冲拳，7-8 拍动作相同方向相反，5-8 拍腿保持不动

（九）第八个八拍

动作	 1、3、5　　2、4、6　　7-8
动作说明	1-6 拍双臂垂直于大腿前方，左右脚依次踏步；7-8 拍双手抱于胸前（成加油手位），并步

（十）第九个八拍

动作	 1-2　3-4　5　6　7　8
动作说明	1-2 拍双手上举成上 A 形手位，双脚大分腿站立；3-4 拍双手向下成 H 形手位，屈膝俯身；5 拍双臂平行向右上方斜冲拳，身体右转后靠，两腿分立半蹲，重心移至左脚同时左脚跟提起；6 拍双手下压扶右膝，保持体位重心移至两腿之间；7 拍垂直于大腿前方，跳成并步直立；8 拍屈臂收于腰间，右脚在前成锁步

（十一）第十个八拍

动作	 1　2　3-7　8
动作说明	1 拍双手上举成上 H 形，右脚支撑左腿向侧摆腿；2 拍双臂经体侧由上向下压，左腿前锁步；3-7 拍扶右膝，身体右转前俯身，两腿分立半蹲，重心于两脚之间同时左脚跟提起；8 拍双臂垂于大腿前方，双腿并立

（十二）第十一个八拍

动作（第一组）	 1　2　3　4-7　8

（第二组）	 1-4　5　6　7　8
动作说明	1-3 拍双臂成 H 形上举，分别于右前、正前、左前三个方位各敲击一次，分腿站立；4 拍左前上方垂直下压扶膝，身体左转前俯身，两腿分立半蹲，重心于两脚之间，同时右脚跟提起；5-7 拍保持双手扶膝，腿位同 4 拍；8 拍垂直于大腿前方，双腿并步直立

（十三）第十二个八拍

动作	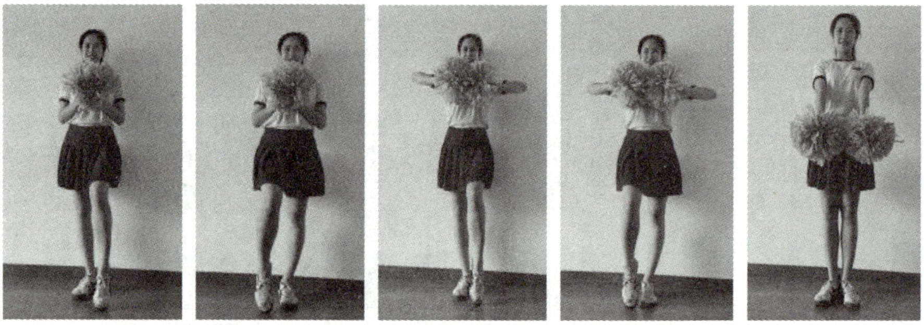 1、3　2、4　5　6　7-8
动作说明	1-4 拍两臂屈肘于胸前（成“加油”手位），5-6 拍两臂屈肘成短 T 形手位，左右脚依次踏步；7-8 拍垂直于大腿前方，双腿并立

（十四）第十三个八拍

动作	 1　哒　2　3　4

	 5  6  7  哒  8
动作说明	1 拍两臂由体侧摆至腹前，哒拍两臂屈肘收于腰侧，右腿经地面向前踹，哒拍屈膝收腿；2 拍两臂向前冲，成马步；3 拍屈肘成短 T 形手位于胸前；4 拍成右手斜上冲拳，左手贴于腰际身体稍向左倾斜；5 拍成左手斜上冲拳，右手贴于腰际身体稍向右倾斜，3-5 拍保持马步小跳三次；6 拍双臂侧下举，同时身体右转前俯；7-8 拍向前振胸两次同时抬起上体，两腿分立半蹲，重心于两脚之间，同时左脚跟提起

（十五）第十四个八拍

动作	 1  2  3  4
	 5-6  7  哒  哒  8
动作说明	1 拍右手扶臂，左臂侧平举，分腿半蹲，左脚尖点地；2 拍左手扶臂，动作与 1 拍相同、方向相反；3 拍双臂斜下举，同 1 拍动作；4 拍两臂交叉于胸前，两腿分立，右脚屈膝提踵；5-6 拍两臂分开于身体两侧，身体左转前俯身，两腿分立半蹲，重心于两脚之间，同时右脚跟提起；7-8 拍双臂前举平移于胸前，分腿开立

（十六）第十五个八拍

动作	 1　2　哒　3　4　哒  5　哒　6　7　8
动作说明	1 拍右臂下伸，左臂屈肘于胸前，哒拍左臂下伸，右臂屈肘于胸前，双腿分立重心移至右脚；2 拍双臂成“加油”手位，哒拍成 H 形手位，重心于两脚之间，分腿站立；3 拍动作同 1 拍方向相反，重心移至左脚；4 拍动作同 2 拍，重心于两脚之间，分腿站立；5-6 拍小臂上举内绕环，经右侧平移至左侧，分腿站立；7 拍含胸低头，双臂屈于胸前，屈膝前俯身；8 拍双臂成上 A 形手位，跳成并步

（十七）第十六个八拍

动作	 1　2　3　哒

	 4　5　6　7　8
动作说明	1、3、4 拍右手屈肘扶于右胯，左手屈肘外摆于体侧；2 拍、哒拍动作相同，方向相反，左右脚依次前走锁步；5-7 拍成下 M 形手位，右、左脚依次上步；8 拍屈肘于胸前，并步

（十八）第十七个八拍

动作	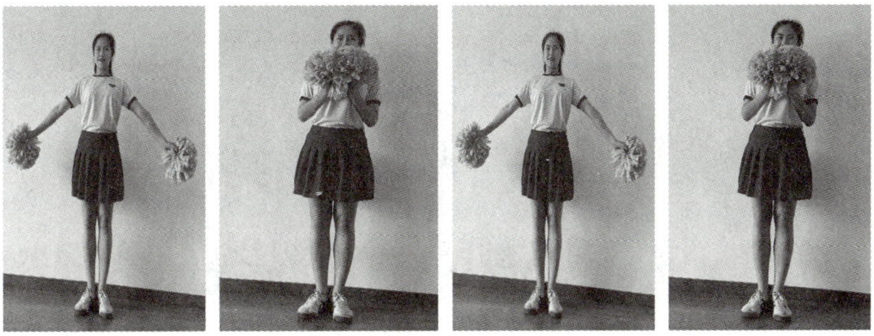 1-2　3-4　5-6　7-8
动作说明	1-2 拍侧下举；3-4 拍屈肘于胸前（成“加油”手位），直立；5-8 拍同上

（十九）第十八个八拍

动作	 1　2　3　4

	 5 6 7 8
动作说明	1 拍左臂上举，右臂下垂；2-7 拍左臂带动右臂做风火轮，屈膝并腿弹动，一拍一动；8 拍成胸前屈臂重叠，站立

（二十）第十九个八拍

动作	 1 2 3 4 5 6 7-8
动作说明	1-6 拍双臂垂于大腿前方，左、右脚依次踏步向左转体 360°；7-8 拍成侧平举，双脚并立

（二十一）第二十个八拍

动作	 1 2 3 4

	 5　6　7　8
动作说明	1-8 拍侧平举。1 拍左侧吸腿跳；2 拍并腿跳；3 拍左踢腿跳；4 拍并腿跳；5 拍右踢腿跳；6 拍并腿跳；7 拍左踢腿跳；8 拍双脚并立

（二十二）第二十一个八拍

动作	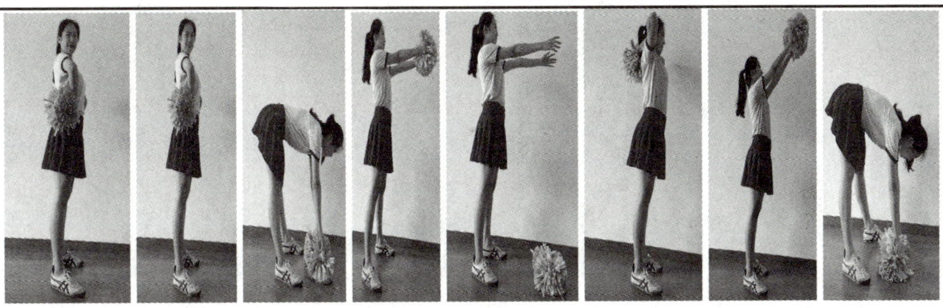 1-2　3-4　5-6　7-8
动作说明	1-2 拍双手扶髋；3-4 拍向前抛花球（3-4 拍两臂前平举），分腿站立；5-6 拍接花球（5-6 拍向后递花球）；7-8 拍上举花球（7-8 拍俯身捡花球），分腿站立

（二十三）第二十二个八拍

动作	 1、3　2、4　5　6　7　8
动作说明	1-4 拍右臂高冲拳，1、3 拍左脚上步，2、4 拍右脚上步；5-8 拍左手叉腰，右手随胯左、右依次摆动（一拍一动）。5 拍左脚向左移动成开立，双腿屈膝，右脚点地；6-8 拍脚跟随髋部左、右摆动

（二十四）第二十三个八拍

动作	 1  2  3  4  5  哒  6  7  8
动作说明	1-4 拍双臂依次向左斜下、右斜下、左斜上、右斜上推动，左脚迈出十字步；5 拍侧平举，哒拍屈肘外绕环；6 拍侧平举，5-6 拍左侧身并步走；7 拍双臂垂于体侧，迈右脚右后转体 180°；8 拍成 X 形手位，左脚在前成弓步

（二十五）第二十四个八拍

动作	 1  哒  2  3

	 4　　5　　6　　7　　8
动作说明	1 拍双臂上举成高 V 形，哒拍屈臂于胸前；2 拍双臂下举成倒 V 形，1-2 拍右脚侧并步走；3-6 拍双臂垂直于大腿前方，向左后方迈步转体 180°；7 拍双手握持花球于胸前，并步团身半蹲；8 拍双臂上举，并步提踵

（二十六）结束动作

动作	
动作说明	右臂于斜前下方，左臂屈肘于头部后方，分腿站立并屈膝，左脚前脚掌点地屈膝外开

第四节　普拉提

一、简　介

普拉提（德语：Pilates）是一项由德国人约瑟夫·皮拉提斯（Joseph Pilates）与其夫人在 20 世纪创立的体适能运动。皮拉提斯生前将自创的这一套独特训练动作、运动的技能称为“控制术”。

狭义的普拉提运动指普拉提夫妇创造的超过 500 个动作，大部分是拍成照片或纪录片后保存下来的。广义的普拉提是一项全身协调运动，强调对核心肌群的控制，加强人脑对肢体及骨骼肌肉组织的神经感应及支配，再配合正确的呼吸方法进行。普拉提演化为一个名词，泛指所有运用 Joseph Pilates 动作来锻炼的课程。该课程可以是集体健身课程，也可以是由一个教练为了纠正某种特殊损伤、肌肉不平衡或其他身体问题而开设的私人训练课程。普拉提集体健身课是专为在办公室工作的人群设计的，他们由于长时间在办公桌和电脑前工作，肌肉发展失衡。这种课程主要是针对腹肌、髋肌群、肩、背等部位的肌肉进行训练。有规律地进行普拉提锻炼可纠正身体姿态，放松腰部、颈部，解决肩部问题，收紧手臂、腹部的松弛肌肉。很多专业运动员也用普拉提练习来避免运动损伤。

二、基本功训练

（一）横向呼吸法

做普拉提运用横向呼吸法，能使人做出正确的动作，同时让肺部吸纳最大量的氧气。吸气时，胸腔骨的下部横向扩张，呼气时则下陷。这样呼吸，能协助人在运动时保持腹部一直收缩内曲。坐或站直，置双手于胸腔骨旁；吸气，胸腔骨横向扩张，但肚子不要上胀。感觉胸骨的移动，沉肩；吸气时，尽量将胸腔骨下陷进身体，感觉两边胸骨往中央移近。这些肌肉包括腹肌（尤其腹横肌）、下背肌和盆腔底肌。一个强壮的轴心不但能减少背伤的概率，而且能改善姿势和调准身体的平衡。普通人经常忽略这些肌肉，普拉提就是提醒我们找到并运用它们。

要达到良好的轴心稳定，需要在拉紧下腹的同时，收缩盆腔底肌，以启动深层的腹横肌。盆腔底肌位于盆腔底部，而腹横肌是包围下腹和腰肢的一条内层腰带。要启动盆腔底肌，要把盆腔底向内向上抽紧，感觉有点像忍尿一样。当缓缓抽紧盆腔底肌时，多裂肌（这个很难感觉到）和腹横肌就会同时收缩。持续收紧下腹，这种收缩要向上和向内进展往脊骨。不要用尽全力收缩，达到完全收紧的 30%～40%，就是凝聚轴心的标准力度。

（二）沉　肩

很多人都会在颈和肩膊处积聚压力。加上不良的姿势，如长时间坐在电脑前，弓起背、头伸前，久而久之形成圆拱又绷紧的上背。肩胛骨尖向外移离胸腔骨。普拉提强调利用中背肌肉把肩膊沉下，以帮助拉直上背。

大家可以用这个小小的运动来练习沉肩。开始时，耸起双肩又放下数次。耸肩时，肩胛骨尖向外移。当肩膊降下，肩胛骨尖收往下和往内。我们利用这个动作来固定肩膊的位置。将肩胛骨尖向下背的中线沉下，你会感到颈项同时自然延伸，消除颈、肩的压力和绷紧。

（三）轴心盒子

幻想四条直线，将两边肩膀和两边盆骨相连，这个“盒子”是身体调准和对称的提示。做每一个普拉提运动时，问问自己：“我的盒子方正吗？”很多人都会习惯性地依赖一边身体，你甚至可以留意自己倾侧或旋向一边。做各种日常活动时，也经常会有身体一边较另一边容易操控的感觉。普拉提会令你更意识到这些不平衡，并纠正、调准它们。

（四）下巴抵近胸前

多数垫式普拉提动作都是在仰卧姿势中抬起头和手脚。正确的头部位置对于增加腹肌运用和减少颈部压力十分重要。头应该提起向前至锁骨上，下巴应抵近胸骨。下巴和胸膛之间应有约一个拳头的距离，视线则固定于轴心位置。如此提起头部，有助于运动时用眼睛检查躯干和双脚的调准情况。初学者常犯的错误是把下巴太贴近胸骨，或将头向后昂，因而感到颈部疼痛。

（五）延伸脊骨和四肢

教师经常会叫学生“拉长脊骨”“长高一点”。有研究指出，只需要简单的口头指示，参与者就可以真的延伸脊骨，减小脊椎间的压缩。其中有两个重点位置能帮你“长高”。首先，增加盆骨和胸腔骨之间的距离。此外，将头部拉离尾龙骨的方向。当你学会“长高”后，就要学会保持这个高度。普拉提就是要唤醒那些维持坐站姿的肌肉。至于延伸四肢，则有助于增强四肢的肌肉。要注意肢体的调准，不要锁死手肘和膝关节。

（六）脊骨和盆部自然中轴位置

脊骨和盆部的自然中轴位置是相辅相成的。当盆部处于自然中轴时，下背脊骨就会自动落入它的中轴位置。要找到你的盆部自然中轴位置，将手心底部置于盆骨上，手指尖于耻骨上，形成一个三角形。这个三角形水平时，盆骨和下背就是处于自然中轴。尽量在做每一个普拉提动作时都保持这个自然中轴位置。

（七）卷动脊骨

一条健康的脊骨不但要强壮，而且要柔软。垫式普拉提的很多动作都侧重脊骨的逐节平均。

（八）普拉提站姿

脚踝相接，形成一个“V”字。普拉提站姿起始在盆部。应该收紧臀部，把大腿后侧互相贴紧，大腿骨从盆腔处向外转，双脚才打开成“V”字。虽然臀部和大腿收紧了，但小腿和双脚应保持放松延伸状态。

（九）整　合

垫式普拉提的一个特点是要参与思考活动模式。一个常用的方法就是集中精力放在活动中的一组肌肉或一个区域。但普拉提要求扩大你的集中范围，连静止中的身体部分都要留意，并意识到身体其实是一个整体。这样，你的动作才可以得到更加有效的平衡。

三、普拉提初阶动作

（一）单腿画圈

身体平躺在垫子上，双臂放于体侧。先把一条腿向上举起，另一条伸直或者弯曲放在地上，腹部收紧，腰部贴紧地面。吸气的时候用向上举起的腿画圈，方向顺逆均可；呼气时则回到起点，并停止动作。这样一个方向做 4～6 次，然后换方向再做 4～6 次。回到起始位置，换另一条腿（见图 7-27）。

提示：做的过程中腿部环绕的幅度不要太大，并保持臀部、髋关节不动。

作用：这组动作锻炼了腿部肌肉，能让腿部保持优美的曲线，同时配合的呼吸能合理调节内脏功能，让动作更灵活和协调。

图 7-27　单腿画圈

（二）滚动如球

坐姿，膝盖弯曲，手放在大腿下。抬起膝盖，收缩腹部吸气，用骨盆收缩肌来保持姿态。向后滚动至肩部，慢慢呼气，收缩下腹部，向前回到平衡姿态再吸一口气。注意脚不要放下，重复练习 5 次（见图 7-28）。

图 7-28　滚动如球

提示：整个练习过程中保持 C 形弯曲，背部弯曲弧度要大，身体应当保持蜷缩，这样才能向后滚，又不拉扯到腰椎。

作用：这组动作能够增强腹肌，使其变得紧实，同时能够按摩背部肌肉。

（三）侧抬腿

右面侧躺，用肘部作支撑，头放在右手上。左手平放在胸前的地上，双腿夹紧，位于身体延长线上。收缩腹部，双腿夹紧，整体抬起。动作开始时深吸气，抬腿时呼气。保持静态姿势 5-10 s。回到起始姿势，双腿再次下降时吸气（见图 7-29）。

提示：整个练习中腿部保持夹紧，当抬起或下降双腿时，胯部应当保持固定，不要向前或向后移动。

作用：这组动作能够加强腿部肌肉、骨盆稳定肌肉、深层腹肌和斜肌，使其变得紧实。

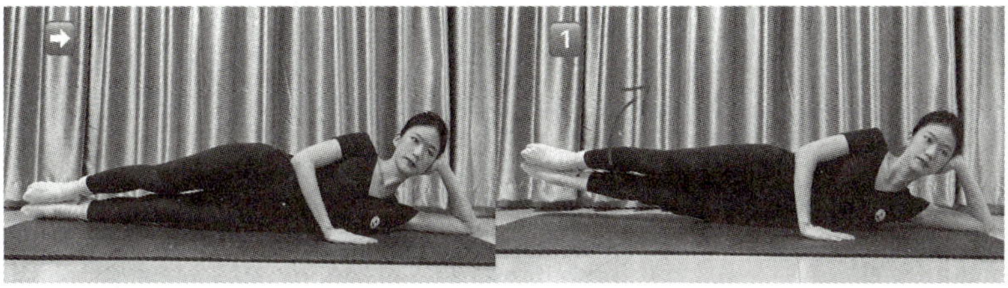

图 7-29　侧抬腿

（四）脊柱扭转

坐姿，上身笔直，双腿略微分开，双臂放在身体两侧。将双臂向两侧抬起到肩膀高度，身体尽量向上拔高。深吸气向上拉伸上身，收缩下腹部肌肉。然后身体向右旋转缓缓呼气，骨盆在地面保持直角。回到起始姿势时再次吸气，随后身体向左旋转缓缓呼气，每侧重复练习 5 次（见图 7-30）。

提示：注意向左或向后转动时，手臂与地面保持平行。骨盆必须在地上保持不动，在整个练习过程中，身体都要尽量向上拔高。

作用：这组动作锻炼了腹外斜肌，能够增强腰部曲线，使其变得柔软修长。

图 7-30　脊柱扭转

（五）臀　桥

仰卧，膝盖弯曲，双脚分开与胯部同宽，脚掌着地，双臂向内沿着身体两侧伸直。双脚牢牢站在地面，臀部夹紧，开始时最大限度打开胸腔，感受肋骨扩张，气体将肺部充满，然后呼气时抬起胯部，使肩膀、胯部和膝盖形成一条直线。保持静态姿势 10 s，以正常而绵长的胸腔呼吸为主。将臀部放回地面，回到起始姿势时呼气，然后重新开始。重复练习五次（见图 7-31）。

提示：确保动作开始时，脚跟靠近臀部，让胫骨在臀桥形成时与地面呈直角。双脚踩实地面。整个练习过程中收缩腹肌和臀肌，以保持稳定。收下巴，两膝不要分开。

作用：这组动作能够让腿、臀肌和腹肌变得紧实，增强下背部力量。

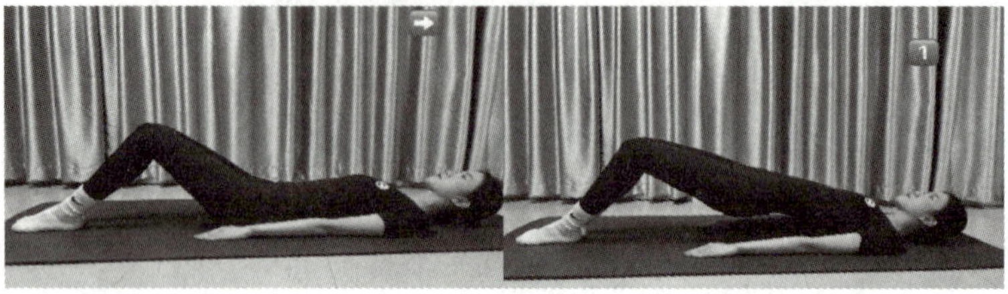

图 7-31　臀桥

（六）天鹅下潜

俯卧额头着地，手臂和肘部折叠在身体两侧，手掌着地，腿从胯部开始向外旋转，让大腿内侧挨地。动作开始时吸气，收缩腹肌和臀肌；然后让肚脐离开地面，用双手作为支撑，慢慢抬起上身，同时呼气。保持静态姿势规律呼吸 20 s，双腿紧贴地面，手臂紧贴身体；呼气，回到起始位置。重复练习五次（见图 7-32）。

提示：收缩臀肌和腹肌，防止下背部松懈，颈部保持在脊柱中线上，以免调动颈部肌肉，造成颈部紧张。

作用：这组动作能够增强背部伸肌、颈部、腹部和臀部的力量。

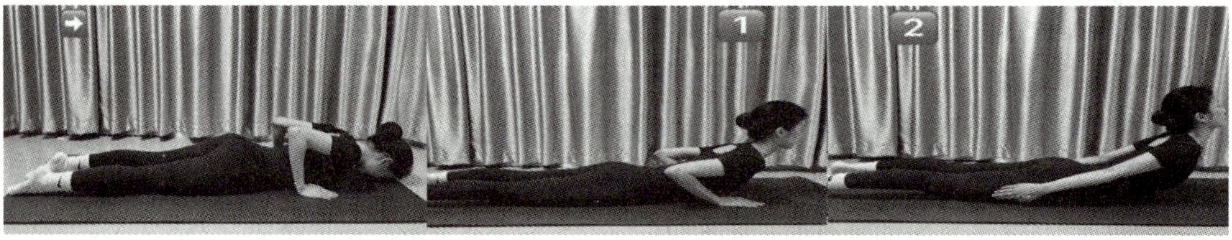

图 7-32　天鹅下潜

（七）平板支撑

站立，双脚并拢，手臂放在身体两侧，向前弯腰，用手触摸到脚，吸气；然后手臂逐渐向前移动直至做出平板姿势，保持静态姿势两组完整的呼吸时间，呼气；然后倒退回到起始姿势。重复练习五次（见图 7-33）。

提示：注意全身紧绷，整个练习过程都要收缩腹部和臀部，平板姿势背部保持挺直状态，让肩膀远离耳朵，不要凹背，避免增加腰部压力。练习过程中呼吸应当规律而绵长。

作用：这组动作能够增强手臂、腿部、腹部的肌肉力量。

图 7-33　平板支撑

（八）肌肉协调

仰卧，手臂和双腿放松放在地上，右膝向上身弯曲，左腿伸直抬高，与地面约呈 45°，将右手放在右脚踝上，左手放在右膝内侧，吸气，收缩腹部；然后在呼气过程中换两次腿和手的位置，呼气。左右脚轮换重复进行五次（见图 7-34）。

提示：注意练习过程中手的位置，收缩腹肌，从而在每次换腿时保持稳定。腿在做动作时最大限度地伸直，以增加拉伸度。

作用：这组动作能够增强腹部深层肌肉，改善肌肉协调性。

图 7-34　肌肉协调

（九）脊柱伸展

坐姿，上身挺直，脚掌着地，双臂在身前伸直，拉伸脊柱；然后收缩腹肌，慢慢向后躺的同时脊柱卷曲，尾骨内收。脊柱的脊椎一节节弯曲，一直到肩胛骨的位置，肩胛骨不要触碰地面。保持静态姿势 15 s，缓慢规律地呼吸；随后一节一节地将脊柱展开，直到恢复起始姿势。重复练习五次（见图 7-35）。

提示：向后躺时手臂保持与地面平行，手臂到手指末端都要尽量伸展。不要盲目拉伸脖子的肌肉，避免伤到颈部。整个练习过程中要收缩腹肌。

作用：这组动作能够增强深层腹肌，拉伸脊柱。

图 7-35　脊柱伸展

（十）双腿肌肉锻炼

仰卧，身体上部微微抬起，膝盖朝上身弯曲，手放在脚踝稍微上方处；吸气，将腿向高处伸直，同时双臂伸到头后，保持静止姿态 10 s，平稳呼吸；然后回到起始位置时呼气，重新将膝盖向上身弯曲。重复练习五次（见图 7-36）。

提示：在整个练习过程中，只有上身上部可以离开地面，下背部应当与地面贴紧。将注意力集中到呼吸和腹肌收缩上，头部保持在脊柱的延长线上，向前方远处看。

作用：这组动作能够拉伸双腿，增强背部肌肉力量。

图 7-36　双腿肌肉锻炼

四、其他形式的普拉提

（一）直立普拉提

这种锻炼改变了传统的垫上运动，整个运动过程中保持直立的姿势。

两脚分开，与胯同宽，手臂伸直上举，手掌相对；右脚伸直，右腿上抬，与左脚成 45°角。右脚沿顺时针方向画 3 个圆圈，这个过程胯部是平衡的，然后反向；完成后，右脚收回地面，并将右脚向右侧抬起，脚背弯曲，并沿顺逆两个方向画圆圈。左脚重复右脚动作。

作用：这种锻炼是健美腿部和臀部的好方法。同时，直立进行动作能提高身体的平衡性和敏捷性。

（二）健身球普拉提

这种锻炼始终都是在健身球上进行的。

跪在地板上，身体右侧靠在一个大健身球上。伸出左脚支撑身体，右脚仍跪在原地；右手搭在球上，左臂弯曲，左肘放于脑后，扶住颈部；侧弯腰，努力用左肘去触左胯。当无法再接近时返回，共做 8 ~ 12 次。然后换另一侧做。

作用：有益于塑造腹部、胯部、臀部及下腰部的肌肉，同时还可以锻炼良好的平衡性和协调性。

（三）弹力绳普拉提

这组动作的过程中需要一根弹力绳。

仰卧在地板上，双腿绷直，脚背弯曲。把弹力绳绕在脚上，两手抓住弹力绳的两端，深吸气，努力将肚脐贴向脊柱；深呼气，肱二头肌收缩，双手向胸部抬起，同时将脊背一点一点蜷起；深吸气，然后在慢慢躺回地板的同时深呼气；深吸气，将双手放下。以上动作重复 5 ~ 10 次。

作用：可以锻炼胸部、背部和手臂的肌肉柔韧性。

（四）小球普拉提

先准备一个直径为 20 ~ 30 cm 的软皮球。

仰卧在地板上，用两脚的踝部夹住球。双腿抬起，直至与地面垂直；双腿慢慢旋转，在空中画盘子大小的圆圈，顺时针和逆时针方向各转 10 次，手心向下，放于身体两侧。在转腿时保持背部的平直。

作用：对于塑造臀部、胯部和大腿外侧的曲线有一定作用。

五、注意事项

（一）练习规则

真正接触过普拉提运动的人会发现，短短 5 min，身体就会有发热、冒汗的现象。普拉提的每个动作都缓慢、清楚，讲究控制、拉伸、呼吸，通过对身体核心部位的锻炼，身体会变得柔软有韧性。身体左右一起运动，能渐渐纠正一般人惯用左边或右边的坏习惯，让身体更为协调、平衡。

（二）呼吸的原则

（1）用鼻子吸气，用嘴呼气，讲究呼气的深度，尽可能地运用侧胸式的方法（吸气腹部收紧，肋骨向外扩张，呼气肋骨内收）。

（2）呼吸的速度不宜太快，与动作的速度基本一致，不要憋气进行训练。

（3）运动时注意呼气，静止时注意吸气。这样可以缓解因肌肉用力而给身体内部带来的压力。

（4）通过控制呼吸，把注意力集中在呼吸上，降低人对肌肉酸痛的敏感度。

（三）身体控制的原则

（1）运动的速度缓慢，延长肌肉控制的时间，较大程度地消耗身体各部位的能量，达到减脂、塑形的目的。

（2）把握好身体的姿态，使其能够长时间体会到训练带给身体的刺激。

（3）腹部和躯干的固定是普拉提训练的核心。

（四）安全建议

（1）器材方面：因为在硬度太大的平面上做某些卷曲练习会导致挫伤，所以要选择真正适合普拉提的练习垫，同时要准备一条毛巾和随手能够拿到的水。

（2）服装方面：一个窍门是穿带条纹或透明度好的衣服。这可以让你很容易就发现不对称的地方，并予以纠正。做练习时，要赤脚或穿着防滑的袜子或健身便鞋，以保证良好的抓地性。

（3）合适的地点：确保有足够的空间躺下来，向两侧伸展四肢。

（4）正确的姿势：正确的姿势是为了保持腹部和背部集中适当的力量，让肌肉能够支持脊椎。有力的腹部肌肉形成支持脊椎的“力量区域”。正确地挺起腹部和背部并加强其他肌肉的用力时，整个身体就达到了自然和理想的状态。

（5）良好的呼吸：良好的呼吸方式应该是以头脑、身体、精神来进行的，这样可以使练习者的肉体和心灵压力一扫而空。呼吸的时机必须正确，与我们通常的呼吸不同，普拉提运动在呼吸时要求在用力动作时吸气（这时你的腹部处于伸展状态），而在收紧腹部时呼气。

（6）选择适合自己水平的计划。

（7）注意在口渴之前就要喝水，在练习过程中补水非常重要，可以避免痉挛。

（8）聆听自己的身体，如果感觉到“疼痛”，就应该停止练习。造成这种现象的原因，要么是姿势不正确，要么是高估了自己的身体状况，动作做得“过快”。

第八章

传统体育与保健

第一节　武术套路

武术套路就是一连串含有技击和攻防含义的动作组合，是以技击动作为素材，依据攻守进退、动静疾徐、刚柔虚实等矛盾运动的变化规律编成的整套练习形式，又被称为“套路运动”。套路是中国武术中的一种独特形式，也是区别于其他武术的一大技术特征。一般认为，套路运动是技击的高度提炼和艺术再现，来源于技击，又高于技击，是武术的最高表现形式。它之所以是武术的最高表现形式，是因为它来自技击，又进一步规律化、艺术化。正如文学艺术来源于生活而高于生活一样，套路中绝大多数动作取材于技击，仍保持了实用技击的一面，既具有攻防特点，又具有健身意义。

一、基本功

基本功包括腿功、腰功、肩功和桩功等主要内容。腿功表现的是腿部的柔韧性、灵活性和力量等功夫；腰功表现的是腰部灵活性、协调控制上下肢运动的能力和身法技巧的功夫；肩功表现的是肩关节柔韧性、活动范围的大小以及力量等方面的功夫；桩功表现的是腿部力量和呼吸内息的功夫。

（一）基本手型和手法

手型和手法是武术技术中上肢进攻和防守时，手的形状（手型）和手臂的运动方法（手法），属于武术“四击（踢、打、摔、拿）”技术中内容最丰富的一类。武术中的手型、手法因拳种流派各异，方法多，变化奇巧。

1. 基本手型

手型按其形态可分为拳、掌、勾、爪等几种（见图 8-1）。

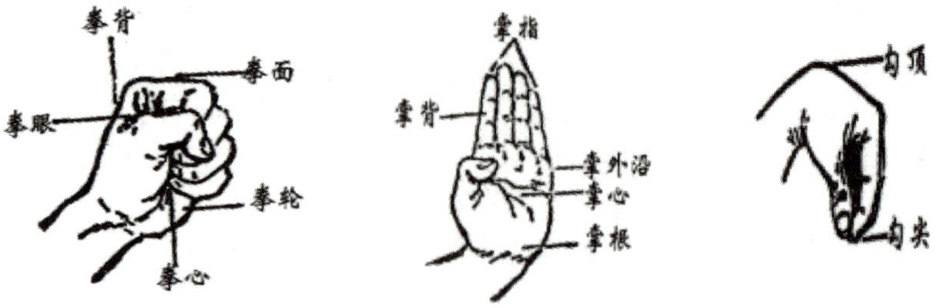

图 8-1　手型

2. 基本手法

手法按其作用可以分为进攻和防守两类。进攻手法主要攻击对方的头部和躯干等部位，按其基本运动形式可以分为直线向前击打手法，如冲拳、推掌等；弧线侧击的手法，如贯拳、鞭拳等；由下向上的如勾拳、挑掌等；由上向下的如劈掌、砸拳等。讲究击打的速度和力度。防守手法主要阻止对方的攻击，按其基本运动形式可以分为由外向内的拍挡、由内向外的格挡、由下向上的架挡、由上向下的压挡，以及用肩背阻挡等。其强调防守的时机和准确度。

各种手法均要求出击迅速，力点准确。

（二）基本步型和步法

步型和步法是武术各类技术的技术基础。可以说武术“踢、打、摔、拿”各类技术都是在步型和步法的基础上完成的。

1. 基本步型的主要内容

马步、弓步、仆步、虚步、歇步，各种步型均要求平稳扎实，重心清晰。

2. 基本步法的主要内容

上步、进步、退步、闪步、垫步、插步。攻击和防守大多是在移动中进行的，在移动中调整与对方的距离，寻找和创造进攻与防守的最佳机会。在接近对手和与对手对峙时的身体移动是“步法”。

（三）基本腿法

腿法在武术中的作用十分重要，拳谚有“手似两扇门，全凭腿打人”的说法，表明腿法在武术中的重要作用。腿法是武术“四击（踢、打、摔、拿）”技术中较有难度的一类技术动作，因此必须要经过腿部的柔韧性练习和踢沙袋等硬度练习，才能达到一定的水平。腿法按其运动形式可分为直摆性腿法，如正踢腿、外摆腿；伸屈性腿法，如弹腿、蹬腿；扫转性腿法，如前扫腿、后扫腿；击响性腿法，如拍脚、里合腿击响等。

主要的腿法有：弹腿、蹬腿、侧踹腿。

（四）基本跳跃动作

跳跃是两脚蹬地起跳，身体在腾空时完成攻防招数的各种动作，是武术中难度较大的一类技术动作。跳跃技术不仅是武术套路中“锦上添花”的动作，在格斗实战中有时也可以取得出其不意的进攻效果。

跳跃技术主要包括四类：① 屈伸与直摆跳跃（如腾空飞脚等）。② 转体跳跃（如旋风脚等）。③ 旋翻跳跃（如侧空翻等）。④ 远窜跳跃（如大跃步等）。

二、基本套路——五步拳

五步拳预备：势身体直立，两脚并拢，两臂自然下垂，两掌轻贴大腿外侧；精神集中，眼向前平视（图 8-2）。

图 8-2　五步拳预备式

（一）并步抱拳

两掌握拳，屈肘收抱于腰间，拳心向上，目视前方（图 8-3）。

图 8-3　并步抱拳

要点：挺胸、立腰、收腹、头正、下颌微收。

易犯错误：含胸、仰头或左右歪斜。

纠正方法：面对或侧对镜子进行自我调整，或由同伴帮助纠正动作。

（二）弓步冲拳

左脚向左迈出一步，成左弓步。同时，左手向左平搂并顺势收至腰间抱拳；右拳向前冲出，拳心朝下，目视前方（图 8-4）。

图 8-4　弓步冲拳

要点：蹬地转腰与楼手冲拳要连贯协调，快速有力。

易犯错误：动作不连贯、完整。

纠正方法：在原地从半马步抱拳开始，蹬、转、冲，由慢到快反复练习，先求连贯性，再求完整性。

（三）弹腿冲拳

重心前移，左腿挺膝立起，右腿屈膝提起。当大腿抬至接近水平时，迅速挺膝绷脚面，向前甩摆小腿，腿成水平。同时，右拳收抱至腰右侧；左拳自腰侧向前立拳冲出，高与肩平，力达面拳，目视左拳（图 8-5）。

图 8-5　弹腿冲拳

要点：拧腰、顺肩、挺胸、立腰，上下配合协调一致。

易犯错误：冲拳与弹腿不一致，弹腿时大小腿上摆。

纠正方法：由慢渐快反复在原地练习，直至配合一致；踢大腿时小腿放松，向前甩弹时再挺膝绷脚面。

（四）马步架打

右脚向前落步，脚尖内扣，上体左转 90°，两腿屈膝半蹲成马步。同时左拳变掌，屈肘上架于头上方，掌缘朝上，掌指尖朝右；右拳自腰侧向右立拳冲出，臂与肩平，目视右拳（图 8-6）。

图 8-6　马步架打

要点：右脚下落时，要先成半马步，胸向斜前方，然后再蹬腿、拧腰，同时架冲。

易犯错误：落地马上成马步，冲拳不能用腰劲。

纠正方法：把动作分解成两步：落地成半马步，拧倾冲拳成马步。此分解动作反复进行，由慢至快，逐渐连贯。

（五）歇步盖打

（1）左转身约 90°，左脚向右脚后插步，脚前掌着地。同时，左掌收至腰侧抱拳，拳心向上；右拳变掌向上经头上方，向前下方盖至胸前，环臂，掌心向下，指尖向左，目视右掌（图 8-7）。

图 8-7　歇步盖打 1

（2）两腿屈膝全蹲成右歇步，同时右掌变拳收至腰右侧；左拳自腰侧向前平拳冲出，目视左拳（图 8-8）。

图 8-8　歇步盖打 2

要点：歇步冲拳时应与冲拳同时完成；歇步穿掌时，两臂要成一条直线。

易犯错误：歇步与冲拳不能同时完成，歇步穿掌两臂不能成一条线。

纠正方法：原地叉步预备，下蹲冲拳由慢到快反复进行；歇步穿掌下穿时，右臂保持原来的角度不变。

（六）仆步穿掌

（1）右腿挺膝直立，左腿屈膝提起。同时，左拳变掌屈肘回收下按；右拳变掌自腰侧经左手背上向前上方穿出，左掌顺势回收至右腋下，目视右掌（图 8-9）。

图 8-9　仆步穿掌 1

（2）右腿屈膝全蹭，左腿随之向左侧落步，脚内扣，腿平铺于地面。同时，左手经腹前，沿左腿内侧穿至左脚面，掌指朝前，目视左掌（图 8-10）。

图 8-10　仆步穿掌 2

要点：仆步穿掌时，两臂要成一条直线。

易犯错误：仆步穿掌两臂不能成一条线。

纠正方法：仆步穿掌下穿时，右臂保持原来的角度不变。

（七）虚步挑掌

重心前移，左腿屈膝蹲起，脚尖外展，右脚随之蹬地向前上步，脚尖内侧着地成右虚步。同时，左手向前，经上绕至左后方成勾手；右手向下、经体右侧绕至右前方成立掌。左手稍高于肩，右手臂略低于肩，目视右手（图 8-11）。

图 8-11　虚步挑掌

要点：挑掌时注意角度。

易犯错误：挑掌指尖向前。

纠正方法：立掌时眼睛注视掌尖。

（八）并步抱拳

右脚收至左脚内侧，两腿随之挺膝立起。同时，右掌收于腰右侧抱拳；左掌收于腰左侧抱拳，目视前方（图 8-12）。

图 8-12　并步抱拳

五步拳攻防含义：左手把对方来拳掳开，顺势冲右拳击打对方胸、腹部位。用左拳击打对方胸部的同时，用右脚弹踢对方裆部。把对方劈来之拳架开，顺势用右拳击打对方的胸、腹或肋部。回身用右掌盖打对方击来之拳后，顺势用左拳击打对方的腹部或裆部。用左掌盖住对方击来之拳，顺势用右掌插穿对方的喉部或面部。仆步后顺势用左掌穿挑对方的裆部。

三、练习长拳时在技法上要注意的五个方面

（一）姿势准确

长拳套路是由许多动作有机衔接组成的，无论是动态还是静态，对身体各部分的姿势都有规定的要求，拳谚上要求做到“式正招圆”。“式”，通常指各种静止姿势。基本要求是：头正、项竖、肩沉、胸挺、腰直、臀敛。上肢动作要挺拔、舒展；下肢动作要求稳健、匀称，轮廓清楚。“招”，主要是指由动到静一个完整的技术方法。它不仅要求做得有头有尾、过程清楚，而且要求身体各部位达到高度的协调、圆满、完整，各种拳法、掌法、步法、身法的变化做到路线清晰、力点准确、攻防有序。

（二）劲力顺达

要有劲力，首先要做到用力顺达，讲究发力顺序。武术中有“三节”“六合”的说法，手和脚为梢节，肘和膝为中节，肩和胯为根节，这六个部位在运动中和谐，称为“六合”。一般来说，上肢发力应是“梢节起，中节随，根节催”；下肢则是“起于根，顺于中，达于梢”；牵涉上下肢的动作，则是“起于腿，发于腰，传于肩，顺于肘，达于手”，使腿、膝、胯的力量，通过腰力作媒介，以送肩、顺肘而达于拳面，使上、中、下三节都贯通起来。除了讲究发力的顺序外，还要做到发劲的刚柔变化，肌肉的松紧配合要得当。通常动作开始时要放松，逐渐加速，力达末端时达到最高速。这种劲力既迅速敏捷，又有弹性。

（三）节奏鲜明

一个套路由几十个动作组成，形成不同的运动节奏。长拳中主要表现为动与静、重与轻、快与慢、起与伏、长与短的变化。动与静的变化，要做到“动迅静定”，动则疾风般迅速，静若山岳似的稳定。重与轻的变化，武术有“重如铁”“轻如叶”之说，如震脚、砸拳、踏步等动作力沉千钧，而弧形步、跃步前穿则要轻灵，若风飘柳絮。起与伏，则是从动作的空间运动来讲节奏变化的，高的动作要挺拔，有顶天立地的气概；低的动作要沉得下去，有鱼翔浅底的本领。快与慢也体现了一定的节奏变化，不能一快到底。为了表现身法和动作的韵律，常出现以慢带快或快而轻慢，然后更快的生动节奏。长与短的变化，就像写文章点标点似的，武术中的“长句”称挂串动作，即连续完成多个动作；“短句”称顿挫动作，有时做一两个动作即停。长短相参，使节奏更加多变。

（四）精神饱满

武术中通常所称“精、气、神”，主要指精神、意念和气质。练套路时，首先，要精神饱满，严肃认真，思想集中，充满信心，要有假设性的攻防含义和击打形象，表现出勇敢、机智、无所畏惧的气概。其次，在每个动作中，要注意手与眼的严谨配合，通过眼睛的传神会意来表现动作的攻防变化。“眼随手动，步随身行”，就是说，动作的攻防、架挡、进击、格守，眼神都在贯注中紧密配合，左顾右盼，传神会意，“眼到手到，步到身到”；当动作戛然而止时，眼睛全神贯注，静中含动。通过传神会意来体现人的精神面貌，使动作之间有机地联系起来，做到形断气不断，势停意不停。

（五）呼吸得法

练习长拳时，动作和呼吸的配合，讲究“提、托、聚、沉”四种方法。一般情况下，由低动作进入高动作或跳跃动作时，应该运用“提”法（吸气，提高重心）；当静止性动作出现时，应该运用“托”法（短暂地停止呼吸，稳定重心）；当刚脆、短促发力动作出现时，应该运用“聚”法（呼气过程）；由高动作转入低动作时，应该运用“沉”法（呼气后短暂停吸，重心下降）。这些呼吸随动作变化，运用时要在自然呼吸的基础上慢慢体会，在反复实践中逐步掌握。

第二节　太极拳

一、简　介

太极拳是中华民族的辩证思维与武术、艺术、引导术、中医等的完美结合，以中国传统儒道哲学中的太极、阴阳辩证理念为核心思想，集颐养性情、强身健体、技击对抗等多种功能于一体，是高层次的人体文化。作为一种饱含东方包容理念的运动形式，其习练者针对意、气、形、神的锻炼，非常符合人体生理和心理的要求，对人类个体身心健康以及人类群体的和谐共处，有着极为重要的促进作用。太极拳这种以体育运动作为主要外在表现形式和载体的非物质文化形态，充分体现了人类对自然界的客观认知和科学实践。

太极拳含蓄内敛、连绵不断、以柔克刚、急缓相间、行云流水的拳术风格使习练者的意、气、形、神逐渐趋于圆融一体的至高境界，而其对于武德修养的要求也使得习练者在增强体质的同时提高自身素养，提升人与自然、人与社会的融洽与和谐。同时，太极拳也不排斥对身体素质的训练，讲究刚柔并济，而非只柔无刚的表演。

太极拳基本内容包括太极养生理论、太极拳拳术套路、太极拳器械套路、太极推手以及太极拳辅助训练法。其拳术套路有大架一路、二路，小架一路、二路。器械套路有单刀、双刀、单剑、双剑、单锏、双锏、枪、大杆和青龙偃月刀等。

二、太极拳特点

太极拳在技击上别具一格，特点鲜明。它要求以静制动、以柔克刚，避实就虚、借力发力，主张一切从客观出发，随人则活，由己则滞。为此，太极拳特别讲究“听劲”，即要准确地感觉判断对方来势，以做出反应。当对方未发动时，自己不要冒进，可先以招法诱发对方，试其虚实，术语称为“引手”。一旦对方发动，自己要迅速抢在前面，“彼未动，己先动”“后发先至”，将对手引进，使其失重落空，或者分散转移对方力量，乘虚而入，全力还击。太极拳的这种技击原则，体现在推手训练和套路动作要领中，不仅可以训练人的反应能力、力量和速度等身体素质，而且在攻防格斗方面也有十分重要的作用。

太极拳技击法皆遵循阴阳之理，以“引化合发”为主要技击过程。技击中，由听劲感知对方来力大小及方向，“顺其势而改其路”，将来力弱化，再借力发力。

太极拳的八种劲：掤（用于化解或合力发人），捋（用于借力向后引力），挤（对下盘的外掤劲），按（对上盘的外掤劲，或作反关节拿法），采（顺力合住对方来力，或作拿法），挒（以侧掤之劲破坏对方平衡），肘（以肘尖击人），靠（以肩膀前后寸劲击人）。太极拳是一种技击术，其特点是“以柔克刚，以静待动，以圆化直，以小胜大，以弱胜强”。

三、动作要求

头——保持“虚领顶劲”，有上悬意念，不可歪斜摇摆，眼要自然平视，嘴要轻闭，舌抵上颚。

颈——自然竖直，转动灵活，不可紧张。

肩——平正松沉，不可上耸、前扣或后张。

肘——自然弯曲沉坠，防止僵直或上扬。

腕——下沉“塌腕”，劲力贯注，不可松软。

胸——舒松微含，不可外挺或故意内缩。

背——舒展伸拔，称为“拔背”，不可弓驮。

腰——向下松沉，旋转灵活，不可前弓或后挺。

脊——中正竖直，保持身型端正自然。

臀——向内微敛，不可外突，称为“溜臀”“敛臀”。

胯——松正含缩，使劲力贯注下肢，不可歪扭、前挺。

腿——稳健扎实，弯曲合度，转旋轻灵，移动平稳，膝部松活自然，脚掌虚实分清。

虚领顶劲——头颈向上提升，并保持正直，要松而不僵，可转动。劲正直了，身体的重心就能保持稳定。

含胸拔背、沉肩垂肘——胸、背、肩、肘的姿势，胸要含不能挺，肩不能耸而要沉，肘不能抬而要下垂，全身要自然放松。

手眼相应，以腰为轴，移步似猫行，虚实分清——打拳时，必须上下呼应，融为一体。要求动作出于意、发于腰、动于手，眼随手转，两下肢弓步和虚步分清并交替，练到腿上有劲，轻移慢放，没有声音。

意体相随，用意不用力——切不可片面理解不用力。如果打拳时软绵绵的，打完一套拳身体不发热、不出汗，心率没有什么变化，这就失去打拳的作用。正确的理解应该是用意念引出肢体动作来，随意用力，劲虽使得很大，外表却看不出来，即随着意而暗用劲的意思。

意气相合，气沉丹田——用意与呼吸相配合，呼吸要用腹式呼吸，一吸一呼正好与动作一开一合相配合。

动中求静，动静结合——肢体动而脑子静，思想要集中于打拳，正所谓形动于外、心静于内。

式式均匀，连绵不断——一招一式的动作快慢均匀，而各式之间又连绵不断，全身各部位肌肉舒松协调而紧密衔接。

打太极拳要求松静自然，这使大脑皮层一部分进入保护性抑制状态而得到休息。同时，打拳可以活跃情绪，对大脑起调节作用，而且打得越熟练，越要“先在心，后在身”，专心于引导动作。这样长期坚持，会使大脑功能得到恢复和改善，消除由神经系统紊乱引起的各种慢性病。太极拳要求“气沉丹田”，有意地运用腹式呼吸，加大呼吸深度，因而有利于改善呼吸机能和血液循环。轻松柔和的运动，可以使年老体弱的人经络舒畅，新陈代谢旺盛，体质、机能得到增强。太极拳近百年来之所以在国内外逐渐得到推广，就是因为它具有防病治病的功用，对神经衰弱、心脏病、高血压、肺结核、气管炎、溃疡病等多种慢性病都有一定预防和治疗作用。病情严重的患者，要在医务人员指导下进行锻炼。

四、八式太极拳

八式太极拳也叫一段拳，是中国武术段位制初段位技术规定教程中的一段太极拳，即初段位中的一段考评套路。共有 10 式（含起势、收势），全部采用杨式大架太极拳，吸取了杨式大架太极拳中最主要和基础的八个动作。内容精练、重点突出，易学易记，练起来轻松自如，均匀缓慢，若行云流水，连绵不断。可用于修身养性。

预备势：身体自然站立，两脚并拢，两手垂于大腿外侧；头项正直，口闭齿扣，胸腹放松，眼平视前方（图 8-13）。

图 8-13

（一）起　势

左脚向左分开，两脚平行同肩宽。两臂慢慢向前举，自然伸直，两手心向下；两腿慢慢屈膝半蹲，同时两掌轻轻下按至腹前（见图 8-14、8-15、8-16）。

图 8-14

图 8-15

图 8-16

学练要点：起脚时先提脚跟，高不过足踝，落脚时前脚掌先着地，要做到点起点落、轻起轻落。上举两臂时，不可耸肩，不要出现指尖朝下的“折腕”。屈膝时松腰敛臀，上体保持正直，两掌下按时沉肩垂肘。

（二）左右倒卷肱

1. 右卷肱

（1）卷肱：上体稍右转，两手翻转向上，右手随转体向后上方划弧上举至肩上耳侧，左手停于体前；上体稍左转，眼视左手（见图 8-17、8-18、8-19）。

图 8-17

图 8-18

图 8-19

（2）推掌：上体继续左转，右手推至体前，左手向后、向下划弧，收至左腰侧，手心向上，眼视右手（见图 8-20、8-21、8-22）。

图 8-20

图 8-21

图 8-22

2. 左卷肱

（1）卷肱：同前卷肱，唯左右相反（见图 8-23、8-24、8-25）。

图 8-23

图 8-24

图 8-25

（2）推掌：同前虚步推掌，但左右相反（见图 8-26、8-27、8-28）。

图 8-26

图 8-27

图 8-28

（三）左右搂膝拗步

1. 左搂膝拗步

（1）收脚托掌：上体右转，右手至头前下落，经右胯侧向后方上举，与头同高，手心向上，左手上摆，向右划弧落至右肩前；左脚收至右脚内侧成丁步，眼视右手（见图 8-29、8-30）。

图 8-29

图 8-30

（2）弓步搂推：上体左转，左脚向左前方迈出一步成左弓步。左手经膝前上方搂过，停于左腿外侧，掌心向下，指尖向前；右手经肩上，向前推出，右臂自然伸直（见图 8-31、8-32）。

图 8-31

图 8-32

2. 右搂膝拗步

（1）收脚托掌：重心稍后移，左脚尖翘起外撇，上体左转，右脚收至左脚内侧成丁步。右手经头前划弧摆至左前肩，掌心向下；左手向左上方划弧上举，与头同高，掌心向上，眼视左手（见图 8-33、8-34、8-35）。

图 8-33

图 8-34

图 8-35

（2）弓步搂推：同前弓步搂推，但左右相反（见图 8-36、8-37、8-38）。

图 8-36

图 8-37

图 8-38

（四）左右野马分鬃

1. 左野马分鬃

（1）抱球收脚：上体稍右转，右臂屈抱于右胸前，左臂屈抱于腹前，成右抱球；左脚收至右脚内侧成丁步（见图 8-39、8-40、8-41）。

（2）弓步分手：上体左转，左脚向左前方迈出一步，成左弓步；同时两掌前后分开，左手心斜向上，右手按至右胯旁，两臂微屈（见图 8-42、8-43、8-44）。

图 8-39

图 8-40

图 8-41

图 8-42

图 8-43

图 8-44

2. 右野马分鬃

（1）抱球收脚：重心稍向后移，左脚尖翘起外撇。上体稍左转，左手翻转在左胸前屈抱；右手翻转前摆，在腹前屈抱，成左抱球。重心移至左腿，右脚收至左脚内侧成丁步（见图 8-45、8-46、8-47）。

图 8-45

图 8-46

图 8-47

（2）弓步分手：同前弓步分手，但左右相反（见图 8-48、8-49、8-50、8-51）。

图 8-48

图 8-49

图 8-50

图 8-51

（五）云　手

1. 左云收步

上体左转，重心左移，右脚向左脚收拢，两腿屈膝半蹲，两脚平行向前成小开立步。左手经头前向左划弧运转，掌心渐渐向外翻转；右手向下、向左划弧运转，掌心渐渐转向内，视线随左手运转（见图 8-52、8-53、8-54）。

图 8-52

图 8-53

图 8-54

2. 右云开步

上体右转，重心右转，左脚向左横开一步，脚尖向前。右手经头前向右划弧运转，掌心逐渐由内转向外；左手向下、向右划弧，停于右肩前，掌心渐渐翻转向内，视线随右手运转（见图 8-55、8-56、8-57）。

图 8-55

图 8-56

图 8-57

（六）金鸡独立

1. 左金鸡独立

上体左转，重心前移，右腿屈膝提起成左独立步；左手下落按于左胯旁，右勾手下落变掌，向体前挑起，掌心向左，高于眼平，右臂半屈成弧（见图 8-58、8-59）。

图 8-58

图 8-59

2. 右金鸡独立

同前独立挑掌，但左右相反（见图 8-60、8-61）。

图 8-60

图 8-61

（七）蹬　脚

1. 右蹬脚

（1）合手：上体稍左转，左脚提收向左前方迈出，脚跟着地；右手稍向后收，左手经右手背上方向前穿出，两手交叉，左掌心斜向上，右掌心斜向下（见图 8-62、8-63）。

图 8-62

图 8-63

（2）分手弓步：重心前移成左弓步，上体稍右转，两手向两侧划弧分开，掌心皆向外，眼视右手，右脚成丁步。两手向腹前划弧相交合抱，举至胸前，右手在外，两掌心皆转向内（见图 8-64、8-65、8-66）。

图 8-64

图 8-65

图 8-66

（3）分手蹬脚：两手手心向外撑开，两臂展于身体两侧，肘关节微屈，腕与肩平；左腿支撑，右腿屈膝上提，脚跟用力慢慢向前上方蹬出，脚尖上勾，膝关节伸直。右腿与右臂上下相对，方向为右前方约 30°，眼视右手（见图 8-67）。

图 8-67

2. 左蹬脚

（1）转体分手：重心后移，左腿屈坐，上体左转，右脚尖内扣；两拳松开，左手向左划弧，两手平举于身体两侧，掌心向外，眼视左手（见图 8-68、8-69）。

图 8-68

图 8-69

（2）抱手收脚：重心右移，右腿屈膝后坐，左脚收至右脚内侧成丁步；两手向下划弧交叉合抱，举至胸前，左手在外，两手心皆向内（见图 8-70、8-71）。

图 8-70

图 8-71

（3）分手蹬脚：同右蹬脚，但左右相反（见图 8-72、8-73、8-74）。

图 8-72

图 8-73

图 8-74

（八）揽雀尾

1. 左揽雀尾

（1）抱球收脚：上体右转，右手向侧后上方划弧，左手在体前下落，两手呈右抱球状，左脚收成丁步（见图 8-75、8-76、8-77）。

图 8-75

图 8-76

图 8-77

（2）弓步绷臂：上体左转，左脚向左前方迈成左弓步；两手前后分开，左臂半屈向体前绷架，右手向下划弧按于左胯旁，五指向前，眼视左手（见图 8-78、8-79）。

图 8-78

图 8-79

（3）转体摆臂：上体稍向左转，左手向左前方伸出，同时右臂外旋，向上、向前伸至左臂内侧，掌心向上（见图 8-80、8-81）。

图 8-80

图 8-81

（4）转体后捋：上体右转，身体后坐，两手同时向下经腹前向右后方划弧后捋。右手举于身体侧后方，掌心向外，左臂平屈于胸前，掌心向内，眼视右手（见图 8-82、8-83）。

图 8-82

图 8-83

（5）弓步前挤：重心前移成左弓步；右手推送左前臂向体前挤出，两臂撑圆。上体后坐，左脚尖翘起；左手翻转向下，右手经左腕上方向前伸出，掌心转向下，两手左右分开与肩同宽，两臂屈收后引，收至腹前，手心斜向下。重心前移成左弓步，两手沿弧线推至体前（见图 8-84、8-85）。

图 8-84

图 8-85

2. 右揽雀尾

（1）转体分手：重心后移，上体右转，左脚尖内扣；右手划弧右摆，两手平举于身体两侧，头随右手移转。左腿屈膝，重心左移，右脚收成丁步，两手呈左抱球状。同前弓步绷臂，但左右相反（见图 8-86、8-87、8-88、8-89）。

图 8-86

图 8-87

图 8-88

图 8-89

（2）转体摆臂：同前转体摆臂，但左右相反（见图 8-90、8-91、8-92）。

图 8-90

图 8-91

图 8-92

（3）转体后捋：同前转体后捋，但左右相反（见图 8-93、8-94、8-95）。

图 8-93

图 8-94

图 8-95

（4）弓步前挤：同前弓步前挤，唯左右相反。后坐引手，弓步前按（见图 8-96、8-97、8-98、8-99）。

图 8-96

图 8-97

图 8-98

图 8-99

（九）十字手

1. 转体扣脚

上体右转，重心右移，右腿屈坐，左脚尖内扣；右手向右摆至头前，两手心皆向外，眼视右手。上体继续右转，右脚尖外撇侧弓，右手继续划弧至身体右侧，两臂侧平举，手心皆向外，眼视右手（见图 8-100、8-101、8-102）。

图 8-100

图 8-101

图 8-102

2. 交叉搭手

上体左转，重心左移，左腿屈膝侧弓，右脚尖内扣；两手划弧下落，交叉上举成斜十字形，右手在外，手心皆向内（见图 8-103）。

图 8-103

（十）收　势

两臂内旋，两手翻转向下分开，两臂慢慢下落停于身体两侧，眼视前方。左脚轻轻收回，恢复成预备姿势（见图 8-104、8-105、8-106）。

图 8-104

图 8-105

图 8-106

第三节　八段锦

一、八段锦的起源与发展

八段锦是一种导引功法名。此功法体势动作古朴高雅，历史悠久，简单易学，功效显著。宋元以来，运动健身的方法有了很大的进步，包括八段锦、十二段锦、太极拳等民族体育运动。八段锦是民间广为流传的一项运动健身术。这套体操姿态优美、绮丽多彩，犹如锦缎，八种图势依次连贯，功简而赅，效速而神，所以有“八段锦”的美称。

八段锦之名，最早出现在南宋洪迈所著《夷坚志》中："政和七年，李似矩为起居郎……尝以夜半时起坐，嘘吸按摩，行所谓八段锦者。"说明八段锦在北宋已流行，并有坐势和立势之分。

（1）传统八段锦在明清时期有了较大发展。

（2）传统八段锦创编人尚无定论，是历代养生家和习练者共同创造的知识财富。

（3）清末以前的八段锦主要是一种以肢体运动为主的导引术。

（4）八段锦无论是南派、北派还是文武不同练法，都同出一源，在流传中相互渗透，逐渐趋向一致。

二、八段锦的动作要领

（一）预备式

两脚并拢，自然站立，目视前方。双臂自然下垂于体侧，手掌朝内。躯干及头颈部保持中正，轻闭双唇，舌尖轻贴上腭，眉心舒展，下颌微收，似笑非笑（见图 8-107）。

图 8-107　预备式

（二）第一式 两手托天理三焦

重心右移，左脚向左迈开一步，两脚掌心约与肩同宽，平行站立。两手从体侧捧气向前，转掌心向上，双手十指交叉于小腹前。手掌体前捧气上托，当两臂抬至肩、肘、腕相平时，在胸前翻手掌向外再向上，双臂伸直，上托于头顶，两脚踩地，停顿数秒。松开交叉的双手，自体侧向下划弧拢气，慢慢落于体侧，左脚收回。接着重心左移，右脚向右迈开一步，重复以上动作，左右交替 6～9 次（见图 8-108、8-109、8-110、8-111、8-112）。

作用：三焦包含上焦胸腔主纳，即呼吸；中焦腹腔主化，即消化；下焦盆腔主泄，即排泄。元气通过三焦运行于脏腑，通达全身，故三焦顺，正气升。这一式通过上举吸气、下落呼气增加膈肌运动，加大呼吸深度，疏通三焦，按摩五脏六腑，提高脏腑功能。

图 8-108

图 8-109

图 8-110

图 8-111

图 8-112

（三）第二式 左右开弓似射雕

重心右移，左脚向左迈开一步，大致两肩宽，双腿屈膝下蹲成马步，两手自体侧拢气上升，抬至胸前交叉，左手在外呈剑指，右手在内握固。接着向左做拉弓状，剑指指尖向上，转头凝视远方，拉至极致，停顿片刻。两腿直起，两手臂伸展向下划弧拢气，还原体侧。再换右侧，重复如上动作，左右交替 6 ~ 9 次（见图 8-113、8-114、8-115、8-116、8-117）。

作用：此式通过转头、手臂拉伸使胸腔脏器、头颈的血液循环得到改善，增加脑供血，增强心肺功能，矫正含胸驼背，增强股四头肌力量，保持正确姿势，提高下肢稳定性，预防摔倒。可减轻胸闷与肩颈酸痛等症状。

图 8-113

图 8-114

图 8-115

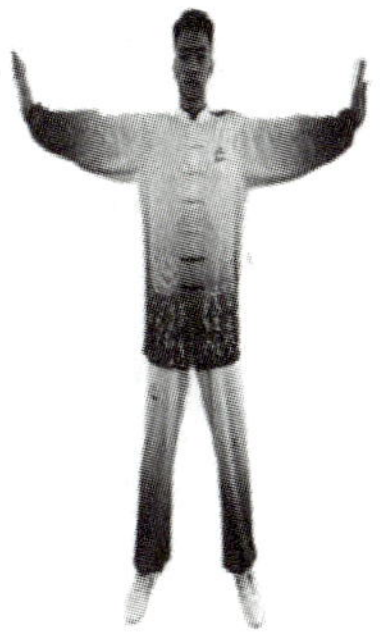

图 8-116

图 8-117

（四）第三式 调理脾胃须单举

重心右移，向左迈开一步，两脚与肩同宽，两臂自然下垂，掌心向内。两手捧气上升，指尖相对，置于中脘穴。右手转掌心向下，左手上托，至胸前指尖向右，至面部指尖向前，至头侧指尖向左，至头上方指尖向后，至臂伸直指尖向右；与此同时，右手下按，逐渐转指尖向前，置于右大腿侧，停顿片刻。左手自左上方缓缓划弧拢气下落，右手顺势划弧转掌心向内；随后收回左足，两手向下划弧拢气，自然下垂，置于体侧，还原到预备式。再出右脚，重复如上动作，如此左右交替 6 ~ 9 次（见图 8-118、8-119、8-120、8-121、8-122）。

作用：肝胆脾胃位于中焦，通过两手交替的上举和下按，可以对中焦脏腑经络产生牵引，起按摩作用，舒肝健脾，促进胃肠蠕动，增强消化功能，改善胃酸过多、手脚冰冷或四肢酸痛等症状。

图 8-118

图 8-119

图 8-120

图 8-121

图 8-122

（五）第四式 五劳七伤往后瞧

两脚并拢，两手从体侧拢气回收，两手重叠，敷于肚脐（掌心向里，男左手在里，女右手在里）。逐渐从上向下转动脊椎，向左侧背后望去，保持肩和胸不动，感受颈椎和胸椎形成的二争力；随后胸椎从上向下缓缓向左转，保持腰椎和胯不动，感受胸椎和腰椎形成的二争力；再将腰椎和胯缓缓向左转，保持脚踝不动，感受周身与脚踝形成的二争力，停顿片刻。再从下向上逐渐将下肢、腰椎、胸椎、颈椎次缓缓转向正面，然后转头向右侧背后望去。重复如上动作 6 ~ 9 次（见图 8-123、8-124、8-125、8-126、8-127）。

作用：此式练习可以调脏腑、平阴阳、和气血。往后瞧的动作通过头、颈、脊柱的螺旋拧转可以刺激大椎穴，牵拉两侧颈动脉，达到疏通肩颈血脉、改善大脑血液循环、预防颈椎病的目的。眼睛配合旋转，调节眼肌肉，可以缓解视疲劳。同时，两臂外旋，即打开手三阴经和任脉，挤压手三阳经和督脉；而内旋时，肩胛微开、命门后凸，则打开了手三阳经和督脉，挤压手三阴经和任脉，并刺激背部腧穴、夹脊等穴位。五脏六腑，全身气机在这一开一合之间松紧交替，达到阴阳平衡、和谐融通的目的。能缓解肩颈僵硬、落枕等症状，适合久坐办公室的上班族。

图 8-123

图 8-124

图 8-125

图 8-126

图 8-127

（六）第五式 摇头摆尾去心火

左脚向左横跨一大步成马步，两手自体侧拢气向前，向上到膻中穴前，再向下，两手反按大腿上，指尖相对。头向左侧倾斜，左肩沉降，左胯沉降，催动右胯与尾骨向右侧上翘摆动，目视右足尖的延长线方向，右臂绷直，左臂弯曲，以助尾部摆动。停顿片刻，躯干再缓缓摆至正位。随着两腿缓缓伸直，顺势将两手臂向上、向外、向下划弧拢气回收，缓缓下落于体侧，同时收回左腿。再换右脚向右横跨，重复如上动作，如此左右交替 6 ~ 9 次（见图 8-128、8-129、8-130、8-131）。

作用：摇头摆尾疏通任督二脉，刺激命门、肾俞、心俞、关元、膻中等重要穴位。同时，腹腔脏器得到挤压、按摩，促进了中焦、下焦的消化、排泄及运化功能。下蹲马步、左右移动重心，提升髋关节机能，改善局部血液循环，可防治股骨头相关疾病。同时，锻炼下肢力量，提高身体的协调性，预防摔倒。动作较复杂，可量力而行。

图 8-128

图 8-129

图 8-130

图 8-131

（七）第六式 两手攀足固肾腰

两手经体前捧气上升，按于两肋，指尖相对，温熨片刻；两手向后摩运，按于腰部，温熨片刻。头后仰，尾骨上翘，挺胸收肘，停留片刻后缓缓摆正。两腿伸直，身体从上到下慢慢前俯，两手顺势沿腰臀部、双下肢后侧下至足跟部，再向前贴于足尖，做收腹拱腰头面贴腿两手攀足的动作 3 次。随后从下到上缓缓伸直腰背，双手上升，如此反复 6 ~ 9 次（见图 8-132、8-133、8-134、8-135、8-136）。

作用：此式能起到强腰固肾作用。腰者，肾之府，摇转不能，肾将惫。通过攀足的动作，可以有效刺激命门等穴，调节肾经、膀胱经、督脉，起到调节气血、强固肾气的作用。两手如攀握不到两足趾，可不必勉强。

图 8-132

图 8-133

图 8-134

图 8-135

图 8-136

（八）第七式 攒拳怒目增气力

重心右移，左脚横跨一大步变马步，两手拢气上升，提至两侧腰间握固成拳，拳心向上。将左拳向前冲出，旋转腕部变成拳心向下，同时怒目圆睁，注视左拳冲出的远方，右手位于腰间向后拉。左拳小指、无名指、中指、食指、拇指依次打开，掌心向下，立掌转掌心向前，指尖向上，转动指尖，向左、向下，再向前，掌心向上，拇指、食指、中指、无名指、小指依次屈曲成拳握固。两拳收回腰间，随后变掌，向两侧拢气回收，收回左脚。再伸出右脚，重复如上动作，左右交替 6～9 次（见图 8-137、8-138、8-139、8-140、8-141）。

作用：此式具有疏肝明目作用，改善急躁易怒、胁满胀痛、面红目赤等症状。通过两拳松紧绕腕，脚趾抓地，舒胸直颈，聚精会神，怒目瞪睛，达到舒畅气机、疏肝利胆目的，提高肝的疏泄和藏血功能。

图 8-137

图 8-138

图 8-139

图 8-140

图 8-141

（九）第八式 背后七颠百病消

两臂自然下垂置于体侧，两手自体侧向前拢气上升，至小腹肚脐前，转掌心向下。随着两手下按，置于体侧，指尖向前，同时足跟上提，停顿片刻。足跟下落着地，两手掌心向内，还原体侧，全身放松，如此反复 6～9 次（见图 8-142）。

作用：此式古人也称“震髓法”，可以激荡气血，将“浊气”自头向涌泉引之，排出体外。“浊气”是指所有紧张、污浊病气。足跟有节律地弹性运动，使椎骨之间及各个关节韧带得到锻炼，同时发展小腿后部肌肉群力量，拉长足底肌肉韧带，提高平衡能力。

图 8-142

（十）收　式

接“背后七颠百病消”式。两臂内旋，两掌向两侧摆起约 45°，掌心朝后，掌指斜朝下，目视前方。上动不停，两臂外旋，两掌向前划弧至斜前方 45°时，屈肘合抱至小腹，两掌相叠（男性左手在内，女性右手在内）；目视前下方，静养片刻；两臂自然下落，两掌指轻贴于腿外侧，目视前方（见图 8-143、8-144）。

图 8-143

图 8-144

三、八段锦习练要领

（一）松静自然

松静自然，是练功的基本要领，也是最根本的法则。松，是指精神与形体两方面的放松。精神的放松，主要是解除心理和生理上的紧张状态；形体上的放松，是指关节、肌肉及脏腑的放松。放松是由内到外、由浅到深的锻炼过程，使形体、呼吸、意念轻松舒适而无紧张之感。

静，是指思想和情绪要平稳安宁，排除一切杂念。放松与入静是相辅相成的，入静可以促进放松，而放松又有助于入静，二者缺一不可。

自然，是指形体、呼吸、意念都要顺其自然。具体来说，形体自然，要合于法，一动一势要准确规范；呼吸自然，要莫忘莫助，不能强吸硬呼；意念自然，要“似守非守，绵绵若存”，过于用意会造成气滞血淤，导致精神紧张。需要指出的是，这里的“自然”决不能理解为“听其自然”“任其自然”，而是指“道法自然”，需要习练者在练功过程中仔细体会，认真把握。

（二）准确灵活

准确，主要是指练功时的姿势与方法要正确，合乎规律。在学习初始阶段，基本身形的锻炼最为重要。本功法的基本身形，通过功法的预备势进行站桩锻炼即可，站桩的时间和强度可根据不同人群的不同健康状况灵活掌握。在锻炼身形时，要认真体会身体各部位的要求和要领，克服关节肌肉的酸痛等不良反应，为放松入静创造良好条件，为学习掌握动作打好基础。在学习各式动作时，要对动作的路线、方位、角度、虚实、松紧分辨清楚，做到姿势工整，方法准确。

灵活，是指习练时对动作幅度的大小、姿势的高低、用力的大小、习练的数量、意念的运用、呼吸的调整等，都要根据自身情况灵活掌握。特别是老年人群和体弱者，更要注意。

（三）练养相兼

练，是指形体运动、呼吸调整与心理调节有机结合的锻炼过程。养，是通过上述练习，身体出现的轻松舒适、呼吸柔和、意守绵绵的静养状态。习练本功法，在追求动作姿势工整、方法准确的同时，要根据自己的身体情况，调整好姿势的高低和用力的大小，对有难度的动作，一时做不好的，可逐步完成。

对于呼吸的调节，可在学习动作期间采取自然呼吸，待动作熟练后再结合动作的升降、开合与自己的呼吸频率有意识地进行锻炼，最后达到“不调而自调”的效果。对于意念的把握，在初学阶段重点应放在注意动作的规律和要点上，动作熟练后要遵循似守非守、绵绵若存的原则进行练习。

练与养是相互并存的，不可截然分开，应做到“练中有养”“养中有练”。特别要合理安排练习的时间、数量，把握好强度，处理好“意”“气”“形”三者的关系。从广义上讲，练养相兼与日常生活也有密切的关系。做到“饮食有节、起居有常”，保持积极向上的乐观情绪，将有助于提高练功效果，增进身心健康。

（四）循序渐进

“健身气功·八段锦”对于初学者来说有一定的学习难度和运动强度。因此，在初学阶段，练习者首先要克服由于练功而给身体带来的不适，如肌肉关节酸痛、动作僵硬、紧张、手脚配合不协调、顾此失彼等。只有经过一段时间和数量的练习，才会做到姿势逐渐工整，方法逐步准确，动作的连贯性与控制能力得到提高，对动作要领的体会不断加深，对动作细节更加注意，等等。

在初学阶段，本功法要求练习者采取自然呼吸方法，待动作熟练后逐步对呼吸提出要求。练习者可采用练功时的常用腹式呼吸方法。在掌握呼吸方法后，开始注意同动作进行配合。其中也存在适应和锻炼的过程，不可急于求成。最后，逐渐达到动作、呼吸、意念的有机结合。

由于练功者体质状况及对功法的掌握与练习方法上存在差异，其练功效果不尽相同。良好的练功效果是在科学练功方法的指导下，随着时间和习练数量的积累而逐步达到的。因此，练习者应持之以恒、循序渐进，合理安排好运动量。

第四节　实用防身术

防身术，是一项紧张、激烈、对抗性强的运动，有助于培养人的机智、勇敢、顽强的意志品质，具有较好的锻炼价值。其特点是：力气消耗少，近距离为主，简单、实用、快捷。

防身术又称为近身格斗术和自卫术，自卫防身术技巧有徒手搏斗和械斗反制等，而徒手格斗防身术以空手搏斗防身为主，防身术实战注重脱身反制和制敌擒拿。

一、夹颈过背

双方由实战姿势开始（以下均同）。甲以左摆拳击乙头部，乙用前臂格挡甲左前臂，左肩由左上肩穿过后，屈臂夹甲颈部；同时右脚背步至与左脚平行，两腿屈膝，身体右转，以左侧髋部紧贴甲方前身或腹部；继而两腿蹬伸，向下弓腰、低头将甲背起后摔倒（见图 8-145、8-146、8-147）。

图 8-145

图 8-146

图 8-147

动作要点：夹颈牢固，背步转身要快，低头、蹬腿协调有力。

易犯错误及纠正方法：夹颈不牢固，应使身体贴靠对方，屈臂环绕夹紧；背不起对方，应强调背步、转身、低头、弓腰、蹬腿协调连贯。

作用：多用于防守直、摆拳击头部时的反击，或主动进攻。

二、穿臂过背

由甲用左直拳或左摆拳击乙头部。乙左闪身，右臂格挡甲左前臂，左手臂由甲左臂下穿过上抱其上臂至身上；同时身体右转，背右步，两腿屈蹲；继而两腿蹬直，弓腰，低头，将甲背起后，过背摔倒（见图 8-148、8-149、8-150）。

图 8-148

图 8-149

图 8-150

三、抱腿摔顶

甲出拳击乙头部。乙上左步，下潜躲闪，两手抱甲双腿，屈肘，两手用力回拉；同时用左肩前顶甲大腿或腹部，将甲摔倒（见图 8-151、8-152）。

图 8-151

图 8-152

四、抱腿插裆别腿

甲起左侧弹踢腿时，乙将甲左腿抱住，并向甲的支撑腿后上左步；上体左转，弯腰成右弓步，用左腿别甲左腿，同时用肩扛压甲腿将其摔倒（见图 8-153、8-154）。

图 8-153

图 8-154

五、被正面抓发反击

（1）当对方从正面抓头发时，可即刻用双手用力按压其右手背；同时用右脚猛力踢打对方裆部，然后右脚后撤，同时勾头弯腰后拉（见图 8-155）。

要点：按手背及时，踢裆、勾头、弯腰要猛，连贯一致。

（2）压肘：当对方从正面抓头发时，即可用右手按压其手腕，左手推压其右肘关节，头向右侧转勾并弯腰，将其制服（见图 8-156）。

要点：按手腕要紧、迅速，转体、按肘快而有力。

图 8-155

图 8-156

六、被迫抓胸反击

（1）别腕：当对方用右手抓胸部时，即可用右手按压其手背；同时转腰、挺胸前顶并微前俯，使其手腕向尺骨一侧别折（见图 8-157）。

（2）反卷腕：也可用右手扣抓其右手，拇指抵压其手背，四指扣抓其手心，向右翻拧；左手配合推压，使其腕反向屈折。双手四指与拇指之间用的是旋拧、推压力（见图 8-158、8-159）。

（3）正卷腕：还可用左手扣抓其右手，四指扣抓其拇指一侧，拇指抵住其手向左翻拧；随即双手四指下压，拇指前推，使其腕正向屈折（见图 8-160、8-161）。

（4）错腕：用左手拍抓对方手背，四指在里、拇指在外，沿逆时针方向翻拧；同时用右手推错其右手小指一侧，使其腕臂过度外旋（见图 8-162）。

（5）砸肘：用右手拍抓对方右手背，沿顺时针方向旋拧。同时用方小臂向下硬压其肘关节后侧，身体配合向右拧转（见图 8-163）。

图 8-157

图 8-158

图 8-159

图 8-160

图 8-161

图 8-162

图 8-163

七、被背后抓肩反击

（1）压肘：当对方用左手从背后抓右肩时，即可用左手拍抓其手背并按住，同时蹲身、撤左步右转体；随即用右臂屈肘从后向前砸压对方肘关节，同时右腿伸出向后扫绊其腿（见图 8-164、8-165）。

（2）别臂：如压肘失误，对方屈肘抵抗，可将右臂继续沿逆时针缠绕，别住其臂（见图 8-166）。

（3）挎肘：左手按抓对方左手背的同时，左脚摆扣步配合右转体；随即右臂沿顺时针挥摆，缠绕住其左臂，并向上屈肘挎别其臂，跟步贴近，左手推掐其喉（见图 8-167、8-168）。

（4）反压肘：当对方用右手抓右肩时，同样可用左手拍抓其手，并摆扣左步，向右转体，用右臂沿顺时针方向挥摆，并拍压其肘肩，达到控制（见图 8-169）。

（5）缠别臂：如反压肘失误，对方松手逃脱，可将右臂继续沿顺时针方向缠绕并别住其右臂，成别臂动作（见图 8-170、8-171）。

（6）反挎肘：左手拍抓其右手的同时，摆扣左步，右转身，右臂沿逆时针方向挥摆，缠绕其臂，并继续向上高举别压对方颈部后侧（见图 8-172、8-173）。

图 8-164

图 8-165

图 8-166

图 8-167

图 8-168

图 8-169

图 8-170

图 8-171

图 8-172

图 8-173

如对方用双手从背后抓肩部，也同样可以采用这些方法。

动作要点：

（1）蹲身撤步转体，抓腕按压有力，压肘配合撑腿。

（2）扣步转体，右臂挥摆，缠绕快速，近身贴靠。

（3）衔接别臂时，快速连贯，一拿到底。也可单独使用。

（4）反压肘时，甩臂绕肩，大臂摆动下压，左脚扣摆幅度要大。

（5）衔接别臂时，连贯快速，近身贴靠。也可单独使用。

（6）反挎肘时，先向右打靠其肘，左手抓住，即可控制。如其松手，即可将其臂上挑，右臂高抬，快速插入其颈后。

易犯错误及纠正方法：

（1）扣步转体不够，与对方距离远，造成动作失误。强调摆扣步转体接近对方，并采用分解练习方法纠正。

（2）左手抓不牢，易松脱逃掉。要求抓按住其手，并灵活变换使用动作。如对方松脱没有拿住，应快速连贯地顺其方向继续实施下一个动作。

八、被背后抱腰反击

（1）拐肘夹颈：当被对方从背后用双手拦腰抱住时，即可用左肘向后横击其头部；随即速转至另一侧，用右臂夹住其颈部，并用左手抓住其右大钟，猛力向前背摔（见图 8-174、8-175）。

（2）转体锁喉：也可用左拐肘横击之后，借助对方向右躲闪之势，快速向右拧腰转体 180°，成相对状；同时用右臂反手夹锁其颈部，并向后撤步，将其拉压制（见图 8-176、8-177）。

（3）搂头背摔：从肩上用双手反手搂抱对方头部，猛力向前背摔（见图 8-178）。

（4）搂腿坐膝：俯身用双手从自己两腿间搂抱住其脚踝，并向前上方拉拽，同时屈膝坐压其膝关节（见图 8-179）。

（5）夹臂挑裆：当对方从背后俯身前冲抱腰时，应借助冲撞力上步，同时夹住对方双臂，用后腿挑击其裆部；随即转体、夹颈，挑腿将对方甩出（见图 8-180、8-181）。

（6）夹颈下压：也可对背后冲抱，采用快速夹颈下压将其制倒，即向前跨步，身体下坠，臀部下坐（见图 8-182）。

（7）挺腹仰倒：还可向前跨大步；同时用双手分别抓抱住对方两侧臂，并挺腹挺胸，仰头，顶膝，提脚跟，身体前移，重心后倒，使身体压在对方头、肩上，将其制倒；随之再翻身侧滚动脱困（见图 8-183、8-184）。

图 8-174

图 8-175

图 8-176

图 8-177

图 8-178

图 8-179

图 8-180

图 8-181

图 8-182

图 8-183

图 8-184

动作要点：

（1）拐肘夹颈时，要以腰为轴快速向右扭转摆动。

（2）转体锁喉时，要借助对方躲闪快速摆步转体，动作完整一致。

（3）搂颈背摔时，躯干有开合动作，快速仰收、折叠。

（4）搂腿坐膝时，边楼边坐，同时发力，重心前移下蹲，动作连贯。

（5）夹颈挑裆时，上步俯身撩腿，转体挑摔动作连贯协调，撩腿不落地，接着挑腿。

（6）夹颈下压时，夹住颈直接向下蹲坐，全身下坠。

（7）挺腹仰倒时，抓住其臂向前仰身挑倒，一气呵成。

易犯错误及纠正方法：解脱不开。注意腰身劲及动作的完整连贯性，要求解脱与反拿中间不脱节，动作协调，发力迅猛。

九、倒地被掐喉咙反击

（1）可用双手砸击其肘窝，随之夹抱住对方双臂向一侧滚动脱困（见图 8-185）。

要点：砸肘有力，双臂用力夹抱。快速滚动。

（2）也可用右手从其左臂下抓住其右腕，同时用另一手向右猛力推压其肘关节，并快速滚动脱困（见图 8-186）。

要点：推肘关节与滚动翻身同时完成。

（3）还可用右手从上扣抓其右腕，用左手从下抓住其左腕；交叉抓住后，沿顺时针方向旋拧，同时向右滚动转体，使之双臂绞缠并脱困（见图 8-187）。

要点：抓拧与滚动同时完成，两臂用力拧绞。

（4）用双手分别抓住对方手腕，收腹、抬腿，用两侧小腿夹击对方两侧耳骨；随之用双膝夹住其双肘，提臀向另一侧滚动（见图 8-188）。

要点；收臀收腹，两腿夹击快速有力，滚动及时。

（5）用双手抓住对方手腕，下身左右摆动，在对方身体上下颠簸的同时，用膝顶撞对方一侧肋骨；随之用另一膝向前顶击其臀部，将其向前甩出（见图 8-189、8-190）。

要点：摆动转体有力，膝击准确，顶臀及时。

（6）用左手抓住其右腕，同时用右手插击其左腋窝；随即将身体转向左侧，同时收腹，举右腿绕过其头部，用膝夹住其颈部；随即向右侧滚动翻身并压腿，顺势坐起，将对方压制在身下（见图 8-191、8-192、8-193）。

要点：收腹、举腿、夹颈、滚动翻身，动作快速连贯，协调一致。

（7）用左手抓住其右腕，同时右手砍击其左侧颈部；随之右手抓发下拉，左手从其两臂间向上推搓其下颌，并向右滚动翻身解脱（见图 8-194）。

要点：向左转身砍颈；抓发推须形成错劲，推拉有力，快速滚动。

（8）双手插入对方两臂间，用力外撑；随之猛力砍砸其颈部，而后双手抓发接头向后拉拽，并提膝顶掀其臀部，将对方甩出（见图 8-195、8-196）。

要点：撑砍连贯、有力，抓发顶臀协调一致。

（9）左手抓住其右腕，右手从其两臂间直插对方咽喉；随即挎住其右肘，向右滚动翻身脱困（见图 8-197、8-198）。

要点：插喉时向左转头，然后快速向右挎肘滚动。

图 8-185

图 8-186

图 8-187

图 8-188

图 8-189

图 8-190

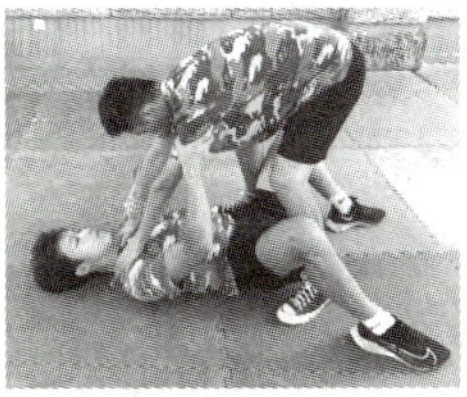
图 8-191

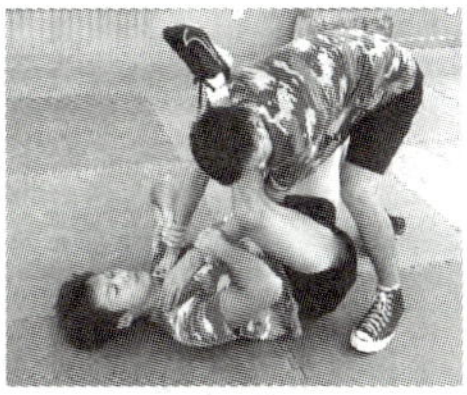
图 8-192

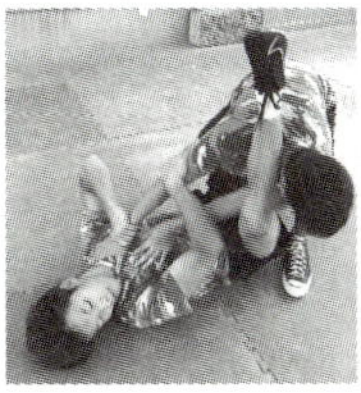
图 8-193

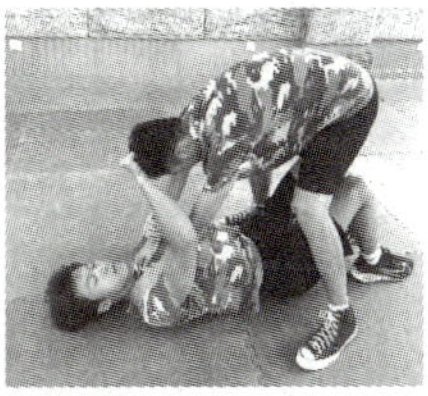
图 8-194

图 8-195

图 8-196

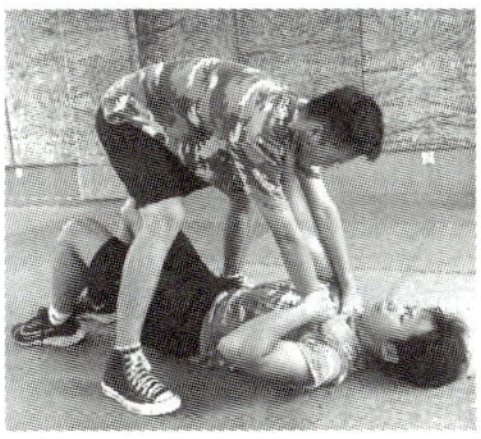
图 8-197

图 8-198

易犯错误及纠正方法：无法解脱对方的制压，造成更大的被动。要求反复练习，重点体会要领，强调反应及时、动作快速连贯。特别注意在危险情况下，可重击对方任何要害部位，达到解脱目的。一旦第一招解脱未成功，可再接第二招，讲究连贯、灵活、变换使用动作，以达到解脱并造成对方被动的目的。

第五节　保健按摩

一、保健按摩概述

应用于未病防患、已病防变和病后防复的按摩医学技能，称为保健按摩。也就是说，保健按摩是运用按摩手法，达到健身防病、消除疲劳、促进疾病康复、提高生存质量、延年益寿的目的。保健按摩是在传统中医学理论和现代医学原理指导下，以按摩作为主要手段，达到缓解机体紧张、调节人体机能、增进健康、促进人体形态美与防治疾病的目的。

（一）保健按摩的作用

按摩亦称推拿，是运用各种不同的手法作用于机体，以提高身体机能、消除疲劳和治疗疾病的一种手段。按摩的手法可以调节体育运动参加者的机能状态，提高运动能力，消除运动后疲劳，还可以治疗运动性伤病。由于按摩的方法易于学习掌握，不受设备条件的限制，体育运动者应该学会运动按摩的初步技能，以用于自我保健。

1. 双向调节神经系统

不同的按摩手法，对人体有不同的作用。一般来说，缓慢而轻、时间较长的手法有镇静作用；急速而重、时间较短的手法则起兴奋作用。例如，轻推、轻揉起镇静作用；叩打、重推起兴奋作用。

2. 皮肤健美

按摩直接作用于皮肤，使局部衰老的上皮细胞得以消除，皮肤的呼吸得到改善，有利于汗腺的分泌。按摩可使皮肤内产生一种类组织胺的物质，这种物质可使皮下毛细血管扩张、血流增多，从而改善皮肤的营养，使皮肤润泽、富有弹性。

3. 改善循环系统

按摩可使周围血管扩张，减少人体循环的阻力。同时，又可加速静脉血的回流，改善微循环。因此，按摩能减轻心脏的负担，有利于心脏工作。

4. 消除运动疲劳

按摩能使肌肉中毛细血管开放，使局部的血液供应加强、营养改善，并可加速排除疲劳肌肉中的乳酸，因此可以消除疲劳，提高肌肉的工作能力和防止肌肉萎缩。进行按摩还能增强韧带的柔韧性和加大关节的活动范围，减少运动损伤发生的几率。在长时间运动中，人体内会产生大量乳酸等酸性代谢产物，这些代谢物会堵塞微循环，使局部张力增大，产生肌肉酸痛。按摩可以加速乳酸的排解，使人体血液中的镇痛物质内啡肽含量增加。因此，按摩可消除运动后的肌肉酸痛症状。

（二）保健按摩应注意的问题

1. 体位要舒适

运动前及运动后，可以进行自我按摩或者相互按摩。按摩时体位要舒适，使被按摩部位的肌肉能充分放松。按摩时要用得上劲，以取得良好的效果。

2. 按摩者的手要清洁

指甲要剪短，以免擦伤被按摩处的皮肤，造成感染。天气寒冷时，按摩前应当把手搓热，然后再进行按摩。

3. 注意按摩手法的方向

一般来说，应沿着淋巴流动的方向进行，淋巴结所在的部位不宜按摩。按摩时，要注意顺序，用力应由轻到重，再逐渐减轻直至结束。

4. 注意按摩时间

运动前的按摩宜在运动前 15 min 进行，按摩时间为 2 ~ 9 min；运动后按摩一般可在运动结束后进行，如感到非常疲劳，可以先洗热水澡，休息 2 ~ 3 h 后再进行按摩。

5. 注意按摩力度

对关节做被动运动（运拉）时，活动的幅度应掌握在生理活动范围之内，牵伸的力量要适当，不可过分粗暴，以免造成损伤。

二、保健按摩的基本手法

（一）按　法

用手指或手掌面着力，在体表某一部位或穴位上，逐渐用力下压。手法可以分为指按法、掌按法、拳按法、肘按法等。

1. 指按法

用手指指端或指腹按压穴位或痛点。常用拇指或中指按压，有时为了加强按压的力量，可用另一手的手指重叠按压。按摩腹部时，可用食指、中指、无名指、小指同时按压或双手重叠按压。用手指按压或叩点穴位也称点穴法。指按法常用于头面部、肩、背、腰、臀、四肢的穴位（见图 8-199）。

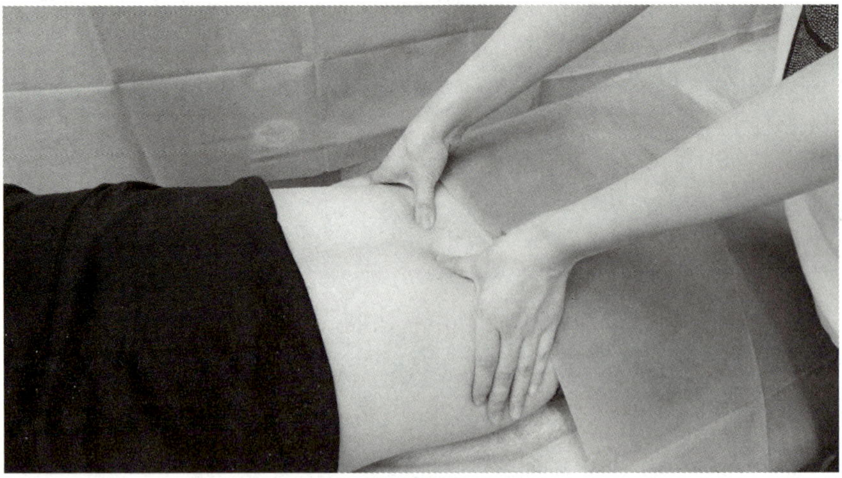

图 8-199　指按法

2. 掌按法

将一手或双手的手掌或掌根（如用双掌按压时，多将双掌重叠）贴于被按摩的部位，腕关节背伸，用较大的力量向下按压。力量由轻到重，再由重到轻，作用点在肌肉或关节上。掌按法常用于腰背部、肩部以及四肢肌肉僵硬时，也适用于消除背部肌肉酸痛（见图 8-200）。

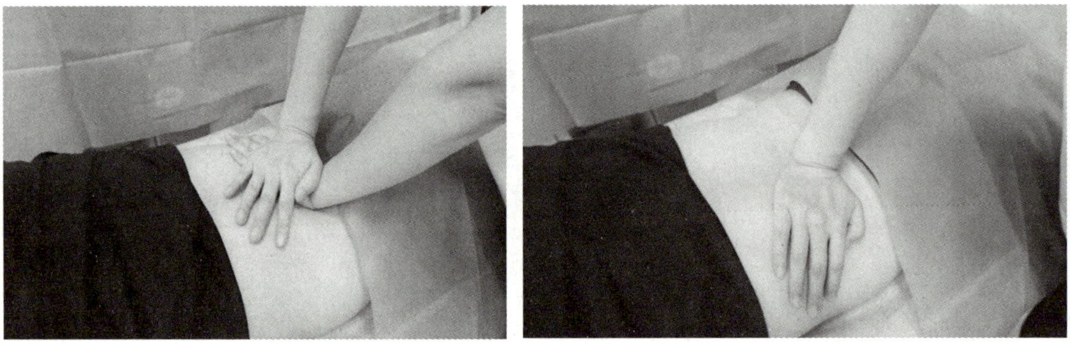

图 8-200　掌按法

3. 拳按法

握拳，用食指、中指、无名指、小指近端的指间关节背面着力按压穴位或身体某一部位，并做小范围的推压或拨动。可用单拳压，也可用双拳压，还可以双拳同时按压，以增强按摩效果。

4. 肘按法

用肘尖部按压穴位或痛点，刺激作用较强。此种按法有镇静、止痛的作用，可以消除运动后疲劳。肘按法多用于腰、臀部软组织丰厚的深要部位或穴位处（见图 8-201）。

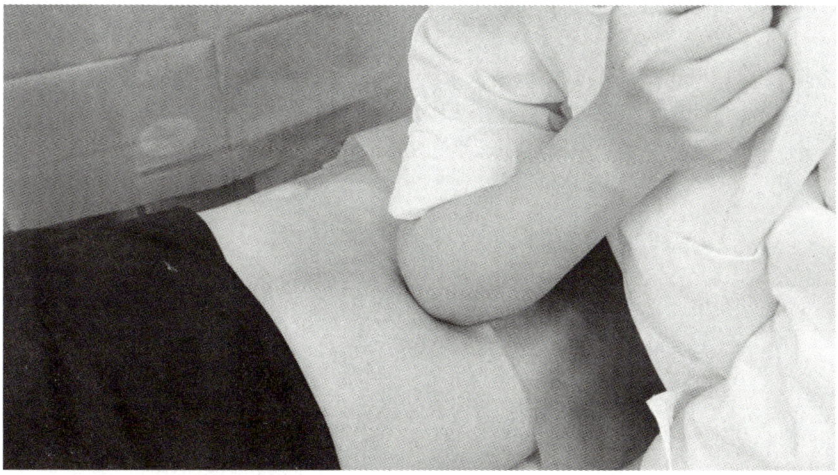

图 8-201　肘按法

（二）摩　法

用拇指或四指指腹、大鱼际、小鱼际、手掌、掌根贴于皮肤上，做来回直线形往返摩动，此方法称为摩法。动作要柔和，力量要均匀，速度要稍快，作用力主要在皮肤上，亦可达皮下组织。

摩法有加强局部血液循环和提高组织皮肤温度的作用。指腹摩法多用于头面部、手指、足趾和跟腱等部位，手掌摩法多用于背、腰、下肢等部位（见图 8-202、图 8-203）。

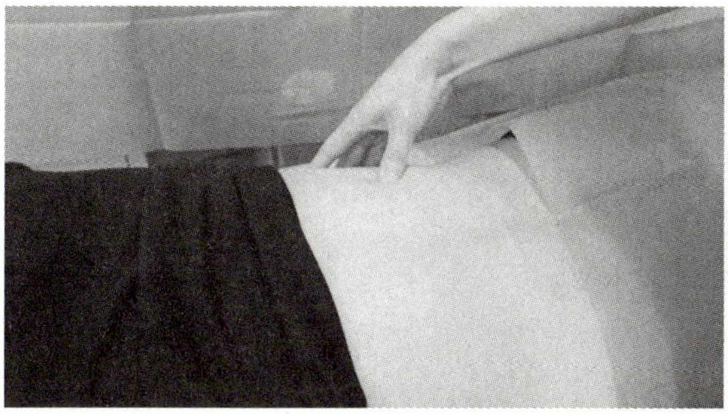

图 8-202　指摩法

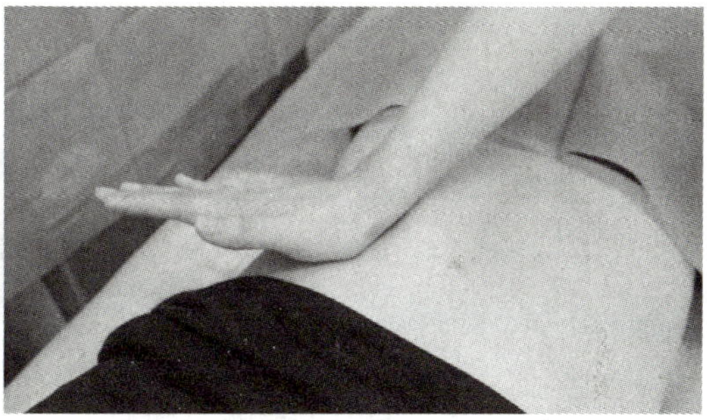

图 8-203　掌根摩法

（三）推　法

用手掌、掌根或手指在身体一定部位做单方向的直线或弧形推抚，称为推法。根据推时用力大小，可分为轻推法和重推法。

1. 轻推法

掌轻推法是肘关节微屈，拇指分开，四指并拢，全手贴于皮肤上，沿着淋巴流动方向轻轻向前推动，动作要柔和、均匀，力量直达皮肤。掌轻推法多在按摩开始和结束时使用，按摩中间变换手法时，也常加入几次轻推（见图 8-204）。轻推法对神经系统有镇静、止痛作用。

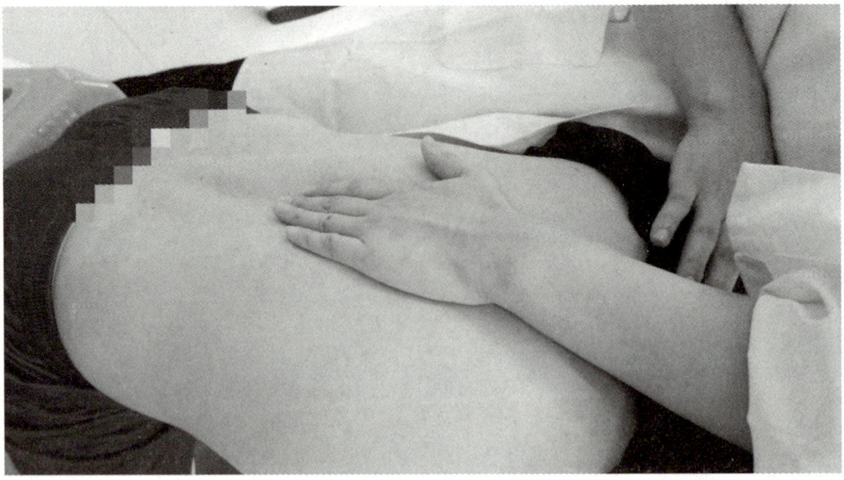

图 8-204　掌轻推法

2. 重推法

掌重推法与轻推法相似，但用力较重。操作时，虎口稍抬起，着力点在掌根及大、小鱼际处，力量达皮下组织。掌重推法常用于运动前，以提高运动员身体局部的温度，多与揉捏、按压手法交替使用。重推法能加速静脉血和淋巴的回流，有消肿散瘀和提高局部温度的作用（见图 8-205）。

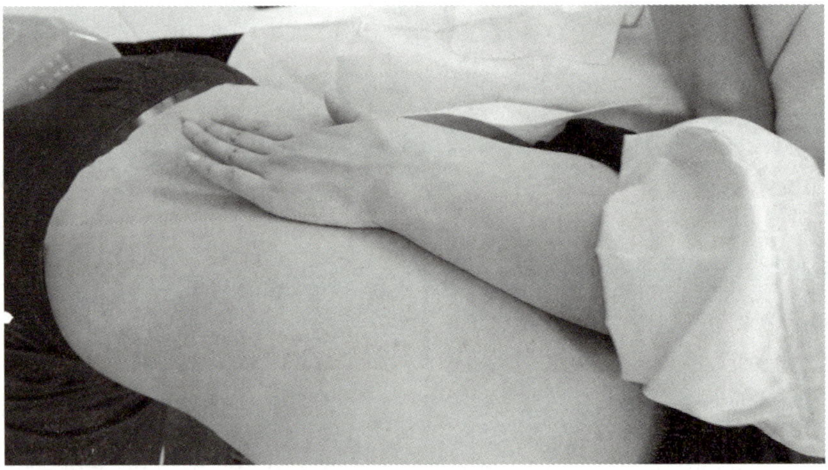

图 8-205　掌重推法

3. 拇指推法

拇指推法是用拇指腹或指尖接触皮肤，向一定方向推动，其余四指分开助力。拇指推法可用于头、面、颈、背、四肢等部位，有止痛、消除疲劳、理顺肌肉腱等作用（见图 8-206）。

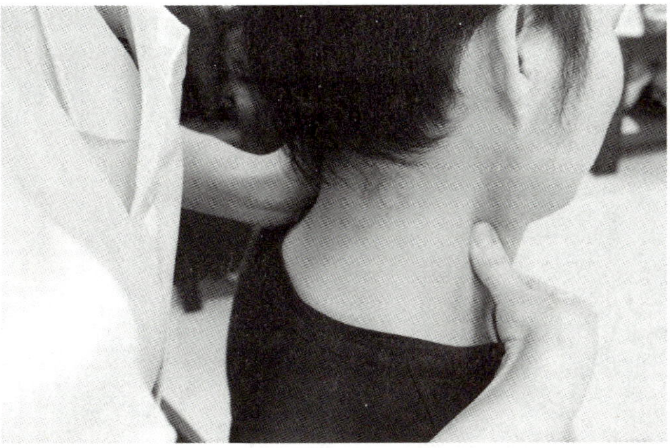

图 8-206 拇指推法

(四) 拿 法

以拇指与食、中指相对或拇指与其余四指相对，捏住某一部位或穴位，逐渐用力内收，并做持续的揉捏动作，此称为拿法，亦称揉捏法。拿法是按摩肌肉的主要手法，多用于大块肌肉和肌肉丰厚的部位，并可用于前臂和上臂。拿法操作时腕要轻松灵活，用指腹着力。揉捏动作要连续不断，用劲由轻到重。使用拿法过程中，掌、指不离开被按摩的皮肤，指间关节不弯曲，避免仅仅指尖用力。根据运动按摩的需要，可以用单手拿或双手拿，有时为了加强效果，可以双手重叠拿（见图 8-207）。

拿法可以促进肌肉的血液循环和新陈代谢，增加肌力，防止肌肉萎缩，消除肌肉迟发性酸痛，有解除肌肉痉挛与活血散瘀的作用。

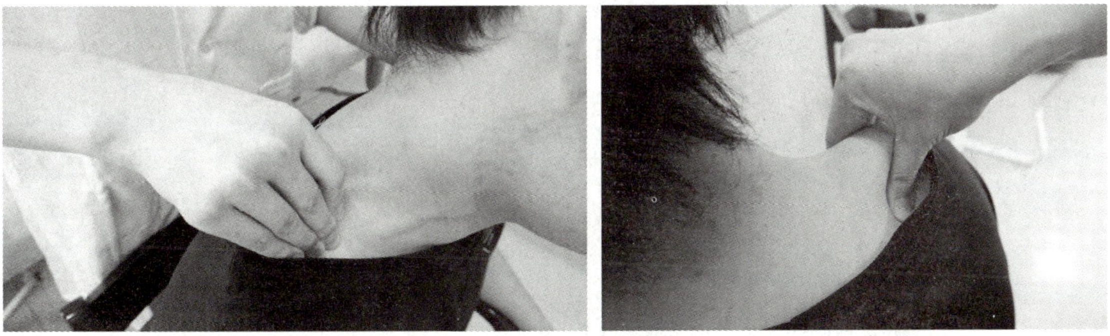

图 8-207 拿法

(五) 揉 法

用手指、手掌或前臂在身体某部位做揉动的手法称为揉法。

1. 指揉法

用手指指腹紧贴皮肤回旋地揉动称指揉法。拇指或中指揉，适用于小部位或穴位处（见图 8-208）。

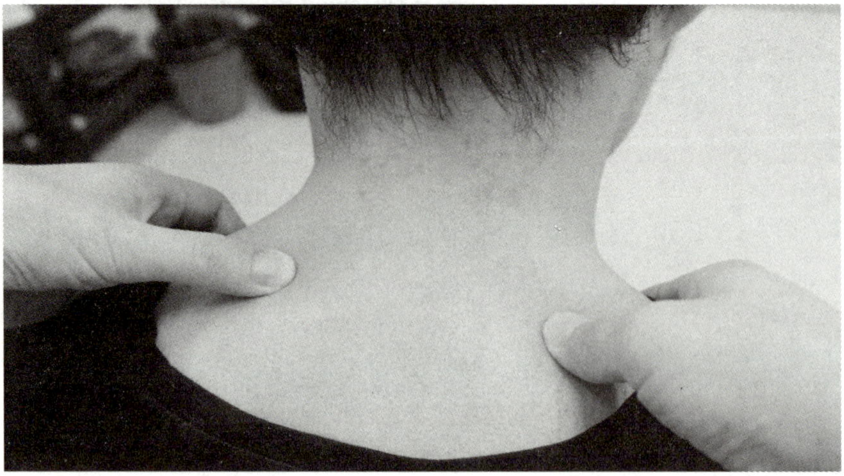

图 8-208　指揉法

2. 掌揉法

用手掌、掌根、大鱼际、小鱼际贴于皮肤上，做圆形或螺旋形揉动，称为掌揉法。揉动时手掌不与皮肤产生移动摩擦，揉动皮下组织或肌肉。轻揉时，力达皮下或浅层肌肉；重揉时，力达深层肌肉或深部组织。掌揉法常用于面积较大的部位，如腰、背、四肢和腹部。轻揉有缓和强手法刺激和镇静止痛的作用。重揉能促进血液循环，加速组织新陈代谢，松解深部组织，有使瘢痕组织软化的作用（见图 8-209）。

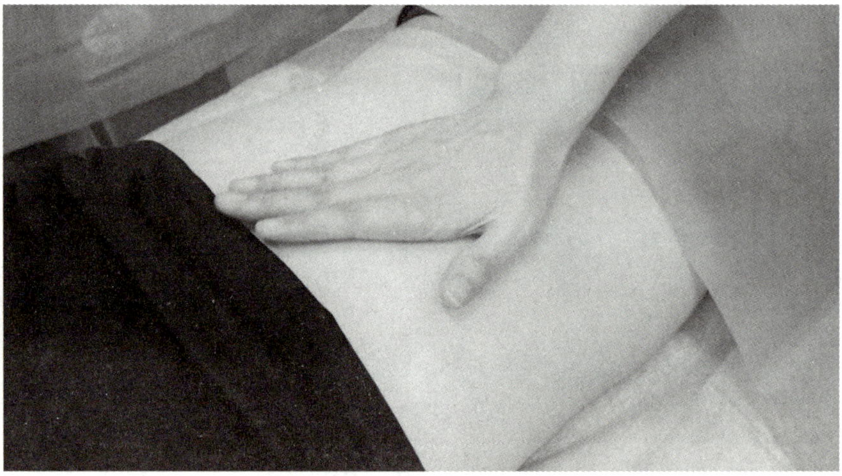

图 8-209　掌揉法

（六）搓　法

用双手掌面着力，对称地挟住或托抱住患者肢体的一定部位，双手交替或同时相对用力向相反方向来回快速搓揉，并同时做上下往返移动，称为搓法。搓法有消除肌肉疲劳、提高肌肉工作能力的作用。适用于四肢的肌肉及肩、膝关节等处，常在每次按摩后阶段使用（见图 8-210）。

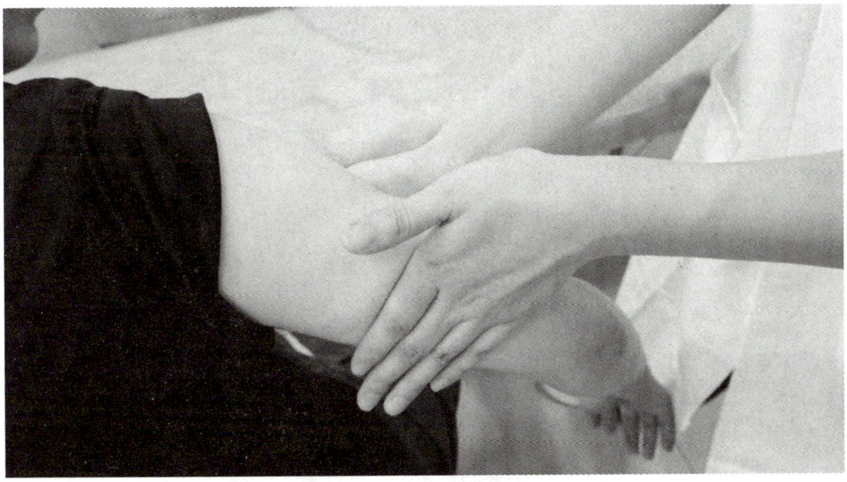

图 8-210　搓法

（七）叩　打

用两手尺侧面或两手半握拳叩打被按摩部位的手法称为叩打法。叩打可以分为叩击、轻拍和切击三种方法。叩打法有促进循环、放松肌肉、消除运动后肌肉酸痛的作用，多用于腰背、臀、下肢等肌肉丰厚的部位

1. 叩　击

两手半握拳，用拳的尺侧面交替叩打被按摩的部位。叩击时，力量要均匀，手指、手腕尽量放松，发力在肘。

2. 轻　拍

两手半握拳或两手手指伸直张开，掌心向下交替进行拍打。拍打时，力量要均匀，手腕应放松，发力在腕（见图 8-211）。

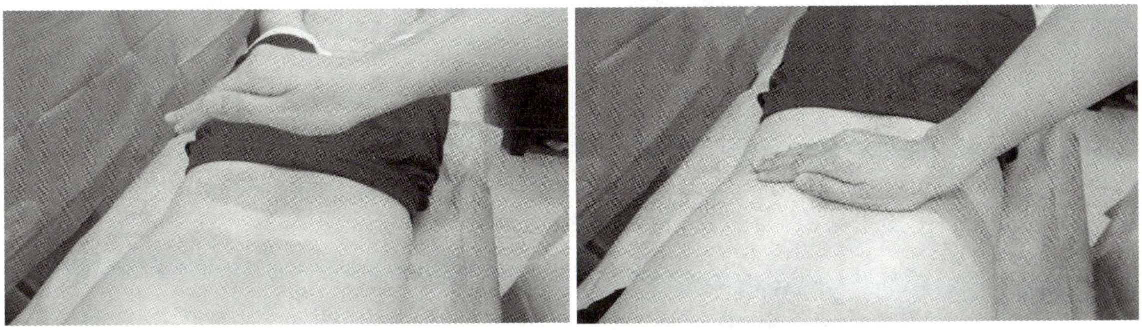

图 8-211　轻拍

3. 切　击

两手手指伸直张开，用手的尺侧进行切击。切击时，力量要均匀，发力在肘。切击时，手应沿着肌纤维的方向进行切击。

(八) 抖　法

抖动肢体或抖动肌肉的手法均称为抖法。进行肌肉抖动时，要调整好肢体的位置，使被按摩部位的肌肉放松。例如，抖动大腿及小腿后侧肌肉时，应让被按摩者俯卧，膝关节半屈曲位，按摩者用掌、指轻轻抓住肌肉，进行短时间的快速振动。进行肢体抖动时，按摩者双手拉住被按摩者肢体末端进行左右或上下快速抖动。抖动的速度应由慢到快，再由快到慢，振动幅度不要过大。抖动可使肌肉关节放松，有消除疲劳的作用。多用于肌肉丰厚的部位和四肢关节（见图 8-212）。

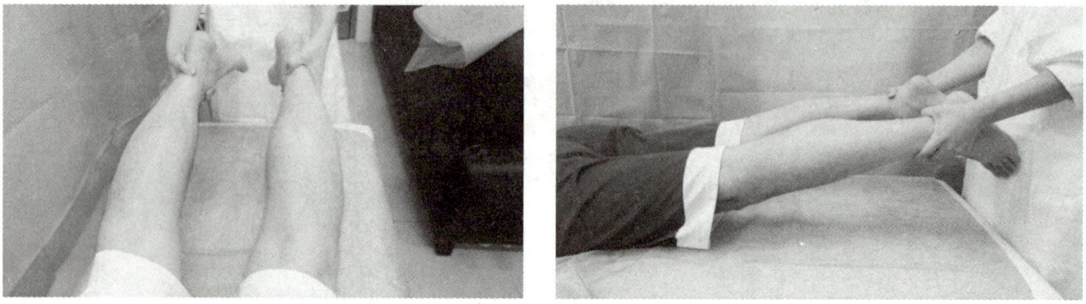

图 8-212　抖法

(九) 运　拉

按摩者在被按摩者的某一关节部位作屈、伸、内收、外展、内旋、外旋、环转及牵引等活动的手法，称为运拉法。颈部、肩关节、肘关节、腕关节、指关节、髋关节、膝关节、踝关节均可进行运拉。运拉法能加强关节的活动幅度，保持肌肉和韧带的弹性。它常用在四肢及各关节按摩结束时，以活动肢体和关节。由于运拉法属于被动运动，所以进行运拉时，不能使关节活动幅度超过正常生理活动范围，以免造成损伤（见图 8-213、8-214）。

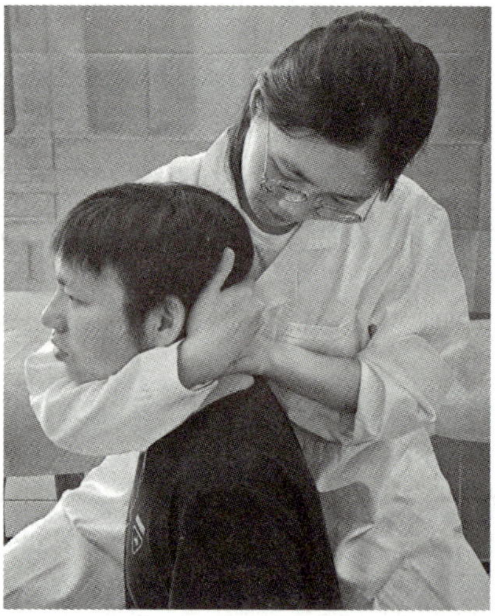

图 8-213　颈部牵拉

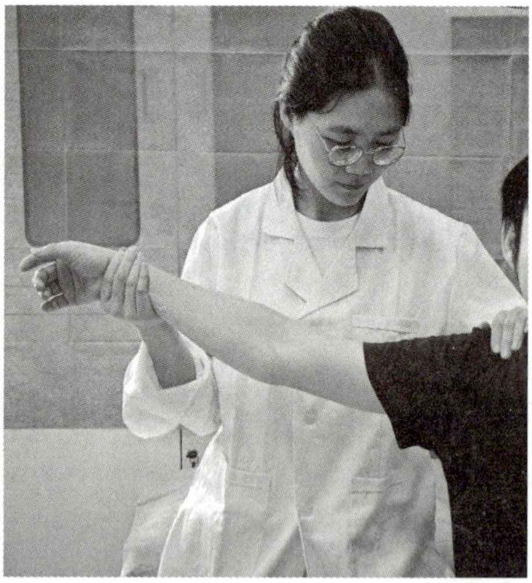

图 8-214　肩关节运拉

三、身体各部位的按摩方法

（一）颈部按摩方法

被按摩者取坐位，按摩者立于其后，两手分别放在被按摩者颈部两侧向下做轻推。推至颈根时，两手分别转向两侧肩部；重复数次后，从颈上部向下外侧直到肩胛部进行拿和揉，先轻后重，反复数次；再揉胸锁乳突肌，接着叩打肩背部，最后做运拉，或令被按摩者将头向各个方向做环转活动。

（二）腰背部按摩方法

被按摩者俯卧，头偏向一侧，掌心向上，按摩者立其身侧，先做轻推，自腰部起推至肩胛下角；然后向外展开，转向腋窝，力量由轻到重。轻推后，在腰背部由下而上做大面积的揉，棘突两旁用拇指指腹自下往上揉。在肋间可做推法和指腹擦摩；在擦肩胛下角及其内缘时，按摩者用一手托住被按摩者肩部，用另一手的手掌内侧自下而上地擦摩。用双手拇指在肾俞、环跳穴处点穴，两侧骶棘肌用双手并列按压，脊柱可用双手重叠按压。叩打可用于脊柱两旁的肌肉，最后以推法结束。用力应由重到轻。

（三）上肢按摩方法

1. 手部按摩方法

被按摩者取坐位，按摩者站（或坐）于其前面。从手指开始按摩，沿着淋巴流动方向，先在手指的背面和掌面做横行推和擦摩，再沿手指两侧向上推动，到手背部位可沿掌骨间进行推、擦摩和揉，最后对手指逐个进行运拉。

2. 腕关节按摩方法

被按摩者取坐位，按摩者站（或坐）于其前面。按摩者一手握住被按摩者的手指，保持固定；另一手的手掌放在腕关节背侧，向上推动。然后使前臂旋后，掌心向上，推腕关节的掌侧。推后可做擦摩。擦摩时可用指腹，也可用掌根。接着揉腕关节，自然做腕关节的运拉，最后以轻推结束。

3. 前臂按摩方法

被按摩者取坐位，按摩者站（或坐）于其前面。按摩者用一手握住被按摩者的手，使前臂固定在一定的位置上，用另一手按摩。开始时用轻推，由腕关节推向肘关节；然后做较长时间的单手拿揉，接着进行搓；最后以轻推结束。当肌肉僵硬时，可做按压，使其放松。

4. 肘关节按摩方法

被按摩者取坐位，按摩者站（或坐）于其前面，用一手支持被按摩者的前臂，使其肘关节稍屈，开始做几次轻推；然后，在侧副韧带进行重点擦摩和拿揉，在曲池穴处点穴，再做肘关节运拉；最后以轻推结束。

5. 臂及肩部按摩方法

被按摩者取坐位，被按摩者上肢取屈肘外展位，按摩者站在被按摩者肢体的侧方。按摩时由肘部向腋下及肩部的方向进行。开始做几次轻推，然后重点在肱二头肌、肱三头肌、三角肌、肩锁关节周围组织进行拿和揉，并以拿为主。接着用搓法，由肘至肩来回进行。搓肩部时，一手紧压在肩关节前面，一手紧压在肩胛骨中上部摇动，再进行叩打，接着进行抖动和运拉肩关节，最后以轻推结束。

上肢各部按摩后，再做整个上肢的推法，最后以肢体抖动结束。

（四）下肢按摩方法

1. 足部按摩及踝关节按摩方法

被按摩者取仰卧位或坐位。按摩时自足趾、足背、足掌向踝关节小腿方向进行推，再用手指指腹及手掌尺侧擦摩、揉足背及踝关节周围，接着运拉踝关节，加入轻推及肌肉抖动（主要抖动小腿三头肌肌腹），拿揉后做重推法及轻拍，最后以轻推结束。

小腿前面以推胫骨前肌为主。推时，被按摩者应仰卧或侧卧。

2. 膝关节按摩方法

被按摩者仰卧或取坐位，按摩者站（或坐）在被按摩者关节的同侧，首先围绕膝关节做轻推，每次从小腿开始，止于大腿下段。然后在膝关节及其周围进行擦摩和揉，对两侧副韧带应做较长时间的按摩。接着进行拿和搓，并进行膝关节的运拉，最后以轻推结束。

3. 大腿及髋关节按摩方法

被按摩者取卧位，按摩者站（或坐）于其身侧。由膝关节向腹股沟及髋关节方向进行按摩。从轻推开始，大腿外侧用重推，然后在大腿的前面、后面和内侧面进行拿和揉（大腿后面可加压拿揉），根据需要还可做抖动和叩打。接着进行髋关节的运拉，最后以轻推结束。

4. 臀部按摩方法

被按摩者俯卧，按摩者侧立。先从臀部内从下至上顺着淋巴流动方向进行轻推。然后，在臀部进行拿和揉为主的按摩。在做揉法时，可用掌根或双手重叠加压揉。在做拿揉时，可用双手拿揉或加压拿揉；接着用双手重叠按压，用力由轻到重，再由重到轻。按压之后，可做臀部叩击、轻拍和切击，最后以轻推结束。

附录一　大学生体质健康与评价标准及评分细则

第一节　《国家学生体质健康标准》实施说明

一、说　明

1.《国家学生体质健康标准》(以下简称《标准》)是国家学校教育工作的基础性指导文件和教育质量基本标准，是评价学生综合素质、评估学校工作和衡量各地教育发展的重要依据，是《国家体育锻炼标准》在学校的具体实施，适用于全日制普通小学、初中、普通高中、中等职业学校、普通高等学校的学生。

2. 本标准的修订坚持健康第一，落实《国家中长期教育改革和发展规划纲要(2010—2020年)》《国务院办公厅转发教育部等部门关于进一步加强学校体育工作若干意见的通知》(国办发〔2012〕53 号)和《教育部关于印发〈学生体质健康监测评价办法〉等三个文件的通知》(教体艺〔2014〕3 号)有关要求，着重提高《标准》应用的信度、效度和区分度，着重强化其教育激励、反馈调整和引导锻炼的功能，着重提高其教育监测和绩效评价的支撑能力。

3. 本标准从身体形态、身体机能和身体素质等方面综合评定学生的体质健康水平，是促进学生体质健康发展、激励学生积极进行身体锻炼的教育手段，是国家学生发展核心素养体系和学业质量标准的重要组成部分，是学生体质健康的个体评价标准。

4. 本标准将适用对象划分为以下组别：小学、初中、高中按每个年级为一组，其中小学为 6 组、初中为 3 组、高中为 3 组。大学一、二年级为一组，三、四年级为一组。

5. 小学、初中、高中、大学各组别的测试指标均为必测指标。其中，身体形态类中的身高、体重，身体机能类中的肺活量，以及身体素质类中的 50 米跑、坐位体前屈为各年级学生共性指标。

6. 本标准的学年总分由标准分与附加分之和构成，满分为 120 分。标准分由各单项指标得分与权重乘积之和组成，满分为 100 分。附加分根据实测成绩确定，即对成绩超过 100 分的加分指标进行加分，满分为 20 分；小学的加分指标为 1 分钟跳绳，加分幅度为 20 分；初中、高中和大学的加分指标为男生引体向上和 1000 米跑，女生 1 分钟仰卧起坐和 800 米跑，各指标加分幅度均为 10 分。

7. 根据学生学年总分评定等级：90.0 分及以上为优秀，80.0 ~ 89.9 分为良好，60.0 ~ 79.9 分为及格，59.9 分及以下为不及格。

8. 每个学生每学年评定一次，记入《〈国家学生体质健康标准〉登记卡》(附表 1 ~ 6)。特殊学制的学校，在填写登记卡时可以按规定和需求相应地增减栏目。学生毕业时的成绩和等级，按毕业当年学年总分的 50%与其他学年总分平均得分的 50%之和进行评定。

9. 学生测试成绩评定达到良好及以上者，方可参加评优与评奖；成绩达到优秀者，方可获体育奖学分。测试成绩评定不及格者，在本学年度准予补测一次，补测仍不及格，则学年成绩评定为不及格。普通高中、中等职业学校和普通高等学校学生毕业时,《标准》测试的成绩达不到 50 分者按结业或肄业处理。

10. 学生因病或残疾可向学校提交暂缓或免予执行《标准》的申请，经医疗单位证明，体育教学部门核准，可暂缓或免予执行《标准》，并填写《免予执行〈国家学生体质健康标准〉申请表》，存入学生档案。确实丧失运动能力、被免予执行《标准》的残疾学生，仍可参加评优与评奖，毕业时《标准》成绩须注明免测。

11. 各学校每学年开展覆盖本校各年级学生的《标准》测试工作,《标准》测试数据经当地教育行政部门按要求审核后，通过“中国学生体质健康网”上传至“国家学生体质健康标准数据管理系统”。测试和数据上传时间由教育行政部门确定。

12. 本标准由教育部负责解释。

二、单项指标与权重

附表 1-1　单项指标与权重

测试对象	单项指标	权重/%
大学各年级	体重指数（BMI）	15
	肺活量	15
	50 米跑	20
	坐位体前屈	10
	立定跳远	10
	引体向上（男）/1 分钟，仰卧起坐（女）/1 分钟	10
	1000 米跑（男）/800 米跑（女）	20

注：体重指数 BMI=体重（kg）/身高 ^{2}（m^2）

第二节　大学生体质健康评价的测试项目和操作方法

一、身　高

1. 测试目的

测试学生身高，与体重测试相配合，评定学生的身体匀称度，评价学生生长发育的水平及营养状况。

2. 测试方法

受试者赤足，立正姿势站在身高计的底板上（上肢自然下垂，足跟并拢，足尖分开成 60 度角）。足跟、骶骨部及两肩胛区与立柱相接触，躯干自然挺直，头部正直，耳屏上缘与眼眶下缘呈水平位。测试人员站在受试者右侧，将水平压板轻轻沿立柱下滑，轻压于受试者头顶。测试人员读数时双眼应与压板水平面等高进行读数，记录员复述后进行记录。以厘米为单位，精确到小数点后一位。测试误差不得超过 0.5 厘米。

二、体　重

1. 测试目的

测试学生的体重，与身高测试相配合，评定学生的身体匀称度，评价学生生长发育的水平及营养状况。

2. 测试方法

测试时，杠杆秤应放在平坦地面上，调整 0 点至刻度尺水平位。受试者赤足，男性受试者身着短裤；女性受试者身着短裤、短袖衫，站在秤台中央。测试人员放置适当砝码并移动游标至刻度尺平衡。读数以千克为单位，精确到小数点后一位。记录员复诵后将读数记录。测试误差不超过 0.1 千克。

三、肺活量

1. 测试目的

测试学生的肺通气功能。

2. 测试方法

房间通风良好，使用干燥的一次性口嘴（非一次性口嘴，则每换测试对象需消毒一次，每测一人时将口嘴下倒出唾液并注意消毒后必须使其干燥）。肺活量计主机放置平稳桌面上，检查电源线及接口是否牢固，按工作键液晶屏显示“0”即表示机器进入工作状态，预热 5 分钟后测试为佳。

首先告知受试者不必紧张，并且要尽全力，以中等速度和力度吹气效果最好。令被测试者面对仪器站立、手持吹气口嘴，面对肺活量计站立试吹 1 至 2 次，首先看仪表有无反应，还要试口嘴或鼻处是否漏气，调整口嘴和用鼻夹（或自己捏鼻孔）；学会深吸气（避免耸肩提气，应该像闻花式的慢吸气）。受试者进行一两次较平日深一些的呼吸动作后，再深吸一口气，屏住气向口嘴处慢慢呼出至不能再呼为止，防止此时从口嘴处吸气，测试中不得中途二次吸气。吹气完毕后，液晶屏上最终显示的数字即为肺活量毫升值。每位受试者测三次，每次间隔 15 秒，记录三次数值，选取最大值作为测试结果。以毫升为单位，不保留小数。

四、50 米跑

1. 测试目的

测试学生速度、灵敏素质及神经系统灵活性的发展水平。

2. 测试方法

受试者至少两人一组测试。站立起跑，受试者听到“跑”的口令后开始起跑。发令员在发出口令同时要摆动发令旗。计时员在旗动后开表计时，受试者躯干部到达终点线的垂直面停表。以秒为单位记录测试成绩，精确到小数点后一位，小数点后第二位数按非零进 1 原则进位，如 10.11 秒读成 10.2 秒记录之。

五、800 米跑或 1000 米跑

1. 测试目的

测试学生耐力素质的发展水平，特别是心血管呼吸系统的机能及肌肉耐力。

2. 测试方法

受试者至少两人一组进行测试，站立式起跑。当听到“跑”的口令后开始起跑。计时员看到旗动开表计时，当受试者的躯干部到达终点线垂直面时停表。以分、秒为单位记录测试成绩，不计小数。

六、立定跳远

1. 测试目的

测试学生下肢爆发力及身体协调能力的发展水平。

2. 测试方法

受试者两脚自然分开站立，站在起跳线后，脚尖不得踩线（最好用线绳做起跳线）。两脚原地同时起跳，不得有垫步或连跳动作。丈量起跳线后缘至最近着地点后垂直距离。每人试跳三次，记录其中成绩最好一次。以厘米为单位，不计小数。

七、引体向上

1. 测试目的

测试学生的上肢肌肉力量的发展水平。

2. 测试方法

受试者跳起双手正握杠，两手与肩同宽成直臂悬垂。静止后，两臂同时用力引体（身体不能有附加动作），上拉到下颌超过横杠上缘为完成一次。记录引体次数。

八、仰卧起坐

1. 测试目的

测试学生的腹肌耐力。

2. 测试方法

受试者仰卧于垫上，两腿稍分开，屈膝呈 90°左右，两手指交叉贴于脑后。另一同伴压住其踝关节，以固定下肢。受试者坐起时两肘触及或超过双膝为完成一次。仰卧时两肩胛必须触垫。测试人员发出“开始”口令的同时开表计时，记录 1 分钟内完成次数。1 分钟到时，受试者虽已坐起但肘关节未达到双膝者不计该次数，精确到个位。

第三节　大学生体质健康的评价指标

一、身高标准体重

如何保持良好的体重：① 一是管住嘴，每顿八成饱，少吃高糖分食品，如糕点、糖水、高脂肪食品。尤其是晚餐不能吃太饱。② 定期锻炼，如跑步或游泳，不仅可以维持体重，还可以塑造体形。

附表 1　体重指数评分表

等级	单项得分	大学男生	大学女生
正常	100	17.9 ~ 23.9	17.2 ~ 23.9
低体重	80	≤17.8	≤17.1
超重	80	24.0 ~ 27.9	24.0 ~ 27.9
肥胖	60	≥28.0	≥28.0
注：体重指数（BMI）=体重（kg）/身高 ^{2}（m^2）			

二、肺活量体重指数

肺活量是指在不限时间的情况下，一次最大吸气后再尽最大力量所呼出的气体量，是反映人体生长发育水平的重要机能指标之一。肺活量因性别和年龄而异，男性明显高于女性。体育锻炼可以明显提高肺活量。肺活量的大小与身高、体重、胸围的关系密切，因此采用肺活量体重指数来进行身体机能的评价。

附表 2　肺活量评分表

单位：毫升

等级	单项得分	大学男生		大学女生	
		大一大二	大三大四	大一大二	大三大四
优秀	100	5040	5140	3400	3450
	95	4920	5020	3350	3400
	90	4800	4900	3300	3350
良好	85	4550	4650	3150	3200
	80	4300	4400	3000	3050
及格	78	4180	4280	2900	2950
	76	4060	4160	2800	2850

续表

等级	单项得分	大学男生		大学女生	
		大一大二	大三大四	大一大二	大三大四
及格	74	3940	4040	2700	2750
	72	3820	3920	2600	2650
	70	3700	3800	2500	2550
	68	3580	3680	2400	2450
	66	3460	3560	2300	2350
	64	3340	3440	2200	2250
	62	3220	3320	2100	2150
	60	3100	3200	2000	2050
不及格	50	2940	3030	1960	2010
	40	2780	2860	1920	1970
	30	2620	2690	1880	1930
	20	2460	2520	1840	1890
	10	2300	2350	1800	1850

三、50 米跑

50 米跑是评价速度素质的指标，是通过较短距离的高强度跑来评价人体的速度素质，可以反映人体中枢神经系统的机能状态和神经与肌肉的调节能力，也可以综合反映人体的爆发力、灵敏反应、柔韧等素质。50 米跑的完整技术分为起跑、起跑后的加速跑、途中跑和终点冲刺跑四个部分。短跑可从反应、力量、速度、技术、心理五方面提高成绩。

附表 3　50 米跑评分表

单位：秒

等级	单项得分	大学男生		大学女生	
		大一大二	大三大四	大一大二	大三大四
优秀	100	6.7	6.6	7.5	7.4
	95	6.8	6.7	7.6	7.5
	90	6.9	6.8	7.7	7.6
良好	85	7.0	6.9	8.0	7.9
	80	7.1	7.0	8.3	8.2

续表

等级	单项得分	大学男生		大学女生	
		大一大二	大三大四	大一大二	大三大四
及格	78	7.3	7.2	8.5	8.4
	76	7.5	7.4	8.7	8.6
	74	7.7	7.6	8.9	8.8
	72	7.9	7.8	9.1	9.0
	70	8.1	8.0	9.3	9.2
	68	8.3	8.2	9.5	9.4
	66	8.5	8.4	9.7	9.6
	64	8.7	8.6	9.9	9.8
	62	8.9	8.8	10.1	10.0
	60	9.1	9.0	10.3	10.2
不及格	50	9.3	9.2	10.5	10.4
	40	9.5	9.4	10.7	10.6
	30	9.7	9.6	10.9	10.8
	20	9.9	9.8	11.1	11.0
	10	10.1	10.0	11.3	11.2

四、坐位体前屈

测试目的是测试在静止状态下的躯干、腰、髋等关节可能达到的活动幅度，主要反映这些部位的关节、韧带和肌肉的伸展性和弹性以及身体柔韧素质的发展水平。

受试者坐在垫上，背及臀部紧靠在垂直面上，两腿并拢，膝关节保持伸直状态，脚尖向上，将一个宽 50 厘米高 30 厘米的三面箱体架在双腿上方，双手尽量伸直，以虎口握住箱体边缘。测试时，受试者身体尽量前倾并缓慢推动箱体。

附表 4　坐位体前屈评分表

单位：厘米

等级	单项得分	大学男生		大学女生	
		大一大二	大三大四	大一大二	大三大四
优秀	100	24.9	25.1	25.8	26.3
	95	23.1	23.3	24.0	24.4
	90	21.3	21.5	22.2	22.4

续表

等级	单项得分	大学男生		大学女生	
		大一大二	大三大四	大一大二	大三大四
良好	85	19.5	19.9	20.6	21.0
	80	17.7	18.2	19.0	19.5
及格	78	16.3	16.8	17.7	18.2
	76	14.9	15.4	16.4	16.9
	74	13.5	14.0	15.1	15.6
	72	12.1	12.6	13.8	14.3
	70	10.7	11.2	12.5	13.0
	68	9.3	9.8	11.2	11.7
	66	7.9	8.4	9.9	10.4
	64	6.5	7.0	8.6	9.1
	62	5.1	5.6	7.3	7.8
	60	3.7	4.2	6.0	6.5
不及格	50	2.7	3.2	5.2	5.7
	40	1.7	2.2	4.4	4.9
	30	0.7	1.2	3.6	4.1
	20	-0.3	0.2	2.8	3.3
	10	-1.3	-0.8	2.0	2.5

五、立定跳远

立定跳远是发展下肢爆发力与弹跳力的运动项目。它要求下肢和髋部肌肉协调快速用力，并与上肢的摆动相配合，所以它也需要一定的灵巧性。要提高立定跳远成绩，力量是基础，特别要提高膝、踝、髋三个关节的协调用力及爆发用力的能力。

附表 5 立定跳远评分表

单位：厘米

等级	单项得分	大学男生		大学女生	
		大一大二	大三大四	大一大二	大三大四
优秀	100	273	275	207	208
	95	268	270	201	202
	90	263	265	195	196

续表

等级	单项得分	大学男生		大学女生	
		大一大二	大三大四	大一大二	大三大四
良好	85	256	258	188	189
	80	248	250	181	182
及格	78	244	246	178	179
	76	240	242	175	176
	74	236	238	172	173
	72	232	234	169	170
	70	228	230	166	167
	68	224	226	163	164
	66	220	222	160	161
	64	216	218	157	158
	62	212	214	154	155
	60	208	210	151	152
不及格	50	203	205	146	147
	40	198	200	141	142
	30	193	195	136	137
	20	188	190	131	132
	10	183	185	126	127

六、引体向上/1分钟仰卧起坐

引体向上，主要测试上肢肌肉力量的发展水平，是衡量男性体质的重要参考标准和项目之一。技巧：上拉时注意力集中在背阔肌，把身体尽可能地拉高，不要让身体摆动。下垂时脚不能触及地面。

仰卧起坐，主要作用是增强腹部肌肉的力量。技巧：向后仰卧的过程开始吸气，肩背部触垫的瞬间屏气收腹、上体逐渐抬起，当上体抬起至腹部有胀感时，快速呼气，向前引体低头完成动作。

附表 6　引体向上/1 分钟仰卧起坐评分表

单位：次

等级	单项得分	大学男生		大学女生	
		大一大二	大三大四	大一大二	大三大四
优秀	100	19	20	56	57
	95	18	19	54	55
	90	17	18	52	53
良好	85	16	17	49	50
	80	15	16	46	47
及格	78			44	45
	76	14	15	42	43
	74			40	41
	72	13	14	38	39
	70			36	37
	68	12	13	34	35
	66			32	33
	64	11	12	30	31
	62			28	29
	60	10	11	26	27
不及格	50	9	10	24	25
	40	8	9	22	23
	30	7	8	20	21
	20	6	7	18	19
	10	5	6	16	17

七、1000 米（男）、800 米（女）跑

耐力素质是体质健康里最重要的指标之一。相关专家学者一致认为，耐力跑比短跑更适合青少年身体发展需要。

耐力跑技巧：

（1）发展一般耐力可采用越野跑、30 ~ 40 分钟定时跑、球类活动等。

（2）发展力量耐力时，可采用负重连续跳、较长距离的跨步跳、单足跳、高抬腿跑等练习方法。

（3）通过各种跑的专门练习，如加速跑、弯道跑等练习，发展动作协调能力。

附表 7 耐力跑评分表

单位：分·秒

等级	单项得分	大学男生（1000 米跑）		大学女生（800 米跑）	
		大一大二	大三大四	大一大二	大三大四
优秀	100	3'17"	3'15"	3'17"	3'15"
	95	3'22"	3'20"	3'22"	3'20"
	90	3'27"	3'25"	3'27"	3'25"
良好	85	3'34"	3'32"	3'34"	3'32"
	80	3'42"	3'40"	3'42"	3'40"
及格	78	3'47"	3'45"	3'47"	3'45"
	76	3'52"	3'50"	3'52"	3'50"
	74	3'57"	3'55"	3'57"	3'55"
	72	4'02"	4'00"	4'02"	4'00"
	70	4'07"	4'05"	4'07"	4'05"
	68	4'12"	4'10"	4'12"	4'10"
	66	4'17"	4'15"	4'17"	4'15"
	64	4'22"	4'20"	4'22"	4'20"
	62	4'27"	4'25"	4'27"	4'25"
	60	4'32"	4'30"	4'32"	4'30"
不及格	50	4'52"	4'50"	4'52"	4'50"
	40	5'12"	5'10"	5'12"	5'10"
	30	5'32"	5'30"	5'32"	5'30"
	20	5'52"	5'50"	5'52"	5'50"
	10	6'12"	6'10"	6'12"	6'10"

附表 8 加分指标评分表

加分	引体向上（男）	仰卧起坐（女）	1000 米跑（男）	800 米跑（女）
10	10	13	-35"	-50"
9	9	12	-32"	-45"

续表

加分	引体向上（男）	仰卧起坐（女）	1000 米跑（男）	800 米跑（女）
8	8	11	-29"	-40"
7	7	10	-26"	-35"
6	6	9	-23"	-30"
5	5	8	-20"	-25"
4	4	7	-16"	-20"
3	3	6	-12"	-15"
2	2	4	-8"	-10"
1	1	2	-4"	-5"

附录二　航空安全员体能评分标准

初任训练·体能项目考核评分标准（男子）

项目	得分								
	100	95	90	85	80	75	70	65	60
BMI 指数	21	≤21.5	≤22	≤22.5	≤23	≤23.5	≤24	≤24.5	≤25
		≥20.5	≥20	≥19.5	≥19	≥18.5	≥18	≥17.5	≥17
60 s 仰卧收腹举腿	46	45	44	43	42	41	40	39	38
3000 m 跑	12:00	12:10	12:30	12:50	13:10	13:30	13:50	14:10	14:30
30 s 平衡垫测试	10	9	8	7	6	5	4	3	2
引体向上	18	17	16	15	14	13	12	11	10
双杠臂屈伸	28	27	26	25	23	21	19	17	15
卧推（50 kg）	22	21	20	19	18	17	15	13	11
三级蛙跳	9.00	8.80	8.60	8.40	8.20	8.00	7.80	7.60	7.40
100 m 跑	12.4	12.6	12.8	13.1	13.4	13.7	14.0	14.3	14.6
T 形跑	22.3	22.6	22.9	23.2	23.5	24.0	24.5	25.0	25.5
25 m 折返跑	33.6	33.9	34.2	34.5	35.0	35.5	36.0	36.5	37.0
20 m 负重折返（60 kg）	19.0	20.0	21.0	22.0	23.0	24.0	25.0	26.0	27.0
30 s 杠铃硬拉（90 kg）	23	22	21	20	19	18	17	16	15
30 s 杠铃快挺（25 kg）	38	37	36	35	34	33	32	31	30

初任训练·体能项目考核评分标准（女子）

项目	得分								
	100	95	90	85	80	75	70	65	60
BMI 指数	21	≤21.5	≤22	≤22.5	≤23	≤23.5	≤24	≤24.5	≤25
		≥20.5	≥20	≥19.5	≥19	≥18.5	≥18	≥17.5	≥17
60 s 仰卧收腹举腿	42	41	40	39	38	37	36	35	34

续表

项目	得分								
	100	95	90	85	80	75	70	65	60
1500 m 跑	7:20	7:30	7:40	7:50	8:00	8:10	8:20	8:30	8:40
30 s 平衡垫测试	10	9	8	7	6	5	4	3	2
60 s 跪姿俯卧撑	33	32	31	30	29	28	27	26	25
卧推（25 kg）	16	15	14	13	12	11	10	9	8
立定跳远	2.22	2.17	2.12	2.07	2.02	1.97	1.92	1.87	1.82
100 m 跑	15.4	15.6	15.8	16.1	16.4	16.7	17.0	17.3	17.6
T 形跑	29.3	29.6	29.9	30.2	30.5	31.0	31.5	32.0	32.5
25 m 折返跑	37.1	37.4	37.7	38.0	38.5	39.0	39.5	40.0	40.5
30 s 杠铃硬拉（40 kg）	22	21	20	19	18	17	16	15	14
30 s 杠铃快挺（15 kg）	30	29	28	27	26	25	24	23	22

定期训练·男子 35 岁以下体能项目考核评分标准

项目	年龄段	得分										
		100	95	90	85	80	75	70	65	60	55	50
BMI 指数	35 岁以下	21	≤21.5	≤22	≤22.5	≤23	≤23.5	≤24	≤24.5	≤25	≤25.5	≤26
			≥20.5	≥20	≥19.5	≥19	≥18.5	≥18	≥17.5	≥17	≥16.5	≥16
60 s 仰卧收腹举腿	25 岁以下	45	44	43	42	41	40	39	38	37	36	35
	25～30 岁	44	43	42	41	40	39	38	37	36	35	34
	31～35 岁	43	42	41	40	39	38	37	36	35	34	33
3000 m 跑	25 岁以下	12:10	12:20	12:40	13:00	13:20	13:40	14:00	14:20	14:40	15:00	15:20
	25～30 岁	12:20	12:30	12:50	13:10	13:30	13:50	14:10	14:30	14:50	15:10	15:30
	31～35 岁	12:40	12:50	13:10	13:30	13:50	14:10	14:30	14:50	15:10	15:30	15:50
30 s 平衡垫测试	35 岁以下	11	10	9	8	7	6	5	4	3	2	1
引体向上	25 岁以下	17	16	15	14	13	12	11	10	9	8	7

续表

项目	年龄段	得分										
		100	95	90	85	80	75	70	65	60	55	50
引体向上	25～30岁	16	15	14	13	12	11	10	9	8	7	6
	31～35岁	15	14	13	12	11	10	9	8	7	6	5
双杠臂屈伸	25岁以下	27	26	25	24	22	20	18	16	14	13	12
	25～30岁	26	25	24	23	21	19	17	15	13	12	11
	31～35岁	25	24	23	22	20	18	16	14	12	11	10
卧推(50 kg)	25岁以下	23	22	21	20	19	18	16	14	12	11	10
	25～30岁	24	23	22	21	20	19	17	15	13	12	11
	31～35岁	25	24	23	22	21	20	18	16	14	13	12
三级蛙跳	25岁以下	8.80	8.60	8.40	8.20	8.00	7.80	7.60	7.40	7.20	7.00	6.80
	25～30岁	8.60	8.40	8.20	8.00	7.80	7.60	7.40	7.20	7.00	6.80	6.60
	31～35岁	8.40	8.20	8.00	7.80	7.60	7.40	7.20	7.00	6.80	6.60	6.40
100 m跑	25岁以下	12.6	12.8	13.0	13.3	13.6	13.9	14.2	14.5	14.8	15.1	15.4
	25～30岁	12.8	13.0	13.2	13.5	13.8	14.1	14.4	14.7	15.0	15.3	15.6
	31～35岁	13.6	13.8	14.0	14.3	14.6	14.9	15.2	15.5	15.8	16.1	16.4
T形跑	25岁以下	22.8	23.1	23.4	23.7	24.0	24.5	25.0	25.5	26.0	26.5	27.0
	25～30岁	23.8	24.1	24.4	24.7	25.0	25.5	26.0	26.5	27.0	27.5	28.0
	31～35岁	24.8	25.1	25.4	25.7	26.0	26.5	27.0	27.5	28.0	29.0	30.0
25 m折返跑	25岁以下	34.6	34.9	35.2	35.5	36.0	36.5	37.0	37.5	38.0	38.5	39.0
	25～30岁	35.6	35.9	36.2	36.5	37.0	37.5	38.0	38.5	39.0	39.5	40.0
	31～35岁	36.6	36.9	37.2	37.5	38.0	38.5	39.0	39.5	40.0	40.5	41.0

续表

项目	年龄段	得分										
		100	95	90	85	80	75	70	65	60	55	50
20 m 负重折返（60 kg）	25 岁以下	20.0	21.0	22.0	23.0	24.0	25.0	26.0	27.0	28.0	29.0	30.0
	25～30 岁	22.0	23.0	24.0	25.0	26.0	27.0	28.0	29.0	30.0	31.0	32.0
	31～35 岁	24.0	25.0	26.0	27.0	28.0	29.0	30.0	31.0	32.0	33.0	34.0
30 s 杠铃硬拉（90 kg）	25 岁以下	22	21	20	19	18	17	16	15	14	12	10
	25～30 岁	21	20	19	18	17	16	15	14	13	11	9
	31～35 岁	20	19	18	17	16	15	14	13	12	10	8
30 s 杠铃快挺（25 kg）	25 岁以下	37	36	35	34	33	32	31	30	29	28	27
	25～30 岁	36	35	34	33	32	31	30	29	28	27	26
	31～35 岁	35	34	33	32	31	30	29	28	27	26	25

定期训练·男子 36 岁以上体能项目考核评分标准

项目	年龄段	得分										
		100	95	90	85	80	75	70	65	60	55	50
BMI 指数	36 岁以上	22	≤22.5	≤23	≤24	≤25	≤26	≤27	≤27.5	≤28	≤28.5	≤29
			≥21.5	≥21	≥20	≥19	≥18	≥17	≥16.5	≥16	≥15.5	≥15
60 s 仰卧收腹举腿	35～40 岁	42	41	40	39	38	37	36	35	34	33	32
	41～45 岁	41	40	39	38	37	36	35	34	33	32	31
	45～50 岁	40	39	38	37	36	35	34	33	32	30	28
	51 岁以上	39	38	37	36	35	34	33	32	31	29	27
3000 m 跑	35～40 岁	13:30	13:40	14:00	14:20	14:40	15:00	15:30	16:00	16:30	16:50	17:10
	41～45 岁	14:30	14:40	15:00	15:20	15:40	16:00	16:30	17:00	17:30	17:50	18:10
	45～50 岁	15:30	16:00	16:30	17:00	17:30	18:00	18:30	19:00	19:30	19:50	20:10
	51 岁以上	16:30	17:00	17:30	18:00	18:30	19:00	19:30	20:00	20:30	20:50	21:10
30 s 平衡垫测试	36 岁以上	11	10	9	8	7	6	5	4	3	2	1
引体向上	35～40 岁	14	13	12	11	10	9	8	7	6	5	4
	41～45 岁	13	12	11	10	9	8	7	6	5	4	3

续表

项目	年龄段	得分										
		100	95	90	85	80	75	70	65	60	55	50
引体向上	45～50 岁	12	11	10	9	8	7	6	5	4	3	2
	51 岁以上	11	10	9	8	7	6	5	4	3	2	1
卧推（50 kg）	35～40 岁	24	23	22	21	20	19	17	15	13	11	9
	41～45 岁	23	22	21	20	19	18	16	14	12	10	8
	45～50 岁	22	21	20	19	18	17	15	13	11	9	7
	51 岁以上	21	20	19	18	17	16	14	12	10	8	6
原地双手掷实心球（2 kg）	35～40 岁	13.2	12.8	12.4	12.0	11.6	11.2	10.8	10.4	10.0	9.6	9.2
	41～45 岁	13.0	12.6	12.2	11.8	11.4	11.0	10.6	10.2	9.8	9.4	9.0
	45～50 岁	12.8	12.4	12.0	11.6	11.2	10.8	10.4	10.0	9.6	9.2	8.8
	51 岁以上	12.6	12.2	11.8	11.4	11.0	10.6	10.2	9.8	9.4	9.0	8.6
30 s 杠铃快挺（25 kg）	35～40 岁	33	32	31	30	29	28	27	26	25	23	21
	41～45 岁	31	30	29	28	27	26	25	24	23	21	19
	45～50 岁	29	28	27	26	25	24	23	22	21	19	17
	51 岁以上	27	26	25	24	23	22	21	20	19	17	15

定期训练·女子 35 岁以下体能项目考核评分标准

项目	年龄段	得分										
		100	95	90	85	80	75	70	65	60	55	50
BMI 指数	35 岁以下	21	≤21.5	≤22	≤22.5	≤23	≤24	≤24.5	≤25	≤25.5	≤26	≤27
			≥20.5	≥20	≥19.5	≥19	≥18	≥17.5	≥17	≥16.5	≥16	≥15
60 s 仰卧收腹举腿	25 岁以下	41	40	39	38	37	36	35	34	33	32	31
	25～30 岁	40	39	38	37	36	35	34	33	32	31	30
	31～35 岁	39	38	37	36	35	34	33	32	31	30	29
1500 m 跑	25 岁以下	7:30	7:40	7:50	8:00	8:10	8:20	8:30	8:40	8:50	9:20	9:50
	25～30 岁	7:40	7:50	8:00	8:10	8:20	8:30	8:40	8:50	9:00	9:30	10:00
	31～35 岁	8:40	8:50	9:00	9:10	9:20	9:30	9:40	9:50	10:00	10:30	11:00
30 s 平衡垫测试	35 岁以下	11	10	9	8	7	6	5	4	3	2	1

续表

项目	年龄段	得分										
		100	95	90	85	80	75	70	65	60	55	50
60 s 跪姿俯卧撑	25 岁以下	32	31	30	29	28	27	26	25	24	23	22
	25～30 岁	31	30	29	28	27	26	25	24	23	22	21
	31～35 岁	30	29	28	27	26	25	24	23	22	21	20
卧推（25 kg）	25 岁以下	17	16	15	14	13	12	11	10	9	8	7
	25～30 岁	18	17	16	15	14	13	12	11	10	9	8
	31～35 岁	17	16	15	14	13	12	11	10	9	8	7
立定跳远	25 岁以下	2.20	2.15	2.10	2.05	2.00	1.95	1.90	1.85	1.80	1.75	1.70
	25～30 岁	2.10	2.05	2.00	1.95	1.90	1.85	1.80	1.75	1.70	1.65	1.60
	31～35 岁	2.00	1.95	1.90	1.85	1.80	1.75	1.70	1.65	1.60	1.55	1.50
100 m 跑	25 岁以下	15.6	15.8	16.0	16.3	16.6	16.9	17.2	17.5	17.8	18.1	18.4
	25～30 岁	16.8	17.0	17.2	17.5	17.8	18.1	18.4	18.7	19.0	19.3	19.6
	31～35 岁	17.4	17.6	17.8	18.1	18.4	18.7	19.0	19.3	19.6	19.9	20.2
T 形跑	25 岁以下	30.3	30.6	30.9	31.2	31.5	32.0	32.5	33.0	33.5	34.0	34.5
	25～30 岁	31.3	31.6	31.9	32.2	32.5	33.0	33.5	34.0	34.5	35.0	35.5
	31～35 岁	34.4	34.6	34.8	35.0	35.2	35.4	35.6	35.8	36.0	36.2	36.4
25 m 折返跑	25 岁以下	38.1	38.4	38.7	39.0	39.5	40.0	40.5	41.0	41.5	42.0	42.5
	25～30 岁	39.1	39.4	39.7	40.0	40.5	41.0	41.5	42.0	42.5	43.0	43.5
	31～35 岁	40.1	40.4	40.7	41.0	41.5	42.0	42.5	43.0	43.5	44.0	44.5
30 s 杠铃硬拉（40 kg）	25 岁以下	21	20	19	18	17	16	15	14	13	12	11
	25～30 岁	20	19	18	17	16	15	14	13	12	11	10
	31～35 岁	19	18	17	16	15	14	13	12	11	10	9

续表

项目	年龄段	得分										
		100	95	90	85	80	75	70	65	60	55	50
30 s 杠铃快挺（15 kg）	25 岁以下	29	28	27	26	25	24	23	22	21	20	19
	25～30 岁	28	27	26	25	24	23	22	21	20	19	18
	31～35 岁	27	26	25	24	23	22	21	20	19	18	17

定期训练·女子 36 岁以上体能项目考核评分标准

项目	年龄段	得分										
		100	95	90	85	80	75	70	65	60	55	50
BMI 指数	36 岁以上	22	≤22.5	≤23	≤24	≤25	≤26	≤27	≤28	≤28.5	≤29	≤29.5
			≥21.5	≥21	≥20	≥19	≥18	≥17	≥16	≥15.5	≥15	≥14.5
60 s 仰卧收腹举腿	35～40 岁	38	37	36	35	34	33	32	31	30	29	28
	41～45 岁	37	36	35	34	33	32	31	30	29	28	27
	45～50 岁	36	35	34	33	32	31	30	29	28	26	24
	51 岁以上	35	34	33	32	31	30	29	28	27	25	23
1500 m 跑	35～40 岁	10:10	10:20	10:30	10:40	10:50	11:00	11:10	11:20	11:30	12:00	12:30
	41～45 岁	11:10	11:20	11:30	11:40	11:50	12:00	12:10	12:20	12:30	13:00	13:30
	45～50 岁	12:10	12:20	12:30	12:40	12:50	13:00	13:10	13:20	13:30	14:00	14:30
	51 岁以上	13:10	13:20	13:30	13:40	13:50	14:00	14:10	14:20	14:30	15:00	15:30
30 s 平衡垫测试	36 岁以上	11	10	9	8	7	6	5	4	3	2	1
60 s 跪姿俯卧撑	35～40 岁	29	28	27	26	25	24	23	22	21	20	19
	41～45 岁	28	27	26	25	24	23	22	21	20	19	18
	45～50 岁	27	26	25	24	23	22	21	20	19	17	15
	51 岁以上	26	25	24	23	22	21	20	19	18	16	14

续表

项目	年龄段	得分										
		100	95	90	85	80	75	70	65	60	55	50
卧推（25 kg）	35～40 岁	16	15	14	13	12	11	10	9	8	7	6
	41～45 岁	15	14	13	12	11	10	9	8	7	6	5
	45～50 岁	14	13	12	11	10	9	8	7	6	4	2
	51 岁以上	13	12	11	10	9	8	7	6	5	3	1
原地双手掷实心球（2 kg）	35～40 岁	9.6	9.2	8.8	8.4	8.0	7.6	7.2	6.8	6.4	6.0	5.6
	41～45 岁	9.4	9.0	8.6	8.2	7.8	7.4	7.0	6.6	6.2	5.8	5.4
	45～50 岁	9.2	8.8	8.4	8.0	7.6	7.2	6.8	6.4	6.0	5.6	5.2
	51 岁以上	9.0	8.6	8.2	7.8	7.4	7.0	6.6	6.2	5.8	5.4	5.0
30 s 杠铃快挺（15 kg）	35～40 岁	26	25	24	23	22	21	20	19	18	16	14
	41～45 岁	24	23	22	21	20	19	18	17	16	14	12
	45～50 岁	22	21	20	19	18	17	16	15	14	12	10
	51 岁以上	20	19	18	17	16	15	14	13	12	10	8

注：3000 米跑、1500 米跑、25 米折返跑在海拔高度 2000 米地区考核时，标准降低 10%；海拔高度每增加 100 米，标准再递减 1%。

参考文献

[1] 杨文轩. 当代大学体育[M]. 北京：人民体育出版社，2009.

[2] 毛振明. 大学生体育文化与实技教程[M]. 沈阳：东北大学出版社，2013.

[3] 刘华强，赖锦松，梁小莉. 体育与健康[M]. 广州：广东高等教育出版社，2019.

[4] 冯国敏，吴云，夏义山. 高职体育文化与运动教程[M]. 北京：北京体育大学出版社，2015.

[5] 田麦久. 运动训练学[M]. 北京：人民体育出版社，2002.

[6] 李铂，李帅星. 实用体能训练方法[M]. 北京：化学工业出版社，2019.

[7] 黄鹏. 运动体能实训指导[M]. 北京：化学工业出版社，2016.

[8] 杨文轩，杨霆. 体育概论[M]. 北京：高等教育出版社，2009.

[9] 李文川. 空乘形体训练[M]. 北京：中国民航出版社，2016.

[10] 葛可佑. 中国居民膳食指南：精编版[M]. 北京：人民出版社，2011.

[11] 孙大光. 体育文化概论[M]. 北京：高等教育出版社，2013.

[12] 刘健. 体育文化探究[M]. 北京：科学出版社，2017.

[13] 郭桂萍. 大学生心理健康教育[M]. 北京：北京师范大学出版社，2012.

[14] 马莹. 大学生心理卫生与咨询[M]. 北京：人民卫生出版社，2012.

[15] 洪涛. 空乘人员形体及体能训练[M]. 北京：旅游教育出版社，2007.

[16] [美]史蒂芬·M. 厄尔. 海豹突击队体能训练[M]. 北京：人民邮电出版社，2019.

[17] 王凤阳. 中国传统养生概论[M]. 北京：高等教育出版社，2010.

[18] [法]让-皮埃尔·克雷孟梭，费雷德里克·德拉威尔. 德拉威尔普拉提训练图解[M]. 北京：人民邮电出版社，2016.

[19] 李成杰. 航空体育教程[M]. 北京：北京体育大学出版社，2021.

[20] 姜勇. 徐双玉. 民航体育与健康[M]. 北京：中国民航出版社，2021.